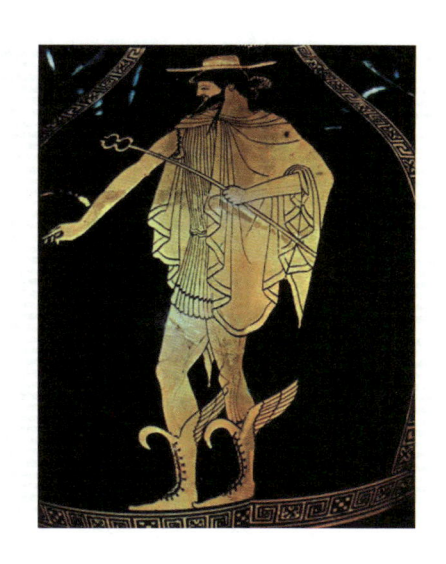

HERMES

在古希腊神话中，赫耳墨斯是宙斯和迈亚的儿子，奥林波斯神们的信使，道路与边界之神，睡眠与梦想之神，亡灵的引导者，演说者、商人、小偷、旅者和牧人的保护神……

西方传统 经典与解释　HERMES
　　　　　　　　Classici et Commentarii
　　　　　　　　柏拉图注疏集
　　　　　　　　Platonis opera omnia
　　　　　　　　cum commentariis
　　　　　　　　刘小枫 甘阳◎主编

柏拉图《美诺》疏证
A Commentary on Plato's Meno

［美］雅各布·克莱因 Jacob Klein ｜ 著
郭振华 ｜ 译

华夏出版社

古典教育基金·蒲衣子资助项目

"柏拉图注疏集"出版说明

"柏拉图九卷集"是有记载的柏拉图全集最早的编辑体例，相传由亚历山大时期的语文学家、数学家、星相家、皇帝的政治顾问忒拉绪洛斯（Θράσυλλος）编订，按古希腊悲剧的演出结构方式将柏拉图所有作品编成九卷，每卷四部（对话作品三十五种，书简集一种，共三十六种）。1513年，意大利出版家Aldus出版柏拉图全集，被看作印制柏拉图全集的开端，遵循的仍是忒拉绪洛斯体例。

可是，到了十八世纪，欧洲学界兴起疑古风，这个体例中的好些作品被判为伪作；随后，现代的所谓"全集"编本跌出，有31篇本或28篇本，甚至24篇本，作品前后顺序编排也见仁见智。

俱往矣！古典学界约在大半个世纪前已开始认识到，怀疑古人得不偿失，不如依从古人受益良多。回到古传的柏拉图"全集"体例在古典学界几乎已成共识（Les Belles Lettres自上世纪二十年代始陆续出版的希法对照带注释的 *Platon Œuvres complètes* 以及Erich Loewenthal在上世纪四十年代编成的德译柏拉图全集均为36种+托名作品7种），当今权威的《柏拉图全集》英译本（John M. Cooper主编，*Plato, Complete Works*, Hackett Publishing Company 1984，不断重印）即完全依照"九卷集"体例（附托名作品）。

"盛世必修典"——或者说，太平盛世得乘机抓紧时日修典。对于推进当今中国学术来说，修典的历史使命当不仅是续修中国古代典籍，同时得编修古代西方典籍。中山大学比较宗教研究所属内的"古典学研究中心"拟定计划，推动修译西方古代经典这一学术大业。我们主张，修译西典当秉承我国清代学人编修古代经典的精神和方法——精神即：敬重古代经典，并不以为今人对世事人生的见识比古人高明;方法即:翻译时从名家注疏入手掌握文本,考究版本、广采前人注疏成果。

"柏拉图注疏集"将提供足本汉译柏拉图全集(36种+托名作品7种),篇序从忒拉绪洛斯的"九卷集"。尽管参与翻译的译者都修习过古希腊文,我们主张,翻译柏拉图作品等古典要籍,当采注经式译法(即凭靠西方古典学者的笺注和义疏本迻译),而非所谓"直接译自古希腊语原文"(如此注疏体柏拉图全集在欧美学界亦未见全功,德国古典语文学界于1994年开始着手"柏拉图全集:译本和注疏",体例从忒拉绪洛斯,到2004年为止,仅出版不到8种;Brisson主持的法译注疏体全集,九十年代初开工,迄今未完成一半)

柏拉图作品的义疏汗牛充栋,而且往往篇幅颇大。这个注疏体汉译柏拉图全集以带注疏的柏拉图作品为主体,亦收义疏性质的专著或文集。编译者当紧密关注并积极吸取西方学界的相关成果,不急欲求成,务求踏实稳靠,裨益于端正教育风气、重新认识西学传统,促进我国文教事业的新生。

刘小枫　甘阳
2005年元月

目 录

中译本说明/郭振华 ……………………………………… 1
前记/克莱因 …………………………………………… 1

导　论 …………………………………………………… 1
　第一节 ………………………………………………… 1
　第二节 ………………………………………………… 10
　第三节 ………………………………………………… 18
　第四节 ………………………………………………… 22
　第五节 ………………………………………………… 30

第一部分　无知

第一章 …………………………………………………… 37
　第一节　标题 ………………………………………… 37
　第二节　70a1-4 ……………………………………… 41
　第三节　70a5-71d8 ………………………………… 43
　第四节　71e1-72a5 ………………………………… 50
　第五节　72a6-73a5 ………………………………… 51
　第六节　73a6-c5 …………………………………… 58
第二章 …………………………………………………… 60
　第一节　73c6-74b3 ………………………………… 60
　第二节　74b3-75c8 ………………………………… 63

第三节	75c8 – 76a8	71
第四节	76a9 – 77a2	76
第三章		81
第一节	77a3 – b5	81
第二节	77b6 – 78b2	84
第三节	78b3 – 79a2	88
第四节	79a3 – e4	92
第五节		94
第四章		101
第一节	79e5 – 81b3	101
第二节	81b3 – 82b8	108
第三节		113
第四节	82b9 – 85b7	114
第五节		119
第五章	题外话:回忆与记忆	124
第一节	亚里士多德关于记忆与回忆的论述	125
第二节	影像的含义	129
第三节	影像的理智外延	132
第四节	《斐多》中的回忆、影像与理智	144
第五节	《斐德若》《斐勒布》《会饮》中的回忆与记忆	173
第六节	其他对话中对回忆说的发展,尤其《泰阿泰德》	181
第七节		191
第六章		198
第一节	82e4 – 13,84a3 – d2	198
第二节	85b8 – d8	200
第三节	85d9 – 86b6	204
第四节	86b6 – d2	207

第五节	....	211
第六节	....	216

第七章 219
 第一节 《王制》中关于立体的技艺 219
 第二节 《蒂迈欧》中的"立体性"问题 221
 第三节 228

第二部分　意见

第八章 233
 第一节　86d3 – 87d1 233
 第二节　87d2 – 89a5 240
 第三节 244
 第四节　89a5 – c5 248
 第五节　89c5 – e9 251

第九章 253
 第一节　89e9 – 90b4 253
 第二节　90b4 – 96d4 256
 第三节 267

第十章 274
 第一节　96d5 – 97c11 274
 第二节　97c11 – 98b6 279
 第三节　98b7 – 100c2 283

中译本说明

郭振华 撰

一九五九年,克莱因六十岁生日时,施特劳斯到圣约翰学院做讲座,为老友贺寿。在为该讲座撰写的开场白中,施特劳斯特意用一件往事调侃克莱因:

> 我们二十多岁时,有很长一段时间,每天都在柏林的普鲁士国家图书馆泡好几个小时,之后会在图书馆附近的咖啡屋休息。在那里,我们和许多年轻人围坐漫谈许久,所谈之事往往亦重亦轻(gravity and levity),①一如年轻本身亦重亦轻。我不得不说,对于克莱因先生而言,只有一个界限:我们不可公然显得像是在培育那些年轻人的心智;克莱因先生恪守的是:让我们不惜一切代价地避免这样的形象——我们居然不是从事商业或其他赚钱的行业的闲散而无能的年轻人,也不是其他某种雄蜂般无所事事之徒。② 在这样的情境下,我乐于尽可能大声地突然喊出"尼采!",并因看到克莱因先生脸上不出意料的抽搐而乐不可支。③

---

① "亦重亦轻"换个说法就是"既严肃又戏谑"或者"既悲剧又喜剧"。
② 关于"雄蜂"比喻,可参看柏拉图《王制》卷八,尤其 552 – 560。
③ "An Unspoken Prologue"(《未宣读的开场白》),见 *Jewish Philosophy And The Crisis Of Modernity*(《犹太哲学与现代性危机:》), Leo Strauss, ed. by Kenneth Green, Albany:State University of New York Press,1997,页 449 – 452。据该书编者推测,这篇开场白最终未经宣读的原因,大概在于克莱因出于"对公之于众的极端厌恶"而表示强烈反对。

施特劳斯在公开场合提到哲人的名字为什么会令克莱因如此尴尬？

这要从两位学者的思想背景讲起。两位年轻人泡图书馆时，是二十世纪二十年代。当时，整个西方哲学传统已经在接受两位哲人——胡塞尔和海德格尔——的批判性检验。与这一思想背景并非全然无关的是德国的政治处境：一战刚刚结束。

胡塞尔批判的中心在于现代科学，或者说已经科学化的现代哲学。胡塞尔现象学旨在揭示科学思想或者说抽象哲学思想的本源，将其追溯至原初经验或者说科学之前的常识。胡塞尔现象学的主要批判对象是之前的主流学派，即新康德主义。该学派的特点是，从康德的"先验"（a priori）学说出发，对知识、道德、经验等进行解释。而胡塞尔要回到日常、熟悉的事情，从这些事情中揭示诸如数、空间关系等基本概念。

海德格尔式的现象学用语显得更为"实践"。他用"在世界中存在"、"操心/烦"这样的词描述科学之前的原初经验。我们面前的对象不仅仅是看的对象，而且是在各种实践意义上"上手"之物；而我们的一切实践活动的界限都是人的有限性、时间性，这一点规定了我们的操心/烦的限度。这种时间性不是为诸如时钟所衡量的时间性，而是"向死而生"。这种意义上的时间比科学意义上的时间更能"真实"地解释人所经验的时间。当然，海德格尔的事业并不仅限于对人的存在的这种现象学描述，而是要进一步解释"存在"，即西方哲学传统长久以来所遗忘的"存在"问题。

海德格尔所采用的方式主要是细读西方传统中的哲学文本，以展示该传统本身的微妙之处——一方面，该传统力图阐明存在问题以及人与存在问题的关系问题；另一方面，整个传统似乎倾向于遗忘、遮蔽基本经验。海德格尔选取的文本主要是古希腊哲学文本，因为相较于现代哲学文本而言，古希腊文本更能揭示基本的、直接的、科学之前的人类经验。海德格尔最为注重亚里士多德，尤其《伦理学》和《形而上学》，力图恢复"亚里士多德的现象学"。对此，克莱因曾经慨叹:"听了他的课,我给一件事吸引住了:破天荒有人能让我明白到另一个人所写的东西,我是指亚里士多德的作品。这件事打破了我先前陷入的恶性循环。我感到自己开窍了。"①施特劳斯亦曾感念:"有一次,我确实听懂了某些东西,那是在海德格尔阐释《形而上学》开端部分的时候——如此细致、透彻地剖解一份哲学文本,对我来说真是闻所未闻、见所未见!"②海德格尔让我们看到,我们何其不懂亚里士多德,我们只是熟悉对亚里士多德的教科书式的学说,例如范畴、实体、物质与质料等等——在这种解释中,我们看不到亚里士多德如何以经验——尤其为言辞所揭示的经验,即意见——为起点。

海德格尔最令两位年轻人震惊之处,在于使他们看到自古以来的"理性主义"传统何其成问题。该传统建立在未经充分检查的基础之上,充满先入为主、理所当然的偏见。也许,就连真理、逻各斯、理性这样的基本术语也要重新理解。两位年轻人开始着手重审传统,以检查理性主义的合理性。克莱因在很长一段时间内主要着力于重读亚里士多德,而施特劳斯选择在博士论文中处理犹太教问题,尤其是犹太复国主义问题。青年施特劳斯反思的是政治性的犹太复国主义与正统(orthodoxy)的关系问题。考虑到出身正统家庭的施特劳斯在血气上涌的十七岁曾信奉纯然政治性的犹太复国主义,这一论题有着浓厚的自我反思意味。犹太复国主义所主张的纯然世俗地、非正统地、政治地、理性地复兴犹太人的生活是否可能?这一问题拉近也深化了施特劳斯对现代理性主义之限度的认识:现

---

① 《剖白——施特劳斯与克莱因的谈话》,何子健译,见《苏格拉底问题与现代性:施特劳斯演讲论文集》,刘小枫编,彭磊等译,北京:华夏出版社,2008,页267。

② 《剖白》,前揭,页270。施特劳斯本科就读于新康德主义的大本营马堡大学,1920年结识克莱因,1922年为听胡塞尔的课转入弗莱堡大学并发现海德格尔。

代理性主义的根基,真的稳靠吗?

与此同时,针对理性主义,克莱因和施特劳斯的一些同时代人也做着相关而各异的努力:罗森茨威格检查宗教之根,力图在看待宗教时恢复宗教自身的目光,排除外来的偏见,即自由化、启蒙化的神学(对比新康德主义者的做法,如柯亨)。卡尔·巴特在《〈罗马书〉释义》中展示了一种"新"的圣经阐释方式,将圣经文本当作启示文本(而非必须理性化的宗教思想)来读。韦伯是现代理性主义之不足的见证者,他提出的问题是,以科学为生活方式的人,会置身何种状况;换言之,对作为科学的理性主义的选择之为选择本身,是理性的,还是类似于信仰的"一跃"? 韦伯似乎承认,以科学理性为志业这一选择并非基于理性,而是一种价值判断,而价值无法得到理性的认可。施米特的政治神学对理性主义政治学的攻击、对政治生活完全基于敌友划分的断言、对政治以决断非常状态的主权为核心从而才能应对不可避免的敌人的判断,从这个角度也更容易理解。

现代理性主义作为一种进步主义的生活态度最成问题之处在于,它对理性和进步的沉迷乃是基于一种非理性的本能,即渴求纯粹、自由的理性的本能。因此,现代理性主义必然受到一定的视域限制,终究是历史性的,也是自我解构的。现代理性主义之所以是自我解构的,是因为,它以反驳甚至取代启示为己任,从而使自身成为实践性的,从而使哲学不再成为苏格拉底式自由的、不设前提的探究。这种抗辩式的哲学反而比古典哲学更依赖自己所抗辩的对手而存在,并且因为这种对历史性的对手的依存关系而使自身变成历史性的,哲学的对手成了哲学的历史前提——难怪青年克莱因先生会在公众面前为哲学和哲人而尴尬到面部抽搐。

一方面为了避免这种尴尬,一方面为了继续求得哲学的可能性,克莱因和施特劳斯转向古典理性主义。其间施特劳斯借助了阿拉伯哲人的目光。他在阿维森那《论各门科学的分支》中读到这样的句子:唯独柏拉图的《法义》才是关于预言和天启的典范著作。

施特劳斯将这一发现首先运用在对迈蒙尼德《迷途指津》的解读中,而克莱因读过该解读的手稿后说道:"我们重新发现了显白学说。"①这种"显白学说"的进路,首先是从柏拉图《法义》学到可以如何从政治角度审视神学(比如政治在何种程度上需要何种神学),然后是从柏拉图《王制》学到可以如何从哲学(问题)角度审视政治(比如哲学如何与城邦乃至最佳城邦之间永远有张力)。换言之,这种"显白学说"就是"神学－政治问题"。

"神学－政治问题"的核心在于如何看待意见(doxa),尤其是作为"正统意见"(orthodox)的城邦礼法。在古希腊,礼法主要化身为言辞中的、美和正义的、使人爱和怕的诸神,而哲学尤其是柏拉图哲学主要体现为对城邦礼法的惊异。柏拉图哲学首要的认识对象是人,而人总是在城邦中或者说在洞穴中的存在者。我们知道自己不知道什么是人,但我们不可能不知道什么是城邦——一个既不是神也不是兽的人,从天性上讲就政治动物或者说城邦动物,而城邦必然要求城邦动物知道城邦让他知道的东西,即礼法。这一点恰恰给人提供了认识自己的契机:礼法既是不知不觉(或者说非－理性)的对人的规定,又是人的灵魂中的爱欲和血气的理想化或者说理念化(idealized)的投射;此外,不但这两方面之间往往形成张力,而且这两方面往往与人求善的天性形成张力。因此,古典理性主义对礼法及其内在张力的惊异,旨在认识人的天性(nature)以及人应该如何生活,而非认识特定历史条件下的人。"城邦与人"(the city and man)这一不定之二是对苏格拉底式"无知之知"(knowledge of ignorance)的绝佳表述(articulation)。②你知道一方,不知道另一方,你所知道的最终成为知道你所不知道的事物的起点。

---

① 《剖白》,前揭,页273。
② 参《走向古典诗学之路》,伯格编,北京:华夏出版社,页240–245。注意"the city and man"这一表述中"城邦"有定冠词而"人"无。中译无法尽传其意。

礼法对人的规定首先体现为性情之德，或者说道德德性。早在哲学出现之前，德性就出现在荷马史诗中，也出现在人的生活中。而亚里士多德的伦理学清单始于离理智德性最远的两种道德德性——勇气与节制，终于幸福的沉思，从而似乎暗示了一种不为哲学之前的生活世界所知的德性品第。人性（human nature）之于人的德性（human virtue），正如潜在（potentiality）之于实现（realization）。我们无法从潜在推出实现，但我们能从实现推出潜在。道德德性这种实现似乎永远无法为人性充分实现（常见于古希腊悲剧），同时也为对人性应该得到何种实现这一认识的实现提供了可能。这一实现的关键在于苏格拉底所提出的"什么是德性"问题，这是一个哲学之前的生活世界并未也无法提出的问题。追问什么是德性意味着反思德性问题，因而，这一追问行为本身似乎就是无法确切定义的理智德性的体现。① 这样一来，真正的德性与其说是知识、是关于特定德性的科学化的知识，不如说是无知之知，或者说问题之知（knowledge of problems），既是关于事物之成问题性的知识，又是关于应该对什么样的原初且首要之事提问的知识。如果说第一次启航是从"概念"到"事情本身"，那么第二次启航就是从"事情本身"到"意见"（尤其是折射灵魂的政治"意见"）。

柏拉图对话中有多篇探讨具体德性，只有《美诺》探讨德性本身，从而更有可能引发我们对德性整体及其各个部分的反思。而克莱因《〈美诺〉疏证》为我们提供了我们着手阅读时所必需的一切，尽管施特劳斯用对老朋友的快乐的调侃提醒我们，和克莱因共读柏拉图的读者有机会也有必要充分调动自己的喜剧天分。对于哲学与生活（尤其政治生活）的关系，克莱因有一种严肃得近乎悲剧的理解。而施特劳斯到老还不忘重新把严肃的老友在众位年轻人面前拖入喜剧情景中——一如阿里斯托芬曾经把严肃而年轻的苏格

---

① 对比柏拉图《会饮》（203a以下）中"爱欲"的身世问题：爱欲究竟出自"贫乏"与"丰盈"，还是出自"贫乏"与"对贫乏的意识"。

拉底搬上喜剧舞台，从而带给观众中的苏格拉底进一步认识自身的机会，进行第二次启航。克莱因即便展示戏谑时也极为严肃，而施特劳斯戏谑地呈现严肃。在本书导言中，克莱因一再强调，要读透柏拉图对话，就要像苏格拉底一样在对话中"在场"。该词再次使我们想起海德格尔。海德格尔解读悲剧，而施特劳斯解读喜剧。我们知道，悲剧诗人从不现身正在上演自己作品的舞台、从不打断观众们投入的在场感；而阿里斯托芬却"直接向观众言说"。[1]《会饮》篇末（223d 以下），苏格拉底使阿里斯托芬和阿伽通同意，同一个人可以兼长喜剧和悲剧。这似乎是柏拉图留下的线索，暗示读者如何像柏拉图一样理解柏拉图。

北京外国语大学英语学院许小凡同学通读中译本初稿，并给出许多有益的修改意见，谨致谢忱。感谢华夏出版社尤其陈希米编辑、马涛红编辑的耐心帮助。

---

[1] 参施特劳斯《苏格拉底问题五讲》，见《古典政治理性主义的重生》，潘戈编，郭振华等译，北京：华夏出版社，2011，尤其页170。

前　记

　　本书原应写成于三十多年前。相当不寻常的环境打断了我的写作。自1936年以来，在美国和欧洲，我得到许多机会，和朋友们、学生们一起探讨本书中的某些观点。

　　除导论、第五章、第七章前两节及其注释外，我将所有希腊词句都转写为拉丁字母，以便不通希腊文的读者更容易接近这部注疏。

　　本书最终得以定稿，端赖Eva Brann鼎力相助。

克莱因

谁能读柏拉图的书,谁就会晓得
他说过,言辞是行动的表兄弟。①

——乔叟《坎特伯雷故事集》

---

① ［译注］本书及其引文中的言辞与行动兼有论证与情节之意。

导　论

第一节

　　[3]①在过去很长一段时间里,探讨真理的方法之一是注疏。现在,情况很可能依然如此。但是,注疏柏拉图对话是怎么一回事呢? 这些注疏难道不是基于各种先入为主的概念和判断,难道不是基于各式各样成问题的假定和预测,其基于假定和预测的程度难道不是更甚于我们的理智的其他冒险活动? 也就是说,承担这项任务难道不等于拆自己的台? 无论这项任务有何要求,它当然首先要求一点:意识到上述问题的严肃性。

　　那么,注疏柏拉图对话究竟是出于什么考虑呢?

　　首先,存在这样一种信念,柏拉图对话并非一本发表自己意见的著作。过去和现在都有许多人持这种信念。从亚里士多德《论诗术》(*Poetics*)②中的一段论述可以推论出,"苏格拉底式"对话类似于摹仿剧(mime),凭借第欧根尼·拉尔修(Diogenes Laertius)、③雅典那乌斯(Athenaeus)④提供的信息,史家与注疏家们试图将柏拉图对话或视为戏剧,或视为哲学式的摹仿剧,或视为哲学式的谐剧、悲

---

　　① [译注]方括号中数字为英文版页码,如[3],标于相应页起始处,在中文版中随文注出。
　　② 1447b9－11(对参残篇61,1486a9－12)
　　③ III,18。
　　④ XI,504b;XIV,620d－622d 等等。

剧,或者至少试图确立柏拉图对话与摹仿剧、谐剧、悲剧的关系。一个半世纪以前,施莱尔马赫(Schleiermacher)定下基调。[4]他曾说:①

> ……如果确实在什么地方存在着形式与内容的紧密结合,那就是这儿[在柏拉图哲学中];要恰切理解任何一句话,就得看它在文本中的位置,看柏拉图为这句话赋予何种联系、何种限制。②

真正柏拉图对话的标志是"形式、结构融入整体"。③ 因为每一部柏拉图对话都"自成一体",④其"形式"有一个"几乎必不可少的模式",那就是"对话的外衣"。其目的在于摹仿口传教诲。一种"特性"服务于上述目的,这一"特性"就是,"人物和环境通过[柏拉图对话的]摹仿和戏剧品质得以个体化,人人都承认,这种品质使柏拉图对话充满美和魅力"。⑤ 而且,施莱尔马赫还将这种摹仿特性描述为一种"混合"(Beimischung)。⑥

---

① 见 F. Schleiermacher《柏拉图全集》(*Platon's Werke*),第一版,1804 – 1810 年;引自第三版,1855 – 1861 年,以及《王制》(*Republic*)第二版,1862 年,I,1,引论。

② 页 14:Wenn irgendo, so ist in ihr [der philosophie des platon] Form und Inhalt unzertrennlich, und jeder Satz nur an seinem Orte und in den Verbindungen und Begränzungen, wie ihn Plato aufgesteut hat, recht zu verstehen。

③ 页 28:die Form und Composition im ganzen。

④ 页 14:ein Ganzes für sich。

⑤ 页 29:jene mimische und dramatische Beschaffenheit, vermöge deren Personen und Umstände individualsiert werden, und welche nach dem allgemeinen geständnis soviel Schönheit und Anmuth über die Dialogen des Platon verbreitet。

⑥ 同上。对参《王制》引论,III,1,页 9。(亦参《普罗塔戈拉》引论,I,1,页 153;《申辩》引论,I,2,页 128 以下;《高尔吉亚》引论,II,1,页 5 以下;《斐多》引论,II,3,页 9;《欧蒂得谟》引论,II,1,页 273)

柏拉图对话的"戏剧品质"这一主题从未完全遭到抛弃。① 但是,奇怪之处在于,我们看到,[5]尽管人们为处理柏拉图对话的"戏剧品质"进行过许多尝试,但这些尝试并未给我们要读的任何一部对话中的实际戏剧带来多少启发。我们可以坦率地指出失败

---

① 下述所列文献还算不上完整:

F. Thiersch, "Über die dramatische Natur der platonischen Dialoge"(《论柏拉图对话的戏剧本质》), *Abhandl. d. philos. -philol. Classe d. Kön. Bayerischen Akad. d. Wissenschaften*, Bd. 2, 1837。Ph. W. van Heusde, *Initia philosophiae Platonicae*(《柏拉图哲学初步》), 1827 – 1836, 2nd ed., 1842, 页 97 – 99, 175 – 195, 299 – 311。C. A. Brandis, *Handb. d. Gesch. d. griech. -röm. Philosophie*《希腊哲学史》, 1844, II, 1, 页 151 以下。H. von Stein, *Sieben Bücher z. Gesch. des Platonismus*(《柏拉图哲学史七书》), 共三卷, 1862 – 1875, 尤其卷一, 页 9 – 57。Zeller 编, *Die Philosophie der Griechen in ihrer geschichtlichen Entwicklong dargestellt*(《希腊哲学及其在历史上的发展述要》), 第四版, 1889, II, 1, 页 569 以下。R. Hirzel, *Der Dialog*(《柏拉图对话》), 1895, 尤其 I, 199 – 259。H. Reich, *Der Mimus*(《古典摹拟剧》), 1903, 页 354 – 413, 尤其 409 以下, 900。U. von Wilamowitz-Moellendorf, *Platon*(《柏拉图》), 1919, II, 页 21 – 31。W. C. Greene, "The Spirit of Comedy in Plato"(《柏拉图的谐剧精神》), 见 *Harvard Studies in Classical Philology*, Vol. XXXI, 1920。J. A. K. Thomson, *Irony*: *An Historical Introduction*(《反讽:历史性简介》), 1926, 尤其页 169。P. Friedländer, *Plato I*(《柏拉图》卷一), 英文版, 1958, 尤其第 5 章, 页 122 和 124, 以及第 8 章。R. Schaerer, "La question platonicienne, étude sur les rapports de la pensée et de l'expression dans les Dialogues"(《柏拉图哲学的问题:柏拉图对话中的思想与表达方式研究》), *Mémoires de l'Université de neuchâtel*, T. X, 1938, 尤其页 157 以下, 174, 190, 207, 218 – 234。H. Kuhn, "The True Tragedy: On the Relationship Between Greek Tragedy and Plato"(《真正的悲剧:希腊悲剧与柏拉图之间的关系研究》), 见 *Harvard Studies in Classical Philology*, Vol. LII, 1941; Vol. LIII, 1942。A. Koyré, *Introduction à la lecture de Platon*(《柏拉图对话简介》), 1945。P. Merlan, "Form and Content in Plato's Philosophy"(《柏拉图哲学的形式和内容》), *Journal of the History of Ideas*, VIII, 1947。R. G. Hoerber, "Plato's *Euthyphro*"(《柏拉图的〈游叙弗伦〉》), *Phronesis*, 3, 1958; "Plato's *Lysis*"(《柏拉图的〈吕西斯〉》) *Phronesis*, 4, 1959; "Plato's *Meno*"(《柏拉图的〈美诺〉》), *Phronesis*, 5, 1960。

的原因之一。

我们要通过一些例子考察夏尔若(René Schaerer)著作中的某些观点。这本书的首要问题在于,为理解柏拉图对话找到正确的途径。夏尔若写道:"无论从那种观点来读柏拉图对话,都会发现它们有反讽。"①我们不能不认同该观点。因为,首先,反讽看起来确实是对话中的苏格拉底说话、行动的主要方式。在这一问题上,我们可以引用汤姆森(J. A. K. Thomson)的相关论述。汤姆森曾不止针对《王制》②中忒拉绪马霍斯的言论说过这样的话③:"苏格拉底的同时代人说他在反讽,这可不是恭维话。"④

> 苏格拉底的同时代人完全欣赏悲剧或谐剧在描述命运突转时的老式反讽。但苏格拉底的新式反讽里面暗含玄机,如果你把它当玩笑,你自己会觉得不自在;如果你过分严肃对待它,又会使自己惹人嘲笑。人们不喜欢苏格拉底的反讽,不知道怎么对付它。但是,人们很肯定,它确实是反讽。他们以反讽命名之,因为他们这样叫,所以反讽有了新含义。⑤

其新含义暗示着,无论在什么情况中,称某个言辞或行动是反讽,首先必须有人能领会这是反讽。一个完全沉浸于自己的人,确实能够完全靠自己,在与别人"反讽"的谈话中获得满足——[6]不论对方

---

① 前揭,页233:Quel que soit l'angle sous lequel on les considère, les Dialogues sont ironiques。

② 337a(对参《会饮》218d,e;《智术师》268a7)。

③ 前揭,页166:

④ 对参前揭书,页3-4(亦参亚里士多德《尼各马可伦理学》,卷二,第七段,1108a19-23;卷四,第七段,1127a20以下;忒奥弗拉斯托斯,Characters[《性情志》],I)。

⑤ 前揭,页168。

到底能不能看穿反讽。在这种情形下,只有发言者本人才能看清形势。但是,关于出现在柏拉图对话中的苏格拉底,我们有把握说:他进行反讽不是为了满足自己。关于苏格拉底反讽的一切,都取决于其他那些能够领会反讽、能够听出弦外之音的人的在场。于是,对话的前提就是,聆听对话的人不是漫不经心、无动于衷的旁观者,而是沉默的参与者。这一条件的实际满足,有时表现得很明显,有时显白地有所提及。当然,条件还包括,苏格拉底是对话的讲述者。希尔泽(Hirzel)①注意到这一点:

> 要点在于,不是柏拉图本人,而是苏格拉底在讲故事,要理解苏格拉底的讲述,就不得不设想有一圈听众在他身边围成一圈,而且,之前他肯定和这些人还聊过天。

知道有多少人在听、他们都是谁,通常并不重要(有时可能很重要)。但是,有一点确实非常重要,那就是,意识到我们读者们其实就是苏格拉底身边那些听众中的成员,是沉默而主动的参与者。事实上,在那些排除一切听众(甚至连蝉也不允许)的对话中,只有我们读者才是听众。弗里德伦德(Paul Friedländer)②曾论曰:"在所有书中,唯对话这种形式能使书暂时摆脱书的形式。"(前揭,页166)这句话可阐发如下:如果我们这些听众或读者们不积极地参与到柏拉图对话中,那么它根本不可能发生;没有这样的参与,我们面前的一切其实只不过是一本书而已。

回到我们前面引用的夏尔若的评论。他的假定完全相反:

> 对话的读者构成听众,就像围着竞争双方的那些人一样,

---

① 前揭,页212,注1:Die Hauptsache ist, dass nicht Platon selber, sondern Sokrates erzählt und dessen Erzählung nicht gedacht werden kann ohne einen kreis um ihn versammelter Zuhörer, mit denen er vorher im Gespräch gestanden hat。

② 前揭,页166。

构成活生生的樊篱,但他们是消极地这样做:对话中的讨论不是为了那些读者而讨论,讨论本身就有自己的正当性。①

观众从对话的竞争中获得快乐的方式,就像他们[7]从好看的体育比赛中获得快乐的方式一样。②

这一观点以令人钦佩的清晰表述出为大多数注疏者所共有的、心照不宣的前提,反映出他们超然的——即便他们被激起"历史的"兴趣——旁观态度。《申辩》中苏格拉底自己的证词能够证明这一前提的正当性吗? 人们聆听苏格拉底的反驳时,能从这种经历中得到快乐,他们说苏格拉底曾以巧妙的节制称,"它(对话)并不令人不快"。③ 没别的了吗?"从哲学的观点考虑,"夏尔若写道,"柏拉图对话是戏剧,在这些戏剧中,人的灵魂的命运危若累卵。"④然而,夏尔若这一假设将听众、读者——因而也包括注疏者——及其哲学观

---

① 前揭,页44:Les lecteurs des Dialogues forment un public analogue à celui qui entourait d'une haie vivante, mais passive, les deux adversaires: la discussion ne leut est pas destinée; elle trouve en elle – même sa raison d'être⋯。Schaerer 书中的主要观点之一就是奉逻各斯(the Logos)为自主的、至高无上的。最终,只有逻各斯自身才是对话中的实际角色,只有逻各斯才是唯一有价值的个体(le seul personnage actif du dialogue, l'unique individualité qui compte, 页38)。

② 同上,页45,注释:le spectateur, en tan que tel, ne retire de la joute qu'un plaisir sportif。

我们很公平地指出,Schaerer 后来的话(页202)与他前面的话自相矛盾:

我们看到,在一切情形下,柏拉图都尽力唤起读者灵魂中不满的冲动……柏拉图对话是……开放的作品(On voit que Platon s'efforce, dans tous les cas, de susciter en l'âme du lecteur un élan d'insatisfaction⋯les Dialogues sont⋯des oeuvres ourertes⋯)。

③ ἔστι γάρ οὐκ ἀηδές,《申辩》33c4。

④ 前揭,页233:Jugés du point devue; hilosophique, les *Dialogues* sont des drames, où se joue le sort de l'âme humaine。

点一同隔离在对话的战场之外。那么,夏尔若本人究竟站在什么位置?

"从外在"讨论柏拉图对话的戏剧特征,显然不够。我们还必须在对话中扮演自己的角色。我们必须认真对待如下论点:柏拉图对话的确在"摹仿苏格拉底"、①在积极地延续苏格拉底的事业。这同样不是一个新观点。② 看起来,[8]这个观点确实很有道理。然

---

① 不论苏格拉底是不是在说话、沉默,甚至不论苏格拉底是否在场(对参 A. Diès, *Autour de Platon*,1927,I,页 161 – 165,181。)

② 对参 F. Schleiermacher,前揭,I,1,页 15,16:

> 柏拉图的主要观点必定是"引导、设计每一探究,从头重来,通过这样的方式,迫使读者要么靠自己内在地产生预期的思想,要么以一种最为明确的方式服从这样一种感觉:自己没有发现、理解任何东西。为达到这一目的,我们不是要把探究的结果简单地说明、写成诸多文字……而是要迫使读者的灵魂去探求结果,并且处于能够求得自己所求之物的道路上。欲达成第一步,就要在读者的灵魂中唤醒对自己无知状态的意识,这种意识是如此明白,以至于灵魂不可能希望保持处于这种状态。欲达成第二步,要么从各种矛盾中编出一个谜团,唯一可能破解此谜团的途径就在于所预期的思想,通过以一种表面上最为奇特且随意的方式,插入这种或那种暗示,只有真正、自发参与探求的人才会注意并理解这些暗示;要么在最初的探究上面再覆盖一重探究,但这并不是说,第二重探究就像面纱一样,而是说,第二重探究就像天然长出的皮肤一样:这重探究将在不留心的读者面前,也仅仅是在不留心的读者面前,隐藏起本来要观察、发现的东西,而留心的读者的某种能力得以砥砺、提高,那就是领会两重探究之内在关联的能力"(…jede Untersuchung von Anfang an so zu führen und darauf zu berechnen, dass der Leser entweder zur eigenen inneren Erzeugung des beabsichtigten Gedankens, oder dazu gezwungen werde, dass er sich dem Gefühle, nichts gefunden und nichts verstanden zu haben, auf das allerbestimmteste übergeben muss. Hierzu nun wird erfordert, dass das Ende der Untersuchung nicht geradezu ausgesprochen und wörtlich niedergelegt werde …dass die Seele aber in die Notwendigkeit gesetzt werde, es zu suchen, und auf den Weg geleitet, wo sie es finden kann. Das erste geschieht, indem sie über ihren Zustand des Nichtwissens zu so klarem Bewusstsein gebracht wird,

8　柏拉图《美诺》疏证

而,极少有人接受这一观点的后,那就是,我们读者们会遭到隐含的质疑和省察,我们不得不掂量苏格拉底的反讽的重量,我们被迫向自己承认自己的无[9]知,我们要靠自己走出死胡同、得到一个结

---

dass sie unmöglich gutwillig darin bleiben kann. Das andere, indem entweder aus Widersprüchen ein Räthsel geflochten wird, zu weichem der beabsichtigte Gedanke die einzig mögliche Lösung ist, unt oft auf ganz fremdscheinende zufällige Art manche Andeutung hingeworfen, die nur derjenige findet und versteht, der wirklich und selbstthätig sucht. Oder die eigentliche Untersuchung wird mit einer andern, nicht wie mit einem Schleier, sondern wie mit einer angewachsenen Haut überkleidet, welche dem Unaufmerksamen, aber such nur diesem, dasjenige verdeckt, was eigentlich soll beobachtet oder gefunden werden, dem Aufmerksamen aber nur noch den Sinn für den inneren Zusammenhang schärft und läutert)。(亦参前揭,页 30,34)

对参 Brandis,前揭,页 154 以下,页 159 以下:

难道柏拉图不认定,通过自发地参与所记载的探究,读者将能够提供该探究缺失的部分,发现其真正的核心,使其他一切服从于这一核心,以便通过发展出一系列始于对话的思想,成功解决表面上的各种矛盾;难道柏拉图不认定,这样一位读者,只有这样一位读者,才会确信自己达到了真正的理解……(⋯setzte Plato nicht voraus, dass der Leser durch selbstthätige Teilnahme an der aufgezeichneten Untersuchung das Fehlende zu ergänzen, den wahren Mittelpunkt derselben aufzufinden und diesem das übrige unterzuordnen vermöge, damit die Lösung der scheinbaren Widersprüche durch fernere Entwickelung der eingeleiteten Gedankenreihe ihm gelinge; aber auch nu rein solcher Leser die Überzeugung gewinne zum Verständnis gelangt zu sein⋯)?

Zeller 曾赞许地引用上面这段话,前揭,页 577。

亦参 Friedländer,前揭,页 166;É. Bourguet,"Sur la composition du << Phèdre >>"(《论〈斐多〉的创作》), *Rev. de métaph. Et de morale*, 1919, 页 341;Schaerer, 同上,注 18;P. M. Schuhl, *L'œuvre de Platon*(《柏拉图全集》),1954,页 10:"柏拉图……要求读者积极配合,这是最好的训练"。

论——如果这个结论确实能够得到的话。我们是对话的要素之一,甚至可能是最最重要的要素。注疏顶多能使读者这一要素发声,其他什么也做不了。

这并不是说,各篇对话完全没有"学说性的"主张。相反,这一更深的思虑应该引导我们理解各篇对话:它们包含某种柏拉图式的"学说"——这并不意味着近来所谓的"哲学体系"。各篇对话不仅体现源于苏格拉底的各种"神谕式的""悖论式的"说法("德性是知识","没人有知却行恶","忍受不义好过行不义"),而且,在很大程度上,各部规劝性的戏剧正是基于这些说法,但是,这些戏剧还或多或少明确讨论、声明某些终极性的基本原则,正是基于这些基本原则,才有上述说法及其深远广泛的推论。然而,得出这些时,都缺乏"完全的清晰"。① 仍然要靠我们去澄清这些基本原则和推论,如果必要的话,采取"另一种更长、更迂回的道路",② 然后再接受、改正或者否弃它们——换言之,取决于我们从事"哲学"。

这就是为什么,开头提到的那一层先入为主的概念和判断,必须且必然如此沉重地压在我们心头。我们作为对话参与者的角色,从根本上讲,并非不同于柏拉图同代人作为对话参与者的角色,他们或许听过某人大声朗读这些对话。毫无疑问,我们和他们共有某些观点,这些观点在一切时代都为多数人所持有。但有一点不同:在他们与我们之间,横亘着一条深广的、代代相传的哲学——以及语文学——传统,该传统主要发轫于苏格拉底和柏拉图的教诲。保持不受该传统影响,并非我们力所能及之事。而且,该传统在多大程度上可以帮助我们理解,就同样可以在多大程度上阻碍、歪曲我们的理解。我们至少可以力图避开两个陷阱:其一,变得过分执着于这样一种观点,即,柏拉图对话年表暗示,柏拉图本人的思想中存在某种"发展",洞察这些发展,极为有助于理解各篇对话本身;其

---

① πάσῃ σαφηνείᾳ,《智术师》254c6。
② ἄλλη ... μακροτέρα καὶ πλείων ὁδός,《王制》,卷四,435d3(对参卷六,504b,d)。

二，在翻译各篇对话中所言、所示之物时，试图使用僵化的术语，这些术语源于——经过许多世纪的[10]使用和滥用之后的——亚里士多德的专门词汇。然而，从一方面讲，基于语文学与历史学的著作，始于亚历山大时代，于十九世纪以及现在的世纪达到如此令人惊异的高度和深度，至今于我们仍必不可少：尽管可能有所局限，但这种著作为我们提供方法，有助于我们还原对话中的某些东西，即那些暗示、情景、名字、格言、双关，那些柏拉图同代人能够直接理解的东西。我们不应忘记，在大多数情况下，在使它们重新获得理解的可能性与它们在其自己的时代为人广泛熟悉之间，有直接联系。这种熟悉，正是柏拉图一心想要利用的东西。

第二节

到目前为止我们所讲的东西，容易受到这样的反对：无论是不是书卷，柏拉图对话都是成文作品，能够参与柏拉图对话，首先意味着面对一部成文的文本。那么，我们如何能够参与其中？此外，难道我们不曾得到柏拉图本人的提醒——就在《斐德若》临近篇末那些常被引用的交谈中——成文文本不大靠得住？我们必须面对该反对意见。

《斐德若》中，苏格拉底将一切写作比作速养盆栽植物（276b-d），这有可能是一件乐事，也有可能为节庆服务，①但我们不能将其理解为一种严肃的行业，就像想要栽下的种子结出果实的、审慎的农人的活动一样，那种活动需要技艺、要求时间。写作是一件乐事，是为了消遣（παιδιᾶς χάριν），尽管苏格拉底和斐德若一致认为（276d-e），这种乐子和消遣从尊贵方面讲无可比拟地高于其他任何乐事和消遣。成文之言必然（ἀναγκαῖον，276e6）有大量乐事（παιδιὰν πολλήν）在里面。为什么说"必然"？我们可以从《斐德若》

---

① 参 265c8 以下及其语境（见 R. Hackforth《斐德若》译本，1952，页 132，注 2）。

本身以及《智术师》中搜寻到一个答案。正如斐德若所讲(276a8以下),①成文之言可以被恰当地称为口传之言的一种[11]摹本($εἴδωλον\ ἄν\ τι\ λέγοιτο\ δικαίως$),这种摹本既是鲜活的($ζῶν\ καὶ\ ἔμψυχος$),又如苏格拉底所言(276a1以下,278a6),只有这种摹本才是正当的或者说本真的($γνήσιος$)。成文之言"摹仿"口传之言。但是,"摹仿"($μίμησις$)是最高级的那种"乐事"($παιδιά$)的源头。《智术师》——在这篇对话中,"摹仿"的存在样式成为一个关键问题——中的异乡人问道(234b1-3):"你还能想出比摹仿性的乐事更需要技艺、更优美的一种乐事吗?"泰阿泰德回答说:"当然不能。"他还小心地补充说,这种模仿性的乐事涵盖各种表现形式。于是,成文之言必然是乐事,在适当环境下尤其如此,因为成文之言本身的特征就是摹仿。但是,这种特征还使成文之言不可靠。因为,正如苏格拉底在《斐德若》中所言(275d):

> 你会认为,他们说话时,好像自己理解某些东西似的,但是,无论何时,当你出于某种求知欲就他们所谈论的某些东西向他们提问时,他们除了总是重复同一套话外什么也做不了。②

因此,成文之言无法保护自己远离误解和误用(275e5,276c8以下)。此外,他们不能、也并不区分自己谈话的对象。任何作者,只要他认为在自己的成文作品中必须有非常牢靠的东西

---

① 有可能,斐德若作为这些事情方面的一位"专家",在此处对Alcidamas的引用,恰如整段文本对各种术语和"借来"的比喻——借自当时关于"讲辞写作"的益处和害处的争论——的运用。然而,在《斐德若》中找到争论的痕迹是一回事,理解这篇对话的语境中说了什么又完全是另外一回事。参L. Robin编,《斐德若》(*Platon, Œuvres completes* [《柏拉图全集》],Coll. D. Univ. de France, "Les Belles Lettres",1933)页CLXIV以下,以及Friedländer,前揭,页110-113,页357注6。亦参本章下文注33[译注]本书页14注③。

② 对参《普罗塔戈拉》329a2-4,347e3以下。

（μεγάλη βεβαιότης）、非常清晰的东西（σαφήνεια）（277d8 以下，对参 275c6），就难免受到上述责备，无论有没有人表达出这种谴责。①简言之，一部成文文本必然不完整，不可能恰如其分地进行教育。

我们会看到，斐德若与苏格拉底之间关于写作的对话的大部分，都以这样一个共识为基础（258d），讲辞写作不像有些人认为或者假装认为的那样（257d 以下）本身就很可耻（Τοῦτο μὲν ἄρα παντὶ δῆλον, ὅτι οὐκ αἰσχρὸν αὐτό γε τὸ γράφειν λόγους. ΦΑΙ: Τί γάρ；[苏格拉底：其实，所有人都清楚，至少，讲辞写作这事本身并不可耻。斐德若：怎么会呢？]）因此，他们一致同意，一个人必须查问这样一个问题：什么写作方式好，什么写作方式坏（τίς οὖν ὁ τρόπος τοῦ καλῶς τε καὶ μὴ γράφειν；对参 259b1－3）？然而，接下来，由该共识出发的讨论（259e－274b）回避这一问题，看起来更为着重处理的是口传之言的技艺，直到苏格拉底通过说下面这句话重新回到原来的问题（274b6）：

[12]现在还余下一个写作得体还是不得体的话题，也就是这样一个问题：如何写作好（καλῶς），如何写作不得体（ἀπρεπῶς）？不是吗？

斐德若说："是的。"但是，对话于此处再次突然偏离该问题。对话最终得出一个双重结论。一方面，加诸成文之言的疑虑，据说针对的是任何写作（σύγγραμμα），无论过去任何人写成的东西还是将来任何人要写的东西，无论写作话题是法律还是政治，无论关乎讼事、私事还是其他什么事（περὶ ἑκάστου），无论是诗体还是散文体（277d6－8，277e5－7，278c1－4，258d9－11）。因此，该疑虑的阴影似乎也笼罩着柏拉图对话，包括《斐德若》本身。另一方面，只有作者意识到或者没有意识到自己的写作在牢靠、清晰方面有缺陷，决定着写作可以称得上得体还是不得体（277d1 以下）。在成文作品之间做出的唯一区分，看起来在于，"最好的作品"（278a1）除了是

---

① 对参柏拉图《书简七》，344c 以下。

乐事之外，还能发挥"回忆[或提醒]"(ὑπομνήματα, 276d3)的作用，即，能够使那些"知道"的人回忆起，成文之言究竟是关于什么的(275d1：τὸν εἰδότα ὑπομνῆσαι περὶ ὧν ἂν ᾖ τὰ γεγραμμένα [不仅仅是作为回忆成文的东西的工具]；对参 278a1：εἰδότων ὑπόμνησιν [回忆人已经知道的东西]，以及 275a5：ὑπομνήσεως φάρμακον [作为药的回忆])。但是，从未——至少从未确切地——得到阐述的是，哪类写作、何种写作"最好"，哪种写作方式会最恰当地起到"回忆"作用。

有人会问，关于好的言辞所讲的话，是否有可能并不同样适用于其"摹本"、并不同样适用于好而得体的写作。下文中关于好的言辞开出的药方(264c, 269c-272b)，实际上的确适用于好的写作，尽管苏格拉底仅仅若无其事地提到这一点(272b1, 277a/b)。在这篇对话篇末，给吕西阿斯以及其他讲辞作者(同时也给诗人和立法者)的建议，以及最后关于伊索克拉底的预言，都直接指向他们的成文作品。现在，斐德若与苏格拉底一致同意，口传之言能够成为清晰的、完整的，值得严肃的探讨，只要那些口传之言来自"有知"(εἰδώς, 276a8, 对参 276e7)者——他们知道正义的、高贵的、好的东西(276c3, 276e2-3, 277d10 以下, 278a3 以下)——他们还知道，正如苏格拉底坚持的那样，如何在学习者的灵魂中"写作"或"种植"这些言辞(276a5-6, 276e6 以下, 278a3)，也就是说，拥有"辩证法的技艺"(276e5 以下，对参 276b6 以下, 265d, 266b, 273e1-3, 277b)以及[13]"引导灵魂的技艺"(psychagôgia)，①这种技艺使他能够有区别地对待灵魂，甚至在必要的时候保持沉默(276a6 以下；276e6，对参 b7；277b8 以下；对参 229e-230a, 270e-272a, 273d8 以下)。仅当这些条件得到满足时，那些言辞才可能得到恰当的辩护和支持(276a6；e7 以下)，只有那时，对真实的东西的检查和教授

---

① 这个词并不特别属于苏格拉底或柏拉图，正如经常被指出的那样。在苏格拉底对这个词的用法中，其更为熟悉的内涵(对参荷马《奥德赛》，XXIV，行 1 以下)，无论如何不能遭到忽视，例如，阿里斯托芬就没有忽视这一点(《鸟》，1553-1555)。

(ἀνάκρισις καὶ διδαχή,277e9,276c9)才可能发生。这一切也可以说是好的写作吗?

若就成文文本的死板而言,不能说它是好的写作。如果成文文本能在对好的言辞有效的条件下引发"活生生"的对话,就可以说它是好的写作。这两重回答反映在任何柏拉图对话——尤其《斐德若》——的反讽式含混中。

此时看看作为整体的《斐德若》的构造,或许会有些助益。对话本身可以说由两个人物构成,一个在开篇,一个在结尾。① 第一个人物是吕西阿斯,著名的讲辞作家,他出现在舞台上时戴着最合适的面具:吕西阿斯就在斐德若左手的书卷里。吕西阿斯以这样的伪装在场于整部对话中。第二个人物是伊索克拉底,同样著名的一位讲辞作家,此人经由斐德若的虚构,并由变成先知的苏格拉底赋予名望和地位(278e10 以下,对参 242c3 – 5)。② 我们对他仅有粗略的一瞥。一位呈现为坏写作的能手,另一位大有希望成为一位具有真正出众地位的作家,甚至能够超越这些,走向更伟大的事物。③ 在这两个极端(ἄκρα,264c5)之间,年轻的斐德若,热忱的爱言者

---

① 参 L. Robin,*Phèdre*(《斐德若》),1933,页 XIV。
② 《泰阿泰德》142c4 以下,《斐多》84e3 以下(亦参《卡尔米德》169b4 – 5)。
③ 关于伊索克拉底的这段文本,曾引发不计其数的评注。对柏拉图与伊索克拉底"在历史上"的关系的重构,无助于理解这篇对话中的伊索克拉底这个人物。Robin,*Platon*,1935,页 26:"……这些对话为某种写作提供了明证,这种写作将事实性的资料转化至某种程度,以至于在对话中,在这些资料所关联的东西方面,历史学家竟不能从中得出确定性的东西(…les dialogues offrent des témoignages manifestes d'une composition par laquelle les données de fait sont transfigurées, au point de ne fournir à tout ce dont elles sont, dans le dialogue, l'accompagnement)。"亦参 Hirzel,前揭,页 181 以下,以及 Wendland, "Die Aufgaben der platonischen Forschung"(《柏拉图式探究的任务》), *Nachrichten v. d. Kön. Gesellsch. d. Wissenschaften zu Göttingen*, 1910, *Geschäftliche Mitteilungen*, Heft 2, 页 112。

就对话中与伊索克拉底有关的而言,Schaerer(前揭,页 178 – 180)已经讲出了需要讲出的一切。

(228a 以下,242a－b),会在演说与写作问题上面临另一位"爱[14]言者"(ἀνὴρ φιλόλογος)的挑战(228b－c,230d－e,236d－e)——我们也一样。

我们听到三段讲辞,一段由吕西阿斯撰写、由斐德若宣读,另两段由苏格拉底讲出,苏格拉底一再将这两段讲辞的著作权或归于自己已经不记得的某个人(235c/d),或归于此地之神——水泽女仙或者牧神潘(Nymphs and Pan)——和蝉(238c/d,241e,262d,263d),或归于斐德若(242d/e,244a),或归于斯忒西科(Stesichorus)(244a)。苏格拉底讲的两段讲辞,无论如何都是出于煞费苦心的精心制作,而且,即便不把它们当作成文讲辞,也很难将其理解为即兴创作,除非它们的确来自更高的力量或者说神力的感应或口授。从整篇对话来看,"写作"主题事实上显得比"演说"主题更为重要。在苏格拉底完成自己的翻案诗——对话篇幅颇长的中间段落(244c4,[译注]英文版误注为264c4),此时太阳恰好运行到至高点——之后,紧接着谈论的是写作的问题,而对演说的问题仅作暗示。

处理三篇讲辞之后,对话的文脉有明确的改变。在翻案诗之前,斐德若相当确定(243d8－e1)自己能靠吕西阿斯获胜,做出一篇堪与苏格拉底即将宣讲的相匹敌的讲辞;现在,斐德若怀疑(257c)吕西阿斯是否会同意参加竞争。① 难道吕西阿斯还不曾被侮辱性地称为仅仅是一个"讲辞作家"？斐德若同意苏格拉底,真正的问题在于对好的、坏的写作进行区分,而且,该问题应该摆在吕西阿斯面前——斐德若自认吕西阿斯的代言人,②并且非常愿意开始就这个问题进行讨论。这时,苏格拉底使斐德若注意头顶的蝉,开始讲

---

① 依照 Hermias(Hermiae Alexandrini in Platonis Phaedrum Scholia,Couvreur 编,Bibliothèque de l'École Pratique des Hautes Études, Sciences historiques et philologiques,Fasc. 133,2me partie,1901,页209),这是因为,斐德若并不相信吕西阿斯会被爱欲扭转趋向哲学(257b)。Hermias 暗示,苏格拉底已经成功劝服斐德若。

② 参 264e3:"...τὸν λόγον ἡμῶν[我们的那篇讲辞]"。

一个关于蝉的起源的故事:蝉曾是人,当时甚至还没有缪斯们;如今,以它们现在的样式,苏格拉底说,它们应该向缪斯汇报,[15]人们中有谁敬拜缪斯们中的谁谁;现在,正午时分,蝉正注视着苏格拉底和斐德若,苏格拉底说,如果蝉看见这两个人不——像羊群和其他人那样——睡午觉,还在进行交谈,蝉会很高兴向缪斯们如实汇报。为什么此时此刻苏格拉底要讲给斐德若这样一个关于蝉的起源和本性的故事?难道此处没有强调,从现在开始,斐德若和苏格拉底不会再谈论精心制作的讲辞,即成文或口述的讲辞,而会以悠闲、清醒的方式谈谈讲辞的制作和写作,由此恢复口传之言恰切的、不可改变的功能?① 在下文中,我们的确看到这些讲辞如何得到批判和分析,吕西阿斯成文文本的开篇如何被迫逐字重复两次(262e;263c-264a);我们听到苏格拉底自由地解读自己制作的讲辞,自命为这些讲辞之"父"(275e4),即支持并为讲辞中的真理辩护,增补讲辞,删除其中的可疑之处,斟酌其措辞;我们看到,苏格拉底和斐德若重点对付的书卷,皆意在教授演说技艺;简言之,我们看到,苏格拉底和斐德若参与了一场严肃的对话,而斐德若,这位"缪斯的爱慕者"(257a4-6;259b5)——在并未显得知道自己在讲什么的情况下——将这场对话描述为"多少有些干巴巴的"($\psi\iota\lambda\tilde{\omega}\varsigma\ \pi\omega\varsigma$)。② 重要的是,要看到整个这一行动显然预示着苏格拉底下面的言辞,即苏格拉底就口传之言与成文之言的关系所讲的话。

然而,在这一关节点上,当讨论显得要回到写作的好坏这一问题上时,讨论再次被另一个故事打断。苏格拉底突然问道(274b9):"在言辞上——或者发表讲辞或者谈论讲辞,你知不知道($o\tilde{\iota}\sigma\vartheta\alpha$)你

---

① 参 L. Robin, *Phèdre*(《斐德若》),1933,页 XXXVII,此处说道——尽管从一种不同的观点出发——"蝉的神话是《斐德若》的关键"(le mythe des Cigales est comme le pivot du *Phèdre*)。

② 按照斐德若的理解,就是不够"诗性"(对参 257a4-6)。该词的这一含义,亦可见于《泰阿泰德》165a2、《会饮》215c7。亦参《治邦者》258d5、299e1,其间 $\psi\iota\lambda\acute{o}\varsigma$[干巴巴、纯粹]一词描述的是真正的学问,亦参亚里士多德《诗学》1447a29。

可以用何种方式取悦于神?"斐德若回应:"我当然不知道。你知道吗?"苏格拉底:"一个故事(ἀκουή),起码,我可以借助传闻讲讲,这个故事流传自我们的祖先——至于其真理,那是他们的事情。"苏格拉底[16]补充说:"不过,要是咱们凭自己就能找出真理,那么,人们关于它的任何幻想(δόξασμα)就与我们没有任何关系喽?"斐德若:"好一个荒唐的问题!"斐德若敦促苏格拉底汇报一下自己所听到的,苏格拉底接下来讲了忒伍特和塔穆斯(Theuth and Thamus)的故事,这个故事将写作揭示为:引发大量的遗忘,或者将外在的标志——至多是"提醒"——置换为"出自内在"的真正的回忆。我们忍不住觉得——就像斐德若忍不住指出的那样——这个"埃及"故事乃出自苏格拉底因时制宜的编造。斐德若既羡慕又嘲讽地恭维苏格拉底,说他随心所欲地发明"外邦"故事时如此轻松。针对斐德若的恭维,苏格拉底以某种嘲讽的义愤回应说:在以前的时代,人们满足于听哪怕来自橡树和石头的神谕,只要这些神谕讲的是真理,然而,如今年轻人们自作聪明,其中当然包括斐德若,他们看轻真实的东西,看重演讲者的人格和出身。斐德若受到刺激,随即做出让步,认同塔穆斯关于写作的意见,正如苏格拉底所阐发那样,这种意见或者说幻想,仅仅片刻之后,就被苏格拉底称为神谕(μαντεία)。

毫无疑问,苏格拉底选取一种恰切的方式引导斐德若的灵魂,正如在通篇对话中苏格拉底所做的那样。但是,我们要跟随斐德若吗?难道我们没看到,对话的严肃与玩笑如何细密地交织在一起?临近对话末尾时,苏格拉底本人使我们理解到,苏格拉底和斐德若一直在"玩"(278b7: οὐκοῦν ἤδη πεπαίσθω μετρίως[1] ἡμῖν τὰ περὶ λόγων[这讲辞的事情让咱们已经玩得很得体啰])。苏格拉底所讲的

---

[1] 从斐奇诺(Ficino)起,大多数译者——值得注意的有 Schleiermacher, Jowett, Robin——都将 μετρίως 理解作"足够"。但是,这个词看起来还保留了"得体","正如它应该被对待的那样"带有适当的严肃性。C. Ritter 和 R. Hackforth 显然力图译出两方面含义。

(277d6以下)——在精心制作"埃及"神话之前使自己聚精会神——关于任何写作都必然缺乏牢靠性、清晰性的说法,乃是出自柏拉图的手笔,所以被这篇对话中所发生的预示到了。难道我们会忘记,关于什么构成好而得体的讲辞这一问题,其答案一直被故意、玩笑地隐藏起来?难道我们不应该靠自己寻求答案,留意苏格拉底对传言与真理之别的强调?欲得到该问题的答案,如果不从言辞中找,难道不应从——成文——对话所"摹仿"的行动中去找?

第三节

[17]一部得体地写就的文本,会倾向于将写作的不可避免的缺陷转化为某种程度上的学习和理解。通过摹仿某种探讨,其不完美的品性能够得到强调。正如我们都知道的,内在于任何探讨中的运动——如果它最终无法做到彻底的一致或彻底的清晰(这也许会发生,但相当罕见)——是其持续下去的最好的动机。因此,一部得体地写就的文本,不得不发起这种运动,并通过提出决定性问题、给出片面、含混答案的方式,将这种运动保持下去。这本身仅仅是苏格拉底若隐若现的言说方式的副产品。但是,在此之上,成文文本可以通过其自身所呈现的行动给出答案。这就是柏拉图对话中经常发生的事情,这就是构成柏拉图对话戏剧性、模仿性品质的东西。这也带给对话某种已完成品性,与口头论证方面的未完成(成问题)品性相对。[1] 戏剧性答案并不一定直接关涉所问的问题,但可能关涉那些问题所暗含的、或紧密联系的东西。此外,这些答案

---

[1] 对参与此截然相反的另一种观点,见 Schaerer,前揭,页89以下,页135以下,页169。

也许会、也许不会得到理解,这取决于我们的注意力和参与程度。① 戏剧性答案之后往往有相应的口头论证:有时戏剧性答案与口头论证相伴出现;有时,凭借完成论证之后对话中所发生的,论证在某种程度上得到强调和彰显。这一切反映出苏格拉底本人的品性,他的生与死比其言辞更有说服力。② 言辞的力量无论多大,都有限。③ 言辞可以重复、摹仿,言辞所传达的思想却不能,"摹仿"所得的思想不是思想。但是,只有人的行为,本身不可重来的行为,能使自身在生活中、在舞台上——或在言辞中——得到真正的"摹仿"。

[18]戏剧性、摹仿性样式,因对话而异。但是,一个人能够在各种样式中至少辨别出三种摹仿手段。一种是性情学式的(ethological)摹仿手段,④即摹仿言说者在其中揭示的行动,按亚里士多德的说法,所揭示的是其性情方面、思想方面(κατά τε τὸ ἦθος καὶ τὴν διάνοιαν),⑤在这样的摹仿中,用柏拉图本人的说法,他们会展现自己"赤裸的"灵魂。⑥ 另一种是意见学式的(doxological)摹仿,在这种摹仿中,意见的错误与正确不仅在言辞上得到论证,还通过言说者本人的性情、举止、行动得以显明。第三种是神话学式的(mythological)摹仿,⑦这是就某些对话的戏剧呈现、绎读、取代神话(这远

---

① 参 Schleiermacher,前揭,I,1,页 16–17,及上文注释 23;亦参 Schuhl,前揭,页 10–11,页 59 以下,页 68。

② 参 Friedländer,前揭,页 60。参看色诺芬,《往事录》(Memorab.),IV,4,10(苏格拉底对希琵阿斯说):"……难道你不认为行动能提供比言辞更值得探讨的证据吗?"(...ἢ οὐ δοκεῖ σοι ἀξιοτεκμαρτότερον τοῦ λόγου τὸ ἔργον εἶναι;)及其语境;亦参看《申辩》32a4–5,c8–d2,及《斐多》通篇。

③ 柏拉图《书简七》,343a1:"言辞的虚弱"(τὸ τῶν λόγων ἀσθενές)。

④ 这是 H. Reich 所坚持的观点,该观点过于有力、有些误解、有些夸张。见氏著,前揭,尤其页 375,页 390 以下。该观点亦见于 J. K. Thomson,前揭,页 169。

⑤ 《诗学》1449b37 以下。

⑥ 《卡尔米德》,154d–e;《拉克斯》,187e–188a;《泰阿泰德》,162b3,169a6–b4(对参《高尔吉亚》523c–e,524d)。

⑦ Reich 在这个词上有不同理解(对参前揭,页 404,页 239 以下)。

不同于苏格拉底或其他人在对话过程中所讲的神话)而言。但是,在各种情况中,行动的媒介、手段、触媒都是口说之言,是逻各斯(logos),是苏格拉底曾以之为生并因之仍然活着的东西。这一切不仅取决于说了什么,还取决于如何说、在什么环境下说、在哪里说、在什么语境下说。在对话中,逻各斯有两种功能。一种是摹仿,另一种是论争。这两方面的相互影响,为我们——听者和读者——提供了要用我们的线去编织的织体。这就是任何一篇对话的 ergon,即对话的戏剧情节本身、"行为"、"运作"——这些都仅仅是"在口头上的"($λόγω$)——得以包含下述两方面的方式,一方面是对话的摹仿性玩笑,一方面是论证性的严肃。

玩笑与严肃这对"姐妹"①之间有贯通之处;其共同的起源可以正确地描述为与"实存"(reality)的分离。取得这样的分离有两种方式,一种是"假装",另一种是"惊异"。在假装的玩笑行动——这是任何玩笑的基础——中,"实存"理所当然地代表的真实性受到挑战。而任何玩笑的吸引力、魅力恰恰来自这种挑战。另一方面,任何惊异行为都等于将"实存"说成假装,等于突然将实存看作可能不是[19]其假装是的那个东西,换言之,等于衡量其仅仅是"影像"的可能性。因为,影像的特别存在样式,是成为自己所不是的那个东西。在严肃的且假定为初始的惊异行动中,我们运用的是想象(eikasia)②的能力,这是一种为人所独有的殊荣,借此我们能够将影像看作影像。用《王制》分线比喻中的术语来讲,③这种想象的能力,相关于我们对可见世界(如其将呈现给我们的那样)的感知和

---

① 柏拉图,《书简六》,323d2。
② 《王制》,卷六,511e2;卷七,534a5。[译注]关于与分线比喻四部分及其相关的人的能力的名称,本译著采用如下译法,由低到高分别是:影像/想象($εἰκασία$,imagination)、信念/相信($πίστις$,trust)、思想/理智($διάνοια$,thought)、推理/理性($νόησις$,intellection)。
③ 《王制》卷六 509d6 以下。

接受,这种关系相同于另一种关系,即我们的自然推理能力——也就是一直致力于理解可见世界的理智(dianoia)——相关于我们对仅仅可思之物的思考。理智与想象都不自主(autonomous):它们各自取决于某种切近的、更为综合的东西。但是,理智与想象各自都倾向于将自己同自己的土壤分开,因此有着辩证式颠倒、摹仿式自足的危险。在《王制》卷十受到审判,①在柏拉图所有著作中受到攻击的,正是后者。这正是洞穴中被缚之人的态度,只要他们还没有转过头。

一篇对话通常会自发地既在摹仿层面、又在理智层面上运动,尽管以不同的步调。如果我们给予对话的玩笑式摹仿方面足够的重视,想象的能力就有可能在我们这里得到双倍的激发,从而有可能致使我们严肃、理智地参与敞开的戏剧,而且"从对话的第一个词就开始"。②

---

① 《王制》602c 以下。

② 参 Friedländer,前揭,页 233;亦参页 366,注 8(对参柏拉图《王制》,卷二,377a12;《法义》,卷六,753e6 以下,亚里士多德《尼各马可伦理学》,I,7,1098b6 以下,《辨谬篇》,34,183b22 以下)。柏拉图对文本的重视,尤其对各篇对话"开篇"的重视,看起来可以在下述材料中得到暗示:Dionysius Halicarnassensis, Περὶ συνθέσεως ὀνομάτων [《论名称的一致》],208/209 (Opuscula II, 1 [Usener-Radermacher],页 133);以及 Diogenes Laertius(拉尔修《名哲言行录》) III,37(关于 Euphorion 和 Panaetius),此处涉及《王制》的开篇;以及《泰阿泰德》佚名笺注(Diels-Schubart,1905),页 4(对参页 XXV,亦参 F. M. Cornford, Plato's Theory of Knowledge [《柏拉图的知识理论》],1935,页 15),此处涉及《泰阿泰德》开篇。

有必要强调,晚近以来,Paul Friedländer 第一个拒绝将柏拉图对话的所谓"装饰性"部分与其哲学实质分开(尤其参其所著,前揭,页 161,页 232)。在 Friedländer 的著作问世之前,指出柏拉图哲学的"形式"与内容不可分割的尝试(例如,H. von Stein,前揭,I. P. Wendland,前揭,页 100 以下,亦参 J. Stenzel, Literarische Form und philosophischer Gehalt des platonischen Dialogs [《柏拉图对话的文学形式与哲学内容》],1916,见 Studien zur Entwicklung der platonischen Dialektik von Socrates zu Aristoteles [《柏拉图式辩证法发展研究,从苏格拉底到亚里士多德》],第二版,1931,尤其页 133 - 136)仍然停留在"纲领性的"或肤浅的层面。

[20]在备受珍视却了无根基的现代"艺术"观念的魔咒之下,有一种流行的倾向,要将对话的艺术性或者说诗性的表皮剥离哲学性的血肉,或者反过来讲,要拔高对话的"诗性",不顾其也许包含、也许不包含的真理。这一试图孤立作品"艺术性"并赋予作品自主性的倾向密切对应于专业修辞家们的某种屡遭柏拉图攻击的倾向。① 只盯着"艺术"的眼睛似乎看不到,对话意在将创作中深思熟虑、精心制作的巧妙(artfulness)加诸对话本身。这种巧妙出自对话为自身安排的苏格拉底式任务,而非其他任何东西。该任务意在提供某些条件,在这些条件下,我们读者们会被诱使着以最大的清醒反思自己的生活。该任务足以令人生畏,因为这样的反思一旦严肃而持续,将不啻"疯狂"。②

第四节

无论有何困难,"参与"我们面前作为成文文本的柏拉图对话都有可能,而且的确有必要。然而,这里仍然有一个问题需要考虑:按照《斐德若》中的苏格拉底与塔穆斯的说法,成文文本仅能给已经知道的人提供某种"提醒"。那么,谁是那些"有知者"? 再次按照苏格拉底的话,写作之人为自己的老年储存这些"提醒",也为任何"追随同样足印"之人($καὶ\ παντὶ\ τῷ\ ταὐτὸν\ ἴχνος\ μετιόντι$,276d4;对参 266b5 – 7)。那么,大概写作之人及其"追随者"都是有知者。我们也会包括在内,只要我们是自愿的"参与者"。

对这两种层次的"有知者"的综合考虑,亦见于《斐德若》中另外两个场景,在那里,苏格拉底宣告口传之言的优先性。

---

① 对参《斐德若》260b,d。
② 对参阿里斯托芬,《蛙》(Frogs),1491 – 1499。此处用的动词是 $παραφρονεῖν$ 。

> 我认为一种远远更为高贵的严肃……可以在这样的时候获得,即当一个人通过运用辩证法的技艺,选择一个合适的灵魂,种植和播种基于知识的(μετ' ἐπιστήμης)言辞,这些言辞既能扶持自己,又能扶持种下它们的人,而且,它们不会不结果实,而是包含着种子,一旦[21]它们因人而异地再次生长,就会使种子长存不死……(276e4 – 277a3)

> 应该将像这样的言辞当作亲生孩子:首先是言说者的言辞,如果它是言说者在自身内找到的话(πρῶτον μὲν τὸν ἐν αὑτῷ, ἐὰν εὑρεθεὶς ἐνῇ①);其次是可以在其他灵魂中依其价值生长起来的言辞,这些言辞是孩子,同时也是前一种言辞的兄弟(278a5 – b2)。

我们可以总结说,可以归于"有知者"的,首先是"在正义、高贵和好的事物方面"②自身已经掌握真理的说者或作者;此人本身就是作者,因此能够毫不困难地在自己的作品中发现真理;可以归于"有知者"的,其次是那些"追随同样的足迹的"听者或读者。尽管他们"知道"靠的是同样的途径,摆在他们面前的仍然是为完全的发现所要进行的努力。他们受到成文文本的"提醒",仅仅是种子成熟的开端,而有知识的作者会欣然看到幼苗生长(276d5)。

当然,翻案诗中的颂歌式言辞(249b5 以下,e4 以下)为这些论点提供了背景。但是,要理解《斐德若》中对有知识的说者和作者、对成文文本仅有"提醒"功能的强调,仅仅诉诸苏格拉底的"神话式颂诗"(265c1)看起来还不够。一种诱人的解读方式将这种强调解读为柏拉图对自己的写作或他要去写作的"不可遏制的冲动"的证成甚至申辩,以对比于苏格拉底毫不让步地致力于口传之言。其

---

① 对参 Hackforth,前揭,页 162,注 1。
② 参页[12]。[译注]注释中[ ]标明的页码为英文版原书页码,下文亦同。

实，内在于柏拉图的诗人主题与内在于柏拉图的思想者——也就是他的更好（或更坏）的自我——之间的斗争，始终出现在现代文学中。同样诱人的是断定对话是显白写作，对比于柏拉图本人在学园内（以及在学园外）的口传、隐微教诲。就柏拉图哲学进行写作的人中，听从这种诱惑的不在少数。① 同样诱人的解读方式甚至包括，设想柏拉图的朋友、学生或"追随者"在雅典某处参与对柏拉图对话的阅读时，[22]他们所听到的东西提醒他们愉快地想起某些东西，从而使他们比别人——未被接纳的听者——理解得更好。也许的确有这样的事情。然而，所有这些自传性的或历史性的考虑，抛开了写作带来的问题，也就是说，抛开了一个真正的、普遍的问题，该问题并非仅仅局限于柏拉图的特定处境，而是在我们的时代比以往更为尖锐。最重要的是，上述论点无助于理解《斐德若》中的苏格拉底的论点，即好作者之"有知"一如好讲者。

从表面看来，正是苏格拉底的"知识"赋予其言辞——由他本人所讲的或由别人转述的言辞——这般重要性，为其听者产生了如此深远的影响，正如突然出现在《会饮》中的阿尔喀比亚德（Alcibiades）所宣誓作证的那样。②《王制》中的苏格拉底是否扮演了一个不"知"者的角色？《法义》中那位雅典人提出，把交谈——比如自己刚刚参与的这场交谈——写下来，或许有助于为年轻人的教育提供材料，此时，难道没有预设那位讲者——或诸位讲者——的知识？③ 再次引述《泰阿泰德》，苏格拉底将自己与泰奥多罗斯（Theodorus）、泰阿泰德的对话讲给欧克莱得斯（Eucleides），给欧克莱得

---

① Harold Cherniss（*The Riddle of the Early Academy* [《早期学园之谜》]，1945，页2以下，页11以下，页75）对达到这一立场的途径进行的毁灭性的批判，几无可反驳。但是，难道没有任何正当理由去相信，柏拉图无法让其他人知道自己的某些观点，甚至无法在学园内进行讨论？（见氏著，前揭，页68）

② 柏拉图，《会饮》，215d3-6。

③ 柏拉图，《法义》，811c-e。

斯留下如此深刻的印象,以至于决定使之成文,并在苏格拉底本人的帮助下逐步成功地完成了这一任务①——此时难道没有预设苏格拉底有知?难道"有知"($εἰδέναι$)的"解毒剂"($φάρμακον$)②其实并非必定在于柏拉图对话的摹仿性玩笑中?难道苏格拉底并非必定有知?难道来自曼提尼亚(Mantineia)、爱利亚(Elea)、洛克里(Locri)、雅典(Athens)的异乡人在不同的程度上也并非必定有知?难道作者柏拉图也并非有知?

但是,另一方面,难道苏格拉底公开承认的无知,不正是苏格拉底对话及其绵延的影响力的神经?难道大多数柏拉图对话的结构本身并没有反映出苏格拉底对自己的无知的断言?苏格拉底经常以此断言为手段迫使其他人和他共同、且从共同的无知的层面出发,检查彼此对构成自己和他人生活基础的理解。苏格拉底的自我知识、无知之知,是其独一无二的"属人智慧"。③ [23]正是这种对自己无知的断言,吸引、困扰、迷住了苏格拉底所接近的每一个人。那么,柏拉图这位作者,能否担当"有知者"的角色?④ 一部柏拉图对话,即苏格拉底式交谈的真正"影像",会摧毁苏格拉底的智慧的完善性?

的确,不论苏格拉底的交谈对象还是我们,即这些讨论的见证者,都没有完全准备好接受苏格拉底对自己无知的宣称的字面意义。⑤ 我们倾向于称之为"反讽"。《斐德若》和《王制》卷十显然支持

---

① 柏拉图,《泰阿泰德》,143a。

② 柏拉图,《王制》,卷十,595b6 以下。

③ 柏拉图,《申辩》,23a7。

④ 参 Schaerer,前揭,页 251:"一个人可以……坚决认为,柏拉图并未写下任何东西,这样的说法建立在这样的含义之上:此人说,苏格拉底并不有知、未曾说出任何东西(On peut…affirmer que Platon n'a rien écrit, au sens où l'on dit que Socrate ne savait rien et n'a rien dit)。"对参柏拉图,《书简七》,341c4-5;《书简二》,314c1-4。

⑤ 柏拉图,《申辩》,23a3-5;色诺芬,《往事录》,I,2,36(Charicles 说):"但是你,苏格拉底,你习惯于问问题,在大多数情况下你知道所问的问题的答案($ἀλλά\ τοι\ σύγε,\ ὦ\ Σώκρατες,\ εἰώθας\ εἰδὼς\ πῶς\ ἔχει\ τὰ\ πλεῖστα\ ἐρωτᾶν$)。"

这种怀疑、为其辩护。苏格拉底"知道"的,必定多于他所承认的。那么又有何途径可以将作者柏拉图排除在"有知者"的行列之外呢?

我们所面对的问题,即"有知者"之无知是真的还是假装,正是德尔菲问题(Delphic problem),该问题关乎自我认识、自我控制,或者《卡尔米德》中(164c以下)克里提阿(Critias)与苏格拉底所讨论的节制(sophrosyne)。

克里提阿坚持认为,一个"认识自己"($γιγνώσκει\ αὐτὸς\ ἑαυτόν$)的人,必定拥有某种知识,不仅对"其他知识"有知,而且更重要的是认识它自身的能力($ἐπιστήμη\ γνῶις\ αὐτὴ\ ἑαυτῆς$),正是这种知识构成了节制(166c2-3,e5-6;168a6-9)。苏格拉底并不挑战这种说法——更严格地讲,并不挑战其反题,即,一个人若拥有"认识它自身"($τὸ\ αὑτὸ\ γιγνῶσκον$)的知识,就会"认识他自身"($αὐτὸς\ αὑτὸν\ γνώσεται$)(169b6-7),但是,苏格拉底的确疑惑于该说法的言外之意。认识它自身的知识必定知道它的反面,即无知、缺乏知识($ἀνεπιστημοσύνη$,166e7;167c1-2;169b6-7),这意味着在不同情况下,节制可以在于知道一个人知道,还可以在于知道一个人不知道。据苏格拉底的说法,这反过来意味着,节制在于知道一个人知道自己知道什么,还在于知道一个人知道自己不知道什么(167a6-7,b2-3;169e7-8)。克里提阿并未[24]在这里看出任何麻烦:他声称,这些说法是一回事(170a1)。然而,知道自己不知道什么,究竟如何可能?

苏格拉底提到,自己第一次领会这个问题,是在克里提阿说出下面这番话之后(166c1-3):其他一切知识都是关于某物的知识、而非关于其自身的知识,然而,唯独节制既是关于其他知识的知识、又是"关于它自身的知识"。克里提阿并不相信苏格拉底会没能注意到这一点,他指责苏格拉底仅仅是在试图反驳他,而忽视了逻各斯或者说论证的真正关键之处。苏格拉底否认这一点,称自己唯一的目的就是查明自己在自己所说的话上是否正确,苏格拉底担心自己或许会不留神以为自己认识某样东西,其实自己并不认识($φοβούμενος\ μή\ ποτε\ λάθω\ οἰόμενος\ μέν\ τι\ εἰδέναι,\ εἰδὼς\ δὲ\ μή$,166d1-2)。

这段谈话呈现给我们一个表明逻各斯的双重功能的例子,论证功能和摹仿功能。也许克里提阿所讲的并不错,但是,他的说法可能的正确性至多仅仅是"在言辞上":克里提阿可能是对的,这并不意味着——正如我们即将看到的那样——克里提阿事实上拥有节制、理解自己所说的话。另一方面,苏格拉底关于自己的担心所必须讲的话"在行动上"也醒目地彰显出他自己的节制。①

苏格拉底继续"反驳"克里提阿的说法。该反驳在于将认识它自身的知识与下面两方面进行比较。一方面是人的一系列能力,这些能力无法使自身成为自身的对象:视觉($ὄψις$)看不到它自身,听觉($ἀκοή$)听不到它自身,由此类推,其他感觉能力($αἴσθησις$)、欲求($ἐπιθυμία$)、愿望($βούλησις$)、爱欲($ἔρως$)、惧怕($φόβος$)、意见($δόξα$)——至少看起来——无法使自身成为自己的对象(167c8 - 168a5);另一方面是各种多少、大小之间的关系,相当显然,这些关系不适用于其自身:"更大"不可能比它自己更大,"两倍"不可能是它自己的两倍,"更重"不可能比它自己更重,"更老"不可能比它自己更老,诸如此类(168b5 - d3)。那么,知识能认识它自身吗?

[25]接下来是对各种同样的论证的扼要重述(168d3 - 169a7)。属于上述第二系列的各项皆不可能适用于其自身,这一点显而易见、毫无疑问($παντάπασιν ἀδύνατον$,168e6)。对于第一系列,苏格拉底还插入了一个奇怪的补充($ἔτι$,168e9):"运动"使它自身运动($κίνησις αὐτὴ ἑαυτὴν κινεῖν...$),"热"使它自身热($θερμότης [αὐτὴ ἑαυτὴν] κάειν...$)。苏格拉底进一步补充说,属于这——值得注意地扩大了的——第一序列的各种事物,其"适用于它自身"的可能性,可能会为有些人所怀疑、为其他人所不疑($τοῖς μὲν ἀπιστίαν ⟨ἂν⟩ παράσχοι, ἴσως δέ τισιν οὔ$)。

---

① 正如在回答苏格拉底的问题——他,卡尔米德,是否拥有节制——时,卡尔米德脸红地给出的犹豫不决的说法(158c7 - d6)表明,卡尔米德——其实——拥有节制。

的确有理由不去怀疑那种可能性。难道"自我运动"（self-motion）不正是灵魂（psyche）的特征，正如《斐德若》中的翻案诗——从一种不同的观点、以一种相当不同的情绪——所描述的那样（245e5－246a3）？① 在"定义"节制时，难道克里提阿没有间接地——尽管不自知却相当正确地——谈及灵魂？苏格拉底否认自己有能力断定如下问题，即，"适用于它自身"是否可见于任何地方，尤其是，是否可以将节制描述为"适用于它自身"。凭借这一否认，难道苏格拉底没有再次彰显自己的节制、自己的自我知识、自己的自我控制？苏格拉底坦承，要靠克里提阿，卡莱斯科鲁斯（Callaeschrus）之子，来揭示有可能存在那种东西。

克里提阿很陷入窘境。他耻于在有老年人、年轻人的听众面前承认自己的困惑，那些听众像我们一样在观看这场对话。克里提阿引人注目地显露出自己缺乏自我控制、缺乏智慧、缺乏节制。克里提阿本人的话看起来像是对自己的嘲弄。克里提阿要靠苏格拉底解围，苏格拉底建议，就目前而言，他们应该一起承认知识认识它自身的可能性及其反面，苏格拉底还建议一起转向第二个问题，这个问题看起来不可避免地随着克里提阿的说法浮现：如果这种知识可能，那么我们能从中得出什么好处？

就该论题的漫长交谈（170a6－174b8）得出的结论是，根本不会有任何好处，即便节制知道如何在任何实例中辨别谁知道、谁不知道。克里提阿被迫承认，只有关于什么好、什么坏的知识[26]才真正有益于我们（174b10）。但是，节制仅仅作为关于知识与无知的知识，不会给我们带来任何好处（good）。

苏格拉底并不接受该结论。相反，在苏格拉底看来（175e5－7），节制是某种巨大的、有益的好（μέγα τι ἀγαϑόν）。然而，欲使苏

---

① τὸ αὐτὸ κινοῦν［自我运动的］，245c7；τὸ ὑφ' ἑαυτοῦ κινούμενον［自己动起来的］，245e3（对参《蒂迈欧》89a1－3）；关于τὸ ἀεικίνητον［总在运动的］（245c5），参Hackforth，前揭，页65以下。

格拉底的信念前后一致,则须弥合论证的漏洞。有必要表明,关于知识与无知的知识,不可分割于关于什么好、什么坏的知识。身陷困境、要弥合漏洞的,不仅克里提阿一人。

正是在这一关联中,苏格拉底找到机会做出下述评论(175c3 – 7):尽管克里提阿的言辞(logos)带来一系列困难,但是,自己与克里提阿在其最重要的困难面前的"慷慨"让步,等于承认这样一种可能性,即以这种或那种方式($ἀμῶς\ γέ\ πως$)知道一个人知道自己不知道。该论证的核心是苏格拉底自己的无知之知,是苏格拉底对自己的节制的最高的——也是独特的——彰显。

所不知道的东西竟能以某种方式当成所知道的东西,这种情况可以从两方面理解。第一种在于《斐德若》《斐勒布》《斐多》《美诺》中——各有差异而且精巧程度有所不同——所呈现的回忆神话的讲法:为我们所知的东西在我们"内心"由隐而显,通过相互关联的"唤醒"和"回忆"过程而得出。第二种克服我们对这件事情的怀疑的途径,在于承认如下命题的有效性:肯定存在我们并不拥有的知识。

这一承认至少关涉两方面因素。第一,必定存在这样一种洞见,即,我们确实拥有的知识缺乏最终的、可靠的根基。人很可能无法获得这样的根基,但是,对不可彻底消除无知的残屑这一情况的预设,意味着知识是某种包罗万象因此整全的东西。第二,会有这样一种确信,即,只有知识,以其整全性,能够可靠地指导我们的行动,以便使我们的行动毫无疑问地好而有益。从这个意义上讲,关于我们的无知的知识,也许的确暗中联系于某种假定的、关于某种包罗万象的好(an all-embracing good)知识,我们称之为"好"的各种东西都取决于这种好。

难道这不正是《斐德若》中的"有知者"的知识?[27]在假装不知道时,苏格拉底对自己——关于自己与希望获得的目标之间的巨大距离——的知识的"玩笑性",难道不正如其"严肃性"一样多?难道苏格拉底的"属人智慧"、对自己无知的宣告,不正是柏拉图对话两重要素——摹仿式玩笑与推理性严肃——所由出的根源？①就对话吸引我们读者们而言——只要我们愿意"追随同样的足迹"——对话要求我们分担苏格拉底的不节制的节制。

第五节

大体上讲，柏拉图对话不是"辩证技艺"的样本。的确有些对话富于严格的"辩证式"谈话。但是，不是这些对话的所有论证部分都具备严格的辩证品质，因为所采用的论证更多是因人而异的（ad hominem）论证——引导灵魂（psychagogia）的迫切性支配着论证——与真正修辞技艺的（未成文）规则相一致。此外，对话从不完全脱离其摹仿性补充。这不仅适用于广泛认可的、归于柏拉图生平早期的那些对话，而且适用于晚期对话。简单检查《泰阿泰德》中的一个例子，也许有些助益。

要探讨《泰阿泰德》，就不能脱离《智术师》和《治邦者》。毫无疑问，这三篇对话构成一个整体。《智术师》"延续"《泰阿泰德》，《治邦者》"延续"《智术师》。这三篇对话之间的联系并不是外在的、表面的。② 尤其《泰阿泰德》的写作，看起来直接依存于三部曲

---

① 柏拉图对话在多大程度上是一种佯装的（ειρωνικη）摹仿，就在多大程度上是实事求是的摹仿（μετ' επιστημης ιστοϱικη μιμησις）（参《智术师》，267e2，268a7），不是吗？

② 参 Munk 编，*Die natürliche Ordnung der platonischen Schriften*（《柏拉图作品的自然顺序》），1857，页 423 以下，此处的说法相当有说服力："如果一位作者写成一部作品，这部作品由若干有关联的部分组成，那么，究竟这位作者写这些部分时是一气呵成还是在不同时间完成，其实无关紧要（Hat ein Schriftsteller ein Werk in mehreren zusammenh? ngenden Teilen geschrieben, wobei es gleichgültig ist, ob er die Teile hinter einander oder zu verschiedenen Zeiten verfasst hat, so will er auch, dass man sie im Zusammenhange lese)."按照 Munk 的观点，见页 421，我们还必须将 Eucleides 看作《智术师》和《治邦者》的记录者。

居中的那篇,即《智术师》。《泰阿泰德》中提出的问题——"什么是知识?"——[28]不是在《泰阿泰德》中,而是在《智术师》中作为主题处理。但是,《智术师》中浮现的两个"本原"($ἀρχαί$),即同($ταὐτόν$)与异($θάτερον$),在某种程度上可以说笼罩着《泰阿泰德》的整个结构。

《泰阿泰德》明显分为三部分。纯粹用定量的术语来讲,第一部分显然是最大的一部分,大于第二、第三部分之和。这三部分各自以一种"典型的"不同方式,将我们的理智(dianoia)可能犯的某种类型的错误摆在我们面前。第一种类型的错误比其他两种更为根本。第一种是自相矛盾的错误;第二种是将某样东西误认为其他东西的错误;第三种是将同一的东西当作不同一的东西来对待。在第一种情况下,即三者中最严重的那种情况下,同与异之间的区别受到否认或者无视;在第二种情况下,"异"者被认作"同"者;在第三种情况下,"同"者不被看作"同"。① 这三种错误的共同基础在于上述两种本原的"相似性",在于两种本原遍及各个方面的本性,② 它们同包罗万象的、真正的"存在"共有这种本性。③ 这种相似性有一种直接的摹仿性对应物,即两位对话者——苏格拉底与泰阿泰德——的相似之处,这两位不仅外貌惊人地相似(143e),还展现出——姑且不论其年龄——"在德性和知识方面"值得注意的共同喜好(145b1以下;144a3以下;148b3以下;155d1以下;185e3–5)。的确,在《泰阿泰德》中(144d8以下),"同"与"异"好玩地被迫面对彼此、反映彼此——这是一个难忘的情景,欧克莱得斯认为值得将其记录下来。

在这一意见学式摹仿④的第一部分、也是篇幅颇长的一部分

---

① 参《智术师》,253d1–4。
② 参《智术师》,255e3–7;256a7–9。
③ 参《智术师》,259a5以下。
④ [译注]参页[18]。

中,标志性的情节是,苏格拉底经过不懈努力最终将数学家泰奥多罗斯拉入讨论。在探究开始时,在苏格拉底表达出自己渴望交谈、甚至为自己的"爱言"($φιλολογία$)道歉时,苏格拉底就已经专门在对泰奥多罗斯说话。泰奥多罗斯拒绝参与,以自己的年龄以及对这种东西不习惯为理由(146b)。在论证的第一回合——在该回合中,泰阿泰德试图将认识与感觉(knowing and sensing)等同起来,这可以 [29] 与普罗塔戈拉的教诲(进而与荷马、爱匹卡穆斯[Epicharmus]、①恩培多克勒、赫拉克利特的"教诲")相联系——之后,泰奥多罗斯,这位普罗塔戈拉的朋友(161b8, 162a4, 168c3, 171c8, 183b7,对参170c6以下),激动起来(161a5-6)。尽管苏格拉底一再催促,泰奥多罗斯还是不愿参加抗辩,他想继续当一位旁观者 (…$οἶμαι\ ὑμᾶς\ πείσειν\ ἐμὲ…ἐᾶν\ θεᾶσθαι$, 162b5 以下),让苏格拉底和泰阿泰德交谈。在第三次,苏格拉底奚落泰奥多罗斯,说他是普罗塔戈拉遗留的"孤儿们"的"护卫者"(164e4 以下),要他挺身保护这些孤儿。泰奥多罗斯第三次拒绝。泰奥多罗斯拒绝苏格拉底的嘲讽,靠的是指出这一护卫任务不属于自己、而另属他人(即卡里克勒斯②),因为泰奥多罗斯自己早就从"玄谈"($ἐκ\ τῶν\ ψιλῶν\ λόγων$)很快转向数学,显然不是能帮普罗塔戈拉的人。如果苏格拉底本人愿意出手相救,他会感激。看起来,泰奥多罗斯不大愿意成为苏格拉底的辩驳的受害者,显然泰奥多罗斯认为那是一种耻辱(165b1)。苏格拉底独特的"助产术"并不吸引泰奥多罗斯(参150b9-c3)。

在接下来的论证中,正如不久前所做的那样(162d-e),苏格拉底自己扮演普罗塔戈拉的角色。正是苏格拉底的这番摹仿表演(166a2-168c2)——这种"对普罗塔戈拉的摹仿",仿佛普罗塔戈拉"脖颈以上"的头颅突然从哈德斯(Hades)冒出来,发了一番豪迈、巧妙的言说,之后又突然消失(171d)——扭转了局面。

---

① 参拉尔修,《名哲言行录》,III,10-11。
② 参《普罗塔戈拉》,336d7 以下(亦参 337d6 以下)。

通过苏格拉底之口,普罗塔戈拉所反对的是苏格拉底用"小男孩式的"惊恐攻击他——普罗塔戈拉——的观点(166a)。随后,苏格拉底扮演自己的角色,使泰奥多罗斯回想这一指责(168c8 以下)。苏格拉底说,既然泰奥多罗斯是苏格拉底身边这群人中唯一一位老人,那么,若要满足普罗塔戈拉的要求、使他的教诲得到严肃探讨,只有靠苏格拉底和泰奥多罗斯来相互提问、回答。在做出最后的一些抵抗之后(168e4 以下),泰奥多罗斯做出让步(169a6 - c6),参与讨论。苏格拉底的引导灵魂的技艺(psychagôgia)——在这一实例中,正如在其他许多实例中一样——结出了果实。

在出自苏格拉底之口的普罗塔戈拉的演说中,得到一再重申的是,无须区分"真实"与"不[30]真实"。然而,"好"与"坏"之间的区分必须维持。普罗塔戈拉是一位既智慧、又好的老师,他能够通过言辞使自己的学生们——以及整个城邦——从较坏的状况变为较好的状况。但是"提问不要不公道"($μὴ\ ἀδίκει\ ἐν\ τῷ\ ἐρωτᾶν$,167e1)。如果你避开这一陷阱,你的对话者就不会抛弃你,他们就不会将自己的困惑状况归因于你,而会归因于他们自己,① 且试图通过从事哲学改变自己。另一方面,如果你仅仅企图用一切可能的手段使对手失败,而非尽量在自己的论证中保持严肃而有所助益,你就不会将自己的对话者引向哲学,相反,会使他们在长大一些的时候痛恨整个这一事业。

在使普罗塔戈拉发出这一警告时,"对普罗塔戈拉的摹仿"看起来颠倒了自己;被摹仿者与摹仿者互换角色。说出这话的,到底是普罗塔戈拉还是苏格拉底?难道泰奥多罗斯没有抛弃普罗塔戈拉和哲学,从"玄谈"转向数学?难道泰奥多罗斯现在没有在苏格拉底的谈话和讲辞的影响下,回归这种闲散的追求?泰奥多罗斯的确这样做了;从此开始,他取代泰阿泰德,在继续讨论了一段时间普罗塔戈拉的学说之后(169d - 172b),在临近结束自己的插话、重提

---

① 对参《智术师》,230b9。

普罗塔戈拉式的论题之前,泰奥多罗斯跟随苏格拉底进入一场漫长、庄严的探讨,所探讨的是"哲学生活"这样的主题(172c - 177b)。

苏格拉底与泰奥多罗斯的对话的这段中心部分,恰居于整部对话的中间部分,它通常被称作"插话"或"插曲",表面上一致于苏格拉底对它的描述:"枝节问题"(πάρεργα λεγόμενα ,177b8)。① 但是,这段插话难道不是《泰阿泰德》第一部分所上演的戏剧的实质性部分?在苏格拉底"对普罗塔戈拉的摹仿"之前和之后,泰奥多罗斯的行为所好玩地扮演的,正是普罗塔戈拉的自我反驳。普罗塔戈拉的教诲的自相矛盾特征,在言辞上得到表述之前,已然在行动中(ἔργῳ)得以揭示(171a6 - c7),而泰奥多罗斯认为,那些言辞对他的朋友来说太过严厉(171c8)。看起来,泰奥多罗斯并未意识到,自己的不积极以及后来的积极,对他的朋友的意见的地位而言,更有破坏力。

[31]苏格拉底"对普罗塔戈拉的摹仿",迫使普罗塔戈拉丢掉与其陈述的观点相应的同一性(166b7 以下),并迫使普罗塔戈拉做出某些断言,这些断言实际上——也一致于普罗塔戈拉本人的教诲——关键地、戏剧地被对话中即将发生在泰奥多罗斯身上的事情推翻。由此,普罗塔戈拉的摹仿性的自我反驳得以完成。但是,这种一致的不一致不仅是普罗塔戈拉(或赫拉克利特)的特征,还是我们的感觉(aisthesis)的特征,正如苏格拉底在一开始所暗示的那样(152a):当时,泰阿泰德刚刚为共同探讨试探性地给出自己对知识的定义。针对将知识等同于感觉的说法(184b - 186c),其最终的、理智性的反驳的根据,其实在于我们所感觉的各种"感受"(affections, παθήματα ,186c2, d2)之间相互矛盾的特征(ἐναντιότης ,186b6 以下)。这个"绊脚石"(ἐναντίωμα)引起我们的注意,要移除它,只有借助于我们的推理能力——我们的理智——

---

① 对参《会饮》222c6 的语境,以及《欧蒂得谟》273d3 的语境。

这是一种通过将此物与彼物进行"比较"而进行区分的能力(186b-c)。在这种能力开始起作用之前,我们不可能开始接近存在和真理。正是在这一舞台上,在正在进行的所谓"插话"中,苏格拉底与被改变了的泰奥多罗斯所达到的正是这一阶段。他们之所以能够如此,是因为普罗塔戈拉式的自相矛盾已然从泰奥多罗斯的灵魂中移除。

要强调柏拉图对话的"戏剧"品格,就一定会提到《欧蒂得谟》,因为这篇对话展现出某种独特的活力,充满刺激以及速度的突然变化。但是,某一情节的关键性,并不依赖于完成该情节时所带有的激动或运动。《泰阿泰德》中戏剧的静谧可以为此作证。

第一部分　无知①

---

① ［译注］原标题为 Amathia，意为"无－知"或"不－学"。单独使用或强调结果时，我们将其译为"无知"；强调原因时，译作"不学"（取自《论语·季氏》："……困而不学，民斯为下矣。"）。

第一章

第一节 标题

[35]这篇对话的标题《美诺》,可以在亚里士多德的确凿引用中得到证实。①

为什么选用这一标题?显然,即便有答案,现在也无法给出。在对话及其注疏推进过程中,答案或许才会逐渐浮现。②

谁是美诺?这一问题的初步答案是,答案只能在对话本身中找,因为在对话中有言辞和行动的美诺是角色之一,而且,我们感兴趣的正是这角色。对话写出来不是为了满足我们在历史方面的好奇心,这种好奇心放在别处也许适当。然而,对话中的美诺与"历史"的美诺之间经常发生的混淆,不应仅仅归因于坏学术习惯或者轻率。在对话开始之前,"美诺"这个名字——正如柏拉图对话中的多数名字——就已经为对话的听者或者读者的脑海带来一个或多或少活生生的形象。与柏拉图同时代的人们,至少那些或许对柏拉图对话有兴趣的人们,已经从闲话、毁谤、率直的叙述、可靠的信息

---

① 《前分析篇》II,67a21;《后分析篇》I,71a29。
② 这种概括评论看来很有必要:在所有情况下,我们都不得不问,一部柏拉图对话的标题或许蕴含什么意味,因为标题显得并非随意拟定。标题看起来有时直接言及、有时仅仅暗示、有时甚至完全隐藏对话的主题或者某一重要方面。时常有人主张,柏拉图高度敬重某些人,希望给他们树立"纪念碑",尤见于《斐多》《泰阿泰德》和《巴门尼德》,这种主张不完全站得住脚,而且多少失之浅陋。无论如何,该主张并不适用于大多数对话。

甚或直接接触中,"大约"了解过诸篇对话中的大多数角色。就我们而言,我们能够从任何在我们看来可靠的消息来源出发,在某种程度上重构出那些角色的形象,而且我们也可以合理地认定,下述两方面之间有一定的关联:一方面是成文信息来源的明显性,另一方面是某些名字在其自己的时代所具备的内涵的生动性。正是这一点,[36]而非其他任何东西,证明了这种做法——借助关于那些角色的既定"历史"记述——的合理性。

就美诺的情况而言,我们的主要信息来源是色诺芬(Xenophon)。① 通过普鲁塔克(Plutarch)②和弗修斯(Photius),③克特西阿斯(Ctesias)的一些见证亦流传至今。克特西阿斯曾作为医生侍奉阿尔塔薛西斯二世(Artaxerxes II),亲眼见过一些在亚细亚发生的与美诺有关的事件。第三个信息来源是狄奥多洛斯·西库鲁斯(Diodorus Siculus,公元前一世纪),④他因循艾弗鲁斯(Ephorus,公元前四世纪)的说法,而艾弗鲁斯看来则是因循色诺芬和克特西阿斯的说法。⑤ 这些信息来源对美诺的性格的讲法相当一致,不一致——或者说看似不一致——之处仅在于美诺的死亡问题。

色诺芬描绘美诺时,将美诺与希腊军队的其他两位将领进行对比,即克利尔库斯(Clearchus)和普洛克塞努斯(Proxenus)。克利尔库斯是一位杰出的军人和好战者,严厉而粗暴,善于命令,却明显不爱服从,通常很聪明,但关键时刻不够效黠;普洛克塞努斯在政治上很有雄心,是高尔吉亚的学生,禀赋正义感和高贵感,渴望统治和命令却并不精通此道。按照色诺芬的讲法,二者远远难

---

① 《远征记》,II,尤其 6,21 – 29。
② 《阿尔塔薛西斯传》,18。
③ Biblioth. cod. LXXII, Bekker 43 b – 44 a,或 *Ctesiae fragmenta*, C. Müller, 页 57 以下、页 75, 见 Dindorf 版 Herodotus(1844)。
④ XIV, 19 和 27。
⑤ 参 Schwartz 编, summary in Pauly Wissowa, *Real-Enz.*, *s. v.* Ephorus

与居鲁士(Cyrus)匹敌。但是,比起美诺,他们可谓德高一等。美诺显得完全肆无忌惮,极为渴望积聚财富,并使其他一切都服务于这一目的,执意罔顾公认的行为规范、惯例,背信弃义,反复无常,又完全相信以其才智能使一切服务于自己的利益。

当柏拉图写作《美诺》时,他是否读过色诺芬、忒米斯托格尼斯(Themistogenes,色诺芬在别处提到过此人,他有可能是、也有可能不是色诺芬本人①)的描述,或者克特西阿斯的描述,看来无关紧要。关于卷入波斯大王(The Great King)②兄弟阋墙战事中的希腊雇佣兵及其将领,尤其美诺,流传着各种轶事,这些轶事不可能不变得众所皆知。③ 在公元前四世纪,美诺当然是一位著名的[37]公众人物,④用周伊特(Jowett)的话讲,就是一位"帖撒利的阿尔喀比亚德"(Thessalian Alcibiades)。⑤ 名声,无论美名、骂名,总是不胫而走,无须借助成文文字——尤其在希腊当时。在柏拉图同时代人的脑海中,美诺的形象肯定是个坏蛋,这几乎毫无疑问,无论这一形象是否符合对"真正的"美诺的公正评价。而我们对美诺的认识几乎不可能摆脱色诺芬对这位天赋异禀之人的描述的影响。

谈论柏拉图和色诺芬之间的"嫉妒"(zêlotypia),⑥是一项古代的传统,该传统的焦点看来集中于巴比伦人希罗狄库斯(Herodikus

---

① 参 Pauly-Wissowa,*Real-Enz.*,*s. v.*,Themistogenes。
② [译注]即阿尔塔薛西斯二世。
③ 参 Xenophon,前揭,1,17;4,4。
④ 参 Xenophon,前揭,II,6,28:"...ἃ δὲ πάντες ἴσασι..."。
⑤ *Meno*,*The Dialogues of Plato*,第三版,导言,1892,II,10。
⑥ Herodicus in Athenaeus,504e – 505b(reproduced by Düring,前揭,pp. 24f);Aulus Gellius XIV,3(a judicious account);Diogenes Laertius III,34;Marcellinus,*Vita Thucyd.* 27(Schol. to Xenoph.,*Anabasis*,II,6,29)。Düring 前揭,p. 55,note 1 提到的关于该主题的现代文献,H. Geffcken 有大量列举,见 Griechische Litetaturgeschichte II,1934,Anmerkungen,p. 7,note 38。

the Babylonian，公元前二世纪）。① 关于二者之间的竞争与不合，用来引证的例子之一，正是所谓《远征记》与《美诺》中关于美诺性格的不同刻画。色诺芬据说敌对美诺（他当然如此！），②而柏拉图被认为赞扬美诺。③ 此处引迪尔林（Düring）的说法：

> 整个 ζηλοτυπία [嫉妒] 故事是典型的文学加工，该加工基于错误的解读和半真半假的陈述，围绕在真理的精髓的周围，由一系列不相关联的引证所支持，而这些引证往往经过润色，从而显得更有说服力。

至于美诺，即便我们将他在柏拉图对话中的形象当作"历史"肖像，我们也找到一些显明的说法（如 78c4–d3，86d6 以下），这些说法表明，柏拉图和色诺芬对这位贤人（gentleman）的评价相当一致。④

尽管如此，为了解谁是对话中的美诺，了解我们所预想的美诺形象在对话中所扮演的是什么角色，我们不得不细看这部戏剧。谁是这位美诺，在我们理解这篇对话过程中，这一问题很可能是一个核心问题。[38]我们不应忽视苏格拉底在对话初期就举出的"例子"，苏格拉底以相当轻松的方式举出这个例子，尽管他显然是在提出一个更为重要、更为全面的问题：

---

① 见 Ingemar During，*Herodicus the Cratetean: A Study in Anti-Platonic Tradition*，1941，Kungl. Vitterhets Historie och Antikvitets Akademiens Handlingar，Del. 1:2，尤其页 54 以下，页 157 以下。

② Diog. Laert. , II, 50。

③ 最近，E. Bruhn（*Χάριτες für Leo*，1911）以略加修改的方式恢复了这个故事（参 Wilamowitz，*Plato* II，页 144）。

④ 参 E. S. Thompson，*The Meno of Plato*，1901，页 XIX 以下；Friedl？nder，*Platon* II，1957（德文版），页 255。

……或者,难道在你看来,某人完全(to parapan)不知道谁是美诺,却有可能知道美诺是美、是富、是出身高贵,还是恰恰相反(t'anantia)(71b4–7)?

第二节 70a1–4

这篇对话唐突地始于美诺向苏格拉底提问:"能告诉我吗,苏格拉底,人的德性(aretê)是某种可教之物?或者,如果不可教,是某种可以靠训练获得之物?或者,如果它的获得不可能靠训练或者学习,难道它来到人身上是靠天性(physei)或其他什么途径?"

关于该问题及其提问方式,有两方面立即给我们留下深刻印象,即听者和读者。

第一,这样一个关于人的德性的问题,居然是由美诺,恶名远扬的美诺,向苏格拉底问出,而我们往往倾向于将苏格拉底看作值得纪念的德性典范,尽管——无论在公元前399年前后的雅典,还是如今的其他任何地方——我们并不完全理解苏格拉底的方式,甚至对苏格拉底的健全和完善怀有疑问,这令人吃惊,而且有谐剧性。

该问题的突然性强化了问题本身的谐剧特征。之前毫无征兆。美诺正在访问雅典,前一天还见过苏格拉底,正如我们将在下文中了解到的那样(76e),但是,美诺正在问的问题,看起来不像与之前讨论过的东西有任何关联。关于之前的相遇,我们听说的一切只不过是,那次相遇使美诺有机会宣布,自己在雅典可能仅仅会做短期逗留。(美诺最初的问题以及对话的开场如此唐突,无论如何,很可能另有深意,尽管我们一时无法体会。)

第二,就该问题的优点而言,这可不是一个可以轻易打发的问题。该问题也不局限于特定的时期或文明。我们一再面对该问题,尽管措辞有所不同。我们好奇,一位在公共生活中拥有公认的重要地位的人,如何获得他看起来拥有的那些杰出品质,这些品质来自他的[39]老师们、训练过程、家庭的抚育吗,他们是不是仅仅在展现自己与生俱来的"天赋",他们是不是"上天的礼物"。当我们遇到一位道德完善、深受敬重的人,也可以向他提出这一问题,尽管他从自己的立场出发,会杜绝别人有所洞悉。① 我们讨论的问题是,哪种教育——如果有那么一种的话——可能改变或影响一个孩子的性格。简言之,我们想方设法关切的是,什么给人以德性标志,什么使人拥有德性。

无论如何,美诺的这一问题还有另一方面,尽管没有立刻浮现,但可以从其他文献来源以及对话本身下文中的说法所推知。

同样的问题也曾以相似的术语得到表述,但往往要么限定于诸如正义、审慎这样的特定德性,要么应用于所有各种技艺,看来,在柏拉图的时代,这是一个反复出现的论题。② 所涉及的三要素——第一,天性(physis),第二,训练、锻炼、培养(empeiria, meletê, epimeleia, to gymnazesthai),第三,指导、教育(paideusis, didaxis)——当然一再被提及。美诺问题的措辞表明,美诺相当熟悉当时关于该主题

---

① 参《申辩》30b4,《高尔吉亚》527b6,《王制》卷九 592a4,卷十 599d5 - 6: *ἰδίᾳ καὶ δημοσίᾳ*(亦参卷五 473e5);《申辩》20b4 - 5:...*τῆς ἀνθρωπίνης τε καὶ πολιτικῆς*;《斐多》82a11 以下:*τὴν δημοτικὴν καὶ πολιτικὴν ἀρετήν*...;《蒂迈欧》87b1 - 2: *ἰδίᾳ τε καὶ δημοσίᾳ*(亦参 88a4)。

② 参 Isocrates, *Contra Soph.* 14 - 18; *De permut.* 186 - 92, 274 - 275; Alcidamas, *De Soph.* 3 - 4。(我们还可以在 Democritus 那里找到这一论题,见 Diels-Kranz,第七版,辑语 33, 56, 183, 242;亦见于 Critias,同前,辑语 9。)柏拉图对话本身亦持续不断地提出该问题,注意其与普罗塔戈拉的关系(尤其《普罗塔戈拉》323d6 - 7);亦见于其他对话,尤其《斐德若》269d4 - 6,《美诺》85b - d;此外还可见于色诺芬《往事录》,III, 9, 1 - 3,最后还可见于亚里士多德《尼各马可伦理学》,卷一, 9, 1099b9 - 11;卷二, 1, 1103a23 - 26;卷十, 9, 1179b20 - 31;《政治学》,卷七, 13, 1332a38 - 40。(参 Thompson,页 57 - 58; Shorey, "*Φύσις, Μελέτη, Ἐπιστήμη*",见于 *Transactions and Proceedings of the American Philological Association*, Vol. XL[1909],页 185 - 201; R. G. Hoerber, "Plato's Meno", *Phronesis*, 5[1960], 83 - 84。)

的辩论,其实,在对话下文中(80b2-3),我们从美诺处得知,就人的德性这一主题,美诺本人曾向许多人发表过无数次演说,他对这些演说相当满意。

在发问时,美诺完全清楚,该问题没有现成答案。关于个别的人的德性的来源,尤其关于德性可不可教——正如美诺自己在某个场合下指出的那样(95b1-5)——可谓意见纷纷。

[40]我们还从美诺那里了解到(79e7-80a2),美诺并不熟悉苏格拉底著名的奇异特长:善于在问-答游戏中胜过他人,而且不断向他人、也向自己提出难题。美诺想被告知,通过什么方式,德性可以来到人身上。但是,其问题的措辞暗示,该问题意在向苏格拉底——这位"吹毛求疵之人"①——发起挑战:"告诉我吧,如果你能……"

第三节 70a5-71d8

[70a5-71a7]

苏格拉底并未接受这位帖撒利人的挑战:苏格拉底根本没有回答这一问题。恰恰相反,苏格拉底——同样相当唐突地——提及帖撒利之前与现在的状况,以之与雅典之前与现在的状况进行对比。苏格拉底提起,帖撒利人素以骑术和富有闻名(eph' hippikêi te kai ploutôi),②如今又博得智慧之名,而在雅典,相反的情况占上风,智慧仿佛已经从雅典移居帖撒利。

此处反讽(irony)显而易见:帖撒利素以混乱无序为人所知;③苏格

---

① 阿里斯托芬,《蛙》,1491-1499。

② 参 St. George Stock 笺注,见 *The Meno of Plato*,第三版,1935,笺注页5以下,亦参 Thompson 页59以下(7)。

③ 《克力同》53d3 以下:ἐκεῖ γὰρ δὴ πλείστη ἀταξία καὶ ἀκολασία……(参 Friedländer,*Platon II*,页256)。

拉底将帖撒利转向智慧归功于高尔吉亚的教育,尤其归于高尔吉亚对阿勒乌阿斯家族(Aleuadae)的影响,而阿勒乌阿斯家族是帖撒利王室家族之一,是最重要的一族,人们还知道,这个家族曾经在波斯入侵时支持薛西斯,因此背叛过希腊;①美诺的风度影响了他的情人阿里斯提波(Aristippus),阿勒乌阿斯家族相当有权力的一位成员;通过语词上的并置(ho sos erastês—erastas epi sophiai),美诺的魅力密切并列于高尔吉亚的智慧施加于一般帖撒利人、以及同一位阿里斯提波这个特殊个体的魅力。

该反讽由紧接着的下文强化,苏格拉底给出一个例子,描述雅典缺乏智慧。苏格拉底说,在雅典,无人会对美诺的问题做出其他反应,人们仅仅会断言,自己不仅远不知道人的德性产生(comes into being)的方式,而且甚至不知道到底什么[41]是人的德性。我们大概可以认定,除苏格拉底之外,在雅典,实际上无人会做出这般断言。在对话下文中(92e–93a),我们听到安虞图斯(Anytus)——一位和其他任何人一样好的雅典人,尽管其名声可能有污点②——声称,任何一位有声望的雅典邦民,都能在人的德性方面给人上一课,言外之意似乎是,任何有声望的邦民都知道,什么是这些课的主题。在"智慧"这一点上,"帖撒利"和"雅典"看来其实是可以互换的词。

在反讽的外衣下,有如下几点吸引我们的注意。

第一,美诺被介绍为帖撒利人,并被联系于——通过提到阿里斯提波——波斯人和波斯王朝。③ 这一联系在下文中得到确证(78d2以下),当时苏格拉底称美诺为"波斯大王的世袭嘉宾"(ho tou megalou basileôs partikos xenos)。无论谁是对话中的美诺,他实际上也是我们通过其他消息来源所得知的那个人。

---

① 希罗多德,VII,6;172;Pausanias,VII,10,2。
② 参亚里士多德,《雅典政制》XXXIV,3,XXVII,5。
③ 色诺芬,《远征记》卷一,1,10;2,1;卷二,6,28。

第二,在描述高尔吉亚的教育时,苏格拉底在遣词上(to ethos hymas eithiken)着重强调一点:高尔吉亚反复灌输给学生一种习性,即以一种无畏、崇高的方式回答任何问题,"与那些知道的人(eidotas)相称"。

第三,美诺提出的那个问题,可以追溯至另一个更为全面的问题,即:什么是我们称之为"人的德性"(aretê)的那个东西?

第四,苏格拉底将后一个问题联系于某城邦的智慧(或者缺乏智慧)主题,以及某城邦的邦民的智慧(或者缺乏智慧)主题。尤其雅典,在对话开场处就走上前台。

[71b1-8]

在这段简短的言辞接近结束时,就自称不知到底(to parapan)什么是人的德性这一点上而言,苏格拉底明确将自己等同于自己(虚构出来的)的同胞。苏格拉底的原话是,"情况在我这儿也一样,美诺啊"(Egô oun kai autos, ô Menôn, houtôs echô)。我们注意到该反讽的显而易见,并须谨记,在其同胞中,很可能只有苏格拉底才会在那一点上承认自己的无知。苏格拉底称,正是这种无知,使他不可能知道任何可能与人的德性相关的东西(anything that might be pertinent to human excellence)——[42]例如,德性产生的途径:因为"我怎么可能知道与这样东西相关的东西,倘若我不知道什么是这东西"(ho de mê oida ti estin, pôs an hopoion ge ti eideiên)?以美诺本人为一个恰当的例证,苏格拉底正确地阐明这种不可能性。

苏格拉底所引述的"例证",及其所暗示的"人的德性"与美诺其人之间的并列,既反讽又含混。除对我们所预想的美诺形象构成一个谐剧性的挑战之外,该例证还在玩味有"知道"含义的词的多样性,以及"知道"这一含义本身所包含的范围。

如果不"知道"(gignôskein)谁是美诺意味着没有被引荐给他或没听说过他,那么,该"例证"无效。因为,即便我们不"知道"什么是人的德性,我们也并非不熟悉对德性的称赞;我们经常听到别人谈及"有德"之人,我们自己也经常加入赞颂的队伍,或者冷眼旁观以表示异议;我们了解人的德性——无论多么含混——即便我们并不"知道"(eidenai)什么是人的德性。

另一方面,如果不"知道"谁是美诺意味着,我们尽管在某种程度上认识他,但并未充分洞察他的性情,并不知道谁"到底"是美诺,那么,我们仍然可能"知道"许多关于他的东西,能说出他的相貌、习惯、品质、缺点。但是,同上所述,该"例证"根本不能表明,如果我们忘掉"什么"是某样东西,就不可能讲出关于这样东西的任何东西;同样也不能表明,如果我们不知道"什么是"(ti esti),就不可能知道"怎么样"(hopoion ti esti)。

[71b9 – c2]

无论如何,美诺并没有反驳这种不可能性,也没有就苏格拉底提供的"例证"提出任何问题。美诺仅仅显得惊愕于苏格拉底自认无知。苏格拉底难道真的不知道什么是人的德性,美诺问道。美诺还补充道,以一种横扫的手势——正如我们想象的那样——扫过一些人的头顶,这些人是他的侍从,见证现场的对话:"我们该把关于你的这消息[雅典人肯定已经知道这些],也传回我们那儿吗?"

毫无疑问,苏格拉底公开承认无知、不能就自己提出的一个问题——"什么是人的德性"——给出无畏而崇高的回答,与之明显对立的是,承蒙高尔吉亚教导的美诺习惯于让自己做、并期待别人做的那种事情。[43]这是美诺惊愕或佯装惊愕的原因吗?鉴于美诺并非不熟悉苏格拉底的名声,美诺本不应吃惊。或许更直接的原因在于,在某种关系到每一个人的"简单"问题上,在德性问题上,苏格拉底显得令人震惊地缺乏知识?有这种可能。或者,难道美诺的诧异不会最终基于这样一个心照不宣的推论,既然苏格拉底承认这种对知识的缺乏,并以此怪罪自己(emauton katamemphomai,71b2以下),那么,苏格拉底便承认自己不是有德之人?这一自白的确令人震惊。我们并不常听人欣然、严肃地承认自己的坏和恶。

但是，如果这是美诺的推论，那么，美诺必然暗中认定，人的德性在某个人身上的呈现全然取决于此人是否知道什么是德性。换言之，美诺必然认定苏格拉底那条著名的格言的有效性：人的德性即知识，因此，知识带来德性。的确，会那样做的不止美诺一人。难道我们不会经常从比如父母们那里，听到他们在气急败坏的情况下生气地问自家淘气包："你就不知道怎么规矩点儿吗？"难道这句话不意味着，孩子的知识会阻止孩子淘气？如果美诺作此推论，如果美诺对"人的德性即知识"的暗中认定有几分道理，那么，美诺可能拥有那种真理，可能知道什么是德性。再者，如果人的德性是知识，这一说法为真，如果美诺拥有那种知识，那么，我们如何协调如下两方面呢，一方面美诺知道什么是德性，另一方面他又恶名昭著？

[71c3 – 7]
苏格拉底允许美诺揭发的，不但包括他自己的无知，还包括他的这样一个意见，他从未遇到过知道什么是人的德性的人。有鉴于此，美诺问道，高尔吉亚在雅典时，苏格拉底难道没有见过。"我见过"，苏格拉底说。美诺问道："那么，难道在你看来，他不是知道的人？"

[71c8 – d3]
苏格拉底回应如下：

> 我的记忆力并非最好，①美诺啊，所以我现在没法告诉你，他当时给我留下什么印象。但是，也许他——高尔吉亚——其实知道，而你（kai sy）也（te）[知道]他——高尔吉亚——讲了什么。那么，提醒我他讲了什么吧；或者，如果你愿意的话，也可以自己讲讲。[44]因为，我觉得，你的意见差不多就是他的。

---

① 参 Thompson，页 69(19)。

美诺说:"好。"

这段几乎紧贴字面的译文,仍然忽略第一句中的一语双关,因此无法尽传第二句中独特的并列特点。

Ou pany eimi mnêmôn,即"我的记忆力并非最好",这一短语字面上的主张毫无疑问是苏格拉底的"反讽"法则(ironical "code")的一部分,① 如《普罗塔戈拉》②中的阿尔喀比亚德所熟悉的那样。但是,在更为完整的短语的织体——ou pany eimi mnêmôn, ô Menôn——(及其读音)中,似乎暗含不止一种双关、不止一种隐含意义。

首先,我们不得不回想起,按照奈波斯(Cornelius Nepos)、③普鲁塔克④还有其他一些人⑤的讲法,Mnêmôn 是波斯王阿尔塔薛西斯二世的外号。因此,这个短语亦可读作:"我并不非常像阿尔塔薛西斯,美诺啊。"我们所听说的、关于后来发生在亚细亚的事情,可以理解为下面两种情况:其一,按照阿尔塔薛西斯的命令,美诺遭受整整一年的折磨后才被处死;⑥其二,恰恰相反,在阿里柔斯和蒂萨弗尼斯(Ariaeus and Tissaphernes)的帮助下,美诺成功骗过阿尔塔薛西斯,完全没有遭受其他希腊雇佣军将领们的命运。取决于我们倾向于接受哪种版本,此处双关暗指,其一,"我,苏格拉底,不会折磨、杀掉你,美诺";其二,"你,美诺,不会成功地躲开我"。

这些反讽的弦外之音,预示着美诺的未来,美诺当然听不出来,我们听者或读者却能领会。而且,我们不应抛弃这样一种预兆着未来的可能,原来苏格拉底才是美诺的敌人,其令人畏惧的程度甚至

---

① 尽管不是与 σμικρόν τι, ἴσως, οὐδὲν, ὅτι 这些词相同的方式。
② 336d2 –4(参 334c8 – d5)。
③ *De regibus* 1,3 –4。
④ *Life of Artaxerxes*,1。
⑤ 见 Pauly-Wissowa,*Real-Enz.*,词条 Artaxerxes。
⑥ 色诺芬《远征记》,II,6,29 对此的记述只是道听途说。

超过波斯大王本人。

其次,"……mnêmôn, ô Menôn"奇特地合韵。把玩名字,是一种常见的游戏,在所有柏拉图对话中,名字、性情、角色以各种方式有趣地合调。"美诺"这个名字本身可以联系于 menein("像之前一样停滞","留在原地不动"——通常不含贬义)这个词根,这种联系可能在[45]对话的语境中很有意义。但是,此处押韵的要害,看来在于联结 m 和 n 两个字母的组合,与这一属于印欧语系的词干相关的,是有关我们记忆、回忆能力的词,如 mnêmê, memini, mens, mind。① 我们注意到,在美诺这个名字中,m 和 n 两个字母的顺序多少被打乱了。

至于第二句的内容和句法,②看似为两个主语("他"和"你")共有的东西,这其实并非如此,这一含混来自虚词 te:高尔吉亚有可能充分地知道什么是德性,而美诺很可能仅仅知道高尔吉亚所说的德性是什么。此差别看起来至关重要。

"知道"某人关于某物说过什么,也就是说,记得说过的东西,最多能够给记得的人带来关于该物的意见。第二句的并列,对举的是高尔吉亚可能有知识与美诺可能有意见,与此同时,该并列又容易掩盖二者之间的差异。在苏格拉底的回应的末句,该差异似乎彻底消失,因为该句指出高尔吉亚和美诺所持的意见的相似性。在苏格拉底的整个回应中,"有知识""有意见"与"记忆"所引发的问题,以及三者之间的相互关系问题,无论如何,都是有意呈现。

问题浮现:苏格拉底的讲法,即美诺的意见非常接近高尔吉亚的意见,为美诺本人所接受,这究竟是第一次提供给我们、还是完全没有提供给我们对美诺性情的洞见? 因为,我们中大多数人的大多

---

① 参《克拉底鲁》437b2－4 处对 μνήμη 和 μονή 的联结。

② 参 Schwyzer-A. Debrunner 编, *Griechische Grammatik* II, 1949, 页 631 以下;页 573 以下 (in *Handbuch der Altertumswissenshaft*, 2. , Abt. , 1. Teil, 2, Bd.); H. W. Smyth, *A Greek Grammar for colleges*, 1920, §§2168, 2974; J. D. Denniston, *A Greek Particles*, 第二版, 页 511 以下。

数意见——不仅仅是美诺的大多数意见——都源于且等于"别人"的意见。这种意见的积累,就是通常所谓的"教育"。

[71d4–8]

苏格拉底说,无论如何,既然高尔吉亚并不在场,那就该由美诺自己来讲讲什么是人的德性,以反驳苏格拉底的断言,即,苏格拉底未遇到任何知道什么是德性的人。那将会是何等令人愉快的反驳啊![46]因为,"如果你原来是一位有知者,还有高尔吉亚[因此也是]",于是,事情显得好像是这个样子:苏格拉底竟然遇到至少两位对德性有知之人——高尔吉亚和美诺!在苏格拉底所用的假设句的条件子句中,苏格拉底为美诺和高尔吉亚将"意见"替换回"知识"。

第四节 71e1–72a5

美诺继续讲人的德性在于什么。他一再坚持——共四次(ou chalepon, rhaidion, ou chalepon, ouk aporia eipein)——其讲述不会引发任何困难。按照美诺的说辞,人的德性所是的那种东西,取决于体现出德性的人的境遇,即取决于他的性别、年龄、在人的共同体中的地位,取决于他所从事的活动,取决于他所追求的目标,诸如此类。美诺没有忘记补充说,各种德性的匮乏也与之相应,多种多样。只有在两方面,美诺比较具体地描述了德性:作为邦民从事活动的成年男子,作为持家者的已婚女子。其他方面其实一目了然,并不需要任何进一步描述。然而,美诺给出的描述,透露出美诺会如何理解"欠缺德性"(kakia),即 arête 的反面。美诺说,一位拥有德性的男人,一位"好男人"或一位"有德性的男人",是这样一个人,他足以有技巧地(hikanos)驾驭公共事物,其方式是助友损敌且注意不损及自身。(美诺省去一点,"而是有益自身"。)而 kakia,①则用来形容欠缺这种技巧的男人;这种欠缺,使他成为"不能胜任""有缺陷"且"坏"的人。与此相似,"欠缺德性"体现于一位女人,会使她在家务方面"不称职",在服从丈夫方面"有缺陷",使她成为一个"低劣"且"坏"的女人。让我们反思一下:这种理解并非美诺独有。在日常用法中,"坏"(kakia)的含义,可以从"不能胜任"延伸至"恶"。其意义之含混,无疑也体现[47]在美诺或真或假的诧异中,即诧异于苏格拉底承认自己在人的德性问题上无知。

美诺抛出这番说辞,如果我们记得上文的话,本来不仅要代表美诺自己的观点,还要代表高尔吉亚的观点。② 这番说辞并未展示出多少高尔吉亚的雄辩,③而仅仅表现出学来的表达的机巧。该主题看起来并不要求在修辞上下任何特殊的工夫。此处表达的观点,与人们广泛接受、即便没有得到清晰表述的规范一致;而且,用来表述此观点的词,就其含混性而言,与其日常语言中所用的一致。美诺之言,高尔吉亚之意,"理所当然"。

第五节 72a6–73a5

[72a6 – c5]

苏格拉底不满足于美诺的说辞,因为它并未回答苏格拉底提出的问题。苏格拉底问:"什么是德性?"无论就这一问题说些什么,

---

① 或 μοχθηρία(可参看《斐多》93b8 – c2),或 πονηρία(可参看《泰阿泰德》176b4 – 5,《智术师》228b8 – 9);亦参《申辩》39a – b。Πανουργία 的情况略有不同(参页[89],页[188]注60[译注]本书页215注④)。

② 参亚里士多德《政治学》卷一第十三节,1260a27 以下(亦参《高尔吉亚》462a5 – 7)。

③ 参《会饮》198c,197c – e。

都容易以其"清晰性"背离在言辞和事实上广为接受的事物的含混性,而这种含混性不可避免。① 这会使问题本身对我们日常的理解而言相当晦暗不明,而且,为明确起见,这要求苏格拉底方面为修辞所下的特别功夫。

看来,苏格拉底说,自己真是撞了大运,寻找一个德性,却找到一大窝德性。在哪儿?就在美诺所持有的东西中。(被德性包围的美诺!)一"窝"这一比喻使苏格拉底继续往下走。他提议,用蜂群打比方,再现自己的问题,从而使问题更加清晰:我们讲"蜜蜂"时,究竟是什么意思?什么是"蜜蜂"? 这一辅助性问题加诸美诺的方式,其特点是两种服务于相同目的的修辞手段。第一,苏格拉底在表述 melittês peri ousias ho ti pot' esti 这一问题时,引入一个词,该词具有某种不寻常、非口语化的意义;第二,在苏格拉底的问题中,在三个假设条件句中,包含着一段想象中的对话,对话双方是苏格拉底和美诺,并以之前的对话为样本,而且,即使在美诺亲口说话之后,苏格拉底还继续采取这种假设模式。

第一,"实体"(Ousia)——"存在性"(beingness)或者"存在"(being)——带有"技术性"术语的味道。技术性术语就是那些生造出来表示[48]事物某些方面的词,那些方面无法为日常语言触及,仅凭探索性的反思和反复的探究才会显露。一只蜜蜂的存在性,并不是日常交谈的主题,在日常交谈中,ousia 有一个简单、易于交流的含义(其"技术性"含义最终与此相关);另一方面,探索性的反思和反复的探究,是一切技艺(technê)、一切学科、一切学问的基础。

第二,将一场对话浓缩为一系列假设从句——并非罕见于苏格拉底——的这种做法,剥夺了交谈的直接性,将其处理至"方法"(或"论题")层面,这同样是技艺的特征;而且,在这样做的时候,我们注意到,它脱离了论证本身的说服力。

---

① 参 Leo Strauss, *What is Political Philosophy?* ,1959,页 90。

论证接下来讲,众蜜蜂可能在颜色、大小以及其他方面各有不同,但是,就其作为蜜蜂而言(tôi melittas einai),它们没有不同。那么,众蜜蜂之为同一——即单数的"蜜蜂"——所凭借的东西是什么(hôi...tauton eisin hapasai)?这样一个直接而带有奚落意味的问题摆在美诺面前:"你能就此给我一个答案,难道不能吗?"而美诺答道:"我能。"

美诺也许能吧。但是,在这一点上依然可以存疑。讲出所有蜜蜂的共同点,而且,出于同样的原因,讲出什么是使所有蜜蜂区别于其他东西的不同点,等于"定义"什么是"蜜蜂",这可不是一项容易的任务。除"蜂后"和"雄蜂"给这个问题带来的困难之外,① 这样的"定义"还以下述情况为前提:须同意接受一个更大的框架,定义就发生在这个框架之中。② (此外,我们好奇,导致苏格拉底将定义问题——何为"蜜蜂"——摆在美诺面前的,是否仅仅是一"窝"这样一个比喻。难道我们会无视蜜蜂可不可以学习这样一个意见吗?③)定义的困难,在"人的德性"方面并未减轻。美诺显然受到苏格拉底带有奚落意味的问题的误导,而这个问题仅仅关系到如此"微末"的一个实例。美诺很可能犯了太过轻率的过错,居然允许苏格拉底按照自己的方式行事。我们应该自己保持[49]警惕。我们也至少不会忽视"蜜蜂"与"德性"之间的一个重要区分:德性在"缺

---

① 对参《王制》卷八552c,554b,d,556a,559c,d,564b、e,565c,567d(还有卷九573a),以及亚里士多德《动物志》卷五第22节553b7以下,卷九第40节624b20以下(参L. Robin, *Platon*, *Œuvres complètes* [Pléiade]卷一,页1289 - 1290,注6,Robin指出,就72b5 - 6而言,柏拉图心里想的可能是一切膜翅目昆虫——这看起来不大可能)。

② 关于学园中探讨活着的存在者、动物、植物的定义难题的活动,我们通过Epicrates(Athenaeus II,59,d - f),以及第欧根尼对这些活动的著名嘲弄(第欧根尼·拉尔修,VI,40)有所耳闻。当然,我们还可以在柏拉图的《智术师》和《治邦者》中找到某些证据。

③ 见亚里士多德《形而上学》卷一第1节,980b23 - 25。

陷"和"邪恶"那里有自己的对立面,但是,除雄蜂这样一个可能的特例外,蜜蜂没有其对立面。

[72c6 – d3]

如此处理完这个辅助问题,好像这个问题已经得到解决、能够轻易得到解决似的之后,苏格拉底立刻在德性方面进行类推。即便有许多不同的德性,苏格拉底说,一切德性都有一个特定方面,请注意,它唯一且相同,凭这方面,一切德性是其所是,是德性(hen ge ti eidos tauton hapasai echousi, di' ho eisin aretai)。要回答"什么是人的德性"这一问题,要彰显什么是德性,苏格拉底说,我认为一个人应该瞩目于在整个多样性中看起来"唯一且相同"的东西。

苏格拉底用理念一词指代"唯一且相同"的东西。理念一词使我们、也使苏格拉底同时代的一些人想起"表述得相当含混"[①]的学说,即系于苏格拉底和柏拉图名下的"理念论"。无论如何,我们还是应该在一定的距离之外反思这个词——不仅限于《美诺》此处,还包括在其余柏拉图对话中。

日常语言中使用的词语,往往并不保留其通常为人所接受的含义。这种通常为人所接受的含义本身,时常涉及一系列相互关联的细微差别与内涵的范围。从一种超然的探究的角度来看,一个词的含义往往失掉其"自然的"含混,变得更为确定,得到一种明确的意义,该意义取决于有意图的、持续中的探究的广度,这种探究有可能促成某种"学问"、某种技艺的建立。探究者必将变成一位"专家",这位专家应当能够将自己的知识传给别人,换句话说,应该能够成为一位"教师"。由此,词语实际上变得"有技术性",超越了其习惯、常见的含义。反过来,词语"有技术性"的用法变得为人接受,

---

[①] 《斐多》100b1 – 5: ἐκεῖνα τὰ πολυθρύλητα(对参 76d7 – 9,及《蒂迈欧》51b8 以下)。

赢得了自己的熟悉性,略有几分模糊地与其口语性用法融合。① 这一过程从柏拉图的时代一直持续至今。看起来,柏拉图从未忽略这一点:在柏拉图那里一直有一种倾向(无论有没有时而[50]合理、时而开玩笑似的奇特的词源学的佐证),要将"技术性"的那种说法与口语性的说法进行比较,相互对照,而且,在重大场合下,还会在两方面的相互作用中引申出它们本不具备的含义。"理念"即属此例。

在目前的语境下,理念一词,正如苏格拉底刚刚用过的实体一词,具有明确的"技术性"特质。我们意识到这样一个事实,正如美诺也可能意识到的一样,理念一词广泛运用于信息或知识方面,这些信息或知识得自对各种事物的超然探究,无论理念一词可能在特定情况下的准确含义是什么。②[51]这个词"颇有学问"。看来,尤

---

① 例如,可对参《王制》卷三 402c–d,卷五 476a5、477c4,卷十 597b14 或《蒂迈欧》157b/c 处 εἶδος[理念]一词的用法。

② εἶδος一词(以及 ἰδέα)的技术性用法显见于修辞学、医学、数学技艺的展示,亦见于德谟克里特。该词的口语性用法渐变为技术性用法,见于希罗多德和修昔底德,前者略少,后者略多。参 A. E. Taylor 收集的例证,见其文"The Words εἶδος, ἰδέα in Pre-Platonic Literature"(《柏拉图之前的文献中的 εἶδος 和 ἰδέα 二词》),*Varia Socratica*(1911);亦参 C. M. Gillespie,就涉及归于希波克拉底名下的文献而言,他待之以恰当的视角,见其文"The Use of εἶδος and ἰδέα in Hippocrates"(《希波克拉底对 εἶδος 和 ἰδέα 的用法》),*The Classical Quarterly*, VI(1922),179–203。εἶδος一词的技术性用法后来在数学中持续下去,尽管柏拉图-亚里士多德传统几乎不触及这一点,例如,欧几里得《几何原理》,VI,19,Porism,25;*Data*(《已知数》),Def. 3 等;亦见于 Apollonius I,12–14;21(对参 Def. 11);亦见于 Nicomachus,见 Diophantus,Arithmetica,Tannery 编,页 14,25–27 及各处。

关于 εἶδος 一词的口语性用法,我们奇怪地看到,Taylor(前揭,页 183)极力反对"这样一个假定,即,柏拉图哲学中的 εἶδος 和 ἰδέα 仅仅源于这样一个用法,在该用法中,这两个词仅仅是 ἰδεῖν 的动名词"。为支持该反对意见,Taylor 引证(页 182 以下)亚里士多德对《伊利亚特》卷十 316 的解释(见《诗学》1461a12–14);他还引证柏拉图《普罗塔戈拉》352a,大体上看,在这里,脸的"样子"(looks)与整个身体的"样子"相对。在引述这些段落时,Taylor 看上去在暗示,

其在这一点上,苏格拉底试图使美诺采取一种探究式的态度,试图在美诺身上促成一种学习的心境。① "你确实理解,难道你不理解(manthaneis)我说的是什么意思?"苏格拉底问道。但是,美诺答道:"依我看,我理解;然而,到现在为止,我并没有像我希望的那样掌握所问的东西。"何等明断的回答!然而,美诺为理解而进行的努力,看来还是比不上苏格拉底为被理解而进行的努力。

[72d4–73a5]

苏格拉底坚持不懈。他提出一整套例证,以助美诺理解。"健

只有脸才能称之为"看上去丑"(ugly to look at)。正如就苏格拉底而言,只有他的脸、而非整个"silenic"([译注]意为"森林之神 Silenus 式的")身体,才能描述为"丑陋的样子"(ugly looking),这可以见于阿尔喀比亚德的颂词(《会饮》215b4f)和美诺的嘲笑(《美诺》80a5)! (参《卡尔米德》154d4–5;158a7–b1;以及 Gillespie,前揭,页181。)某人或某物整体"看起来"像什么,才是 εἶδος 和 ἰδέα 在口语中的含义——也是首要含义。关于修昔底德《战争志》卷二51处的 ἰδέα,Taylor 自己说过(页187):"该含义[某疾病整体上看起来的症状]自然地来自'样子'、'表象'的字面含义。"正是从这一字面含义,或者说这一为人所熟悉的含义,柏拉图得出——以对比、悖论、双冠的方式——理念(εἶδος)是不可见的(ἀειδές)这一理解(对参《斐多》80d,79a;《高尔吉亚》493b;亦参页[137],注93 [译注]本书页158 注①)。

在 A Commentary to Plato's Timaeus(《柏拉图〈蒂迈欧〉注疏》,1928,页330)中,Taylor 将 ἕν γέ τι εἶδος ταὐτόν...ἔχουσι.... 译为"具有共同的某种东西"。这也不完全充分。

(亦对参 K. Von Fritz,*Philosophie and sprachlicher Ausdruck bei Demokrit, Plato und Aristotle*[《德谟克里特、柏拉图和亚里士多德的哲学和措辞》],1938;P. Friedländer,*Plato*,卷一,页16以下。)

① 相似的事情亦发生在《游叙弗伦》中,苏格拉底就虔敬(ὅσιον)的 εἶδος,ἰδέα 和 οὐσία 向游叙弗伦这位神事方面的"专家"提问(6d–e,11a)。而对话整体强烈暗示,虔敬没有理念,因为虔敬——至多——是 μόριον τοῦ δικαίου(正义的一部分)。对参《治邦者》263b。

康"、"高"、(身体的)"力量"怎么样？难道就健康本身而言，男人的健康和女人的健康有所不同？无论何时何地，只要有"健康"，无论健康的人是谁，我们面对的都是同样的理念——"健康"。美诺表示同意。这难道不同样适用于高和力量吗？如果一个女人强壮，她的力量不会"从种类上"有别于男人的力量："这个女人是在同样的方面(tôi autôi eidei)强壮，也就是说，以同样的力量(kai têi autêi ischyï)。"为避免该主张被误解，苏格拉底补充以"技术性的"精确：我所说的"以同样的[力量]"(to têi autêi)，意思是，就"作为力量"而言(pros to ischys einai)，力量之于男人和力量之于女人，完全没有不同。美诺表示同意。

就健康、高、力量三者能以或多或少的程度体现在人身上而言，而且就这三者能降低至其反面疾病、矮、虚弱而言，这些例证多少更接近德性现象，而非蜜蜂的例子。

回到德性问题上，苏格拉底想要美诺将从上述例证中得出的想法运用于德性。苏格拉底问道：无论德性是在孩子还是老人、女人还是男人那里找到的，难道德性在"作为德性"方面会有所不同？美诺的回应是："在我看来，不知怎么地，苏格拉底啊，这个情况和其他那些情况不大一样。"我们看到，苏格拉底有计划的努力终究是徒劳。美诺不能得出[52]摆在自己面前的例证暗含的推论。但是，另一方面，我们会问自己：这种"不能"完全等于盲目愚昧吗？在这一点上，美诺不情愿跟随苏格拉底，难道没有什么方面可以为美诺的行为辩护？难道人的德性不属于另一种级别，一种有别于力量、高、健康的级别？如果美诺并不敏于越过苏格拉底为他建的那座理念式的桥梁，那么，美诺至少没有冒险加入那些"理念之友"①的行列，那些人如此渴望接受理念论，以至于可能错过理念论的要害。

---

① 《智术师》248a4。

第六节 73a6 – c5

苏格拉底不得不放弃自己一系列"有计划"的进攻。苏格拉底回到美诺自己的话上来,也就是说,回到习惯、熟悉的层面,回到为人所接受的标准和观点的层面。让我们来看看(ti de?),苏格拉底说,难道你没说过,男人的德性在于好好(eu)管理城邦事务,女人的德性在于以相同方式管理家庭?(美诺的确用过"好好"一词,但仅限于女人[的德性]。)在两种情况下,达成正确方式难道离得开审慎、正义的行动?美诺方面没有提出反对。那么,这两种管理中,苏格拉底接着讲,任意一种都必须做到正义、审慎。必定如此,美诺说。那么,男人和女人两方面都需要正义和审慎,只要他们想要做好人,也就是说,拥有德性的人。似乎是这样,美诺说。让我们来看看(ti de?),苏格拉底继续说道,难道同样的情况不也适用于孩子和老人,只要别人说他们"好"?美诺再次同意。在这一快速总结之后,紧跟着一个快速结论:"一切人之为好,都是以同样的方式(tôi autôi tropôi)。"(因为,人们要变好,就要获得同样的各种东西①——tôn autôn……tychontes——苏格拉底多少有些含混地补充道。)可是,一旦人们的德性不是"同样的德性",人之为好,便不是"以同样的方式"(tôi autôi tropôi)。的确不是,美诺说。

让我们想想。从上述论证的前提出发,可以得出一些有说服力的东西,即,人之为好,在于其审慎且正义,在于其拥有审慎和正义[的德性]。但是,这样一来,人之为好,就不完全是因为人共有"相同的德性",而是因为人共有两种德性。正是在共有(至少)两种德性这一意义上,[53]人之为好是"以同样的方式"。(难怪苏格拉底

---

① [译注]这里的"东西"是复数,不同于本应作为探究对象的单数的德性,由此为下文埋下伏笔——人之为好要凭正义、审慎两种德性。

关于人"得到同样的各种东西"的讲法颇为含混。)以同样的方式(tôi autôi tropôi)这一说法,苏格拉底用了两次,该说法醒目地与之前"技术性"的说法——"在同样的方面"(tôi autôi eidei)——形成对比,后者意味着德性的理念(72c7,d8)严格的单一性和相同性,而且仅用过一次。

尽管在之前的论证中,美诺不愿得出哪怕一条苏格拉底所建议的合理推论,但是,美诺现在没能看到苏格拉底的结论中的矛盾。难道这是因为,虽然美诺有(高尔吉亚也有)列举不同种类德性的能力,而且那些德性之间罕有共同之处,但是,在同时是一与多(在当前的事例中:一与二)的德性中,美诺没有看出任何不调和之处?此处,美诺也可能是正确的。或者,难道仅仅是因为,苏格拉底方才提出的推理的语气对美诺而言很熟悉,不会对美诺的思考形成障碍?

无论如何,这一错综复杂的"技术性"论证无法达成的,诉诸习惯上可以接受的东西却能达成。看起来,美诺现在开始明白苏格拉底的观点:美诺猜测,苏格拉底正在寻找某种东西,它是一切实例(kata pantôn)中的一(hen ti),正如美诺本人接下来将暗示的那样(73d1)。道路已经畅通,苏格拉底可以将自己原来的问题重新摆在美诺面前。

第二章

第一节 73c6–74b3

[73c6–e2]

[54]苏格拉底从方才暂时放下这个问题的地方(71d)重新拾起它,同时,在单一、相同的德性存在于一切实例中这一假定之下,苏格拉底挑战美诺说:

> 做一次尝试(peirô)吧,讲一讲、回忆回忆,①高尔吉亚说它是什么,你是追随他的(kai sy met' ekeinou)。

该挑战有三个重点:第一,美诺仅仅在重复高尔吉亚的话,这一点再度得以强调;第二,由此产生回忆高尔吉亚关于该主题的言论的必要性;第三,要求美诺做出某种努力来满足苏格拉底的好奇心。

美诺接受苏格拉底的挑战。我们正在见证美诺的第一次尝试,美诺要给出一个恰当答案,回答一个以其"一般性"为自己所理解的问题。这个答案是:

> 还有什么[是我和高尔吉亚在讲的人的德性之所是],除了统治人们的能力?

---

① 参 Stock 对 73c7 的笺注(见其笺注页 9)。

苏格拉底立刻提出反对。然而,在探讨苏格拉底的反对之前,让我们先琢磨美诺的说辞。

能够统治、"行使权威"、"领导"——难道,这并不是一种无论何时都能得到公认的德性(或者至少是一种)标志,倘若这种能力货真价实,也就是说,并非源于"幕后的"某个人?难道这一条德性标准没有在柏拉图《王制》中扮演关键角色?好吧,当然,这种统治能力(dynamis politikê),恰恰源自对一种相当不同的品性(哲学)的追求,①后者培养人不去统治的欲望。② 但是,真正能够统治的能力仍然标志着"卓越/德性"。美诺的说辞,按照实际情况来说,并不排除这种"苏格拉底式"的解读,无论美诺会不会接受。我们也能理解,在给出该说辞时,美诺没有考虑孩子、女人、老人,更别提奴隶。其一般性理所当然是受限的。

[55]这最后一点,是苏格拉底所反对的首要目标。如果美诺的说辞为真,那么,有德性的孩子或有德性的奴隶也将能够统治,统治自己的父母或主人,这样一来,无论多么有德性的奴隶,如果他统治,那他还是奴隶吗?"我完全不认为是这样(ou pany moi dokei……)。"③美诺说。苏格拉底进一步强化这一说法,说道:"的确,[你]看起来不像[会那样认为],我的有德之人啊(ou gar eikos, ô ariste)。"(我们要注意苏格拉底方面这一多少有些含混的强调,尽管其意义尚未显明。)接下来,苏格拉底立刻转向另一个更为严肃的批评。

你说"统治的能力";难道我们不应该加上,就在这儿,"正义地、而非不正义地"这样的话?

---

① 《王制》卷五,473d3。
② 《王制》卷七,520d2 – e4。
③ 参 Thompson,页 69(19)。

美诺:"我是这样想,真的。"除此之外还能作何回应呢?一位正义之人,难道不会得到普遍的赞颂吗?难道正义本身在特定情景下才值得赞颂?"因为正义,苏格拉底啊,是德性。"苏格拉底:"德性,美诺啊,还是某种德性?"美诺:"你这是什么意思?"

我们现在清楚地看到,美诺没有——尽管看起来已经——掌握各种德性与相同、单一的德性之间的区别,苏格拉底追问的是后者。同样清楚的是,苏格拉底将违背自己的话,在之前的论证中,那些话模糊了上述区别。

[73e3 – 74b3]

苏格拉底继续阐明该区别,并选用一个新例证,这次的例证不但可以作口语性解读,而且可以作各种"技术性"解读。该例证是"图形"(schêma, figure),这个词在口语中的意思首先是"可见之物的封闭表面",通常等同于该无题的"形状"(shape)。可见之物以不可胜数的各种不同方式得到赋形。当面对一个或多或少弯得很"圆"的物体时,我们称其形状、表面、图形为"圆"(strongylotês, 73e3以下,74b5 – 7)。当一个人被问到什么是"圆"时,苏格拉底说,此人会回答说:某种有形的表面(schêma ti),而非有形的表面本身(ouch houtôs haplôs[①]hoti schêma),因为物体还有其他表面或者形状。

美诺当即认可这一点。你那样说是对的,美诺赶忙评论道,正如我也(kai egô)正确地在讲的那样,不仅有正义还有其他各种德性。苏格拉底坚持问道:"它们是什么,告诉我!正如我也(kai egô)能[56]为你说出其他各种表面的名字,如果你吩咐我那样做的话,你也(kai sy)为我讲出其他德性的名字吧。"

这番对话中颇有些玩笑意味,这种意味围绕着"我也"和"你也"这样的说法。(这使我们想起,对话开始时[71b1],苏格拉底反

---

① 参Thompson,页84(21)。

讽式地将自己等同于自己的同胞,还使我们想起,苏格拉底在对美诺讲话时,已经将"你也"这一说法用过两次,一次是在含混的并列句中,见 71c10,另一次是在苏格拉底新近的挑战中,见 73c7 以下。)

美诺愿意帮忙:"那么好吧,我认为勇气是德性,[同样还有]心智健全、智慧、大度以及许许多多其他德性。"

显然,这正是苏格拉底希望听到的。在应对苏格拉底的挑战时,谁不会举出与此相同或相似的一系列公认的德性呢? 苏格拉底得以指出,在寻找唯一的德性时,自己和美诺再次发现许多德性,尽管是以与之前不同的方式。但是,至于贯穿于多中的一,苏格拉底说,他们就没能找到。

美诺欣然承认,尽管在苏格拉底给出的所有例子上,自己都能满足苏格拉底的要求,但是,自己仍然没能以苏格拉底追寻唯一德性的那种方式,掌握适用于一切德性实例的唯一德性。苏格拉底方面(颇有些生气地)这样说道:"这没什么奇怪"(eikotôs ge)。苏格拉底发誓要尽己所能使美诺和自己离问题更进一步。然而,与此同时,我们看到,美诺从"一般性"方面掌握德性的初次尝试已经失败。

第二节　74b3–75c8

[74b3–e10]

苏格拉底以指出这一基本问题的普遍性开始。这与我们在"蜜蜂"一例①中遭遇的"定义"问题同样是一个问题,而且,现在要以相当大篇幅讨论的,正是这一基本问题。

"我猜你确实理解(manthaneis)各种事务上都是如此。"苏格拉底说。苏格拉底回到"有形的表面"这个例子。他再次带来一场假设性的、预备性的谈话,这次谈话的对象除美诺外,还有别人,此人

---

① 见页[48]。

有可能会问这样一个问题:"什么是'有形的表面'?"在这样做时,苏格拉底再次将"方法性的"[57]严格加诸自己与美诺就该主题刚刚进行的对话。"'有形的表面'是圆"这样一个回答,将引发进一步的问题,这个问题将以倒过来的方式(以"颠转"①的方式)检验该定义:"'圆'是'有形的表面',还是一种'有形的表面'?"美诺对这个问题肯定会答道:一种有形的表面。美诺表示同意。美诺会那样答,难道不会吗,鉴于还有其他形、其他面。美诺表示同意。"而如果质问者进一步问你,那些是哪些,你会告诉他。"美诺说:"我会。"

这段对话的样本复现于另一次扼要而部分间接的讲述,在那里,颜色(chrôma)取代了形状。假定性的问题和答案的顺序运行如下:"什么是颜色?""白。""'白'是颜色,还是一种颜色?""一种颜色。"最后这个答案必然会给出,因为还有其他颜色。美诺同意。而如果质问者敦促美诺举出其他颜色的名字,美诺会将其举出,这些名字中的每一个都像"白"一样是颜色。美诺同意。

接下来,两个讲述合并为一,且采取直接引语的形式。"颜色"主题被放弃,只有"有形的表面"这个例子得到探讨。苏格拉底首先提到自己之前所讲的东西(74a7－10),在德性方面,最后总是以多告终,而非他们在寻找的一,但是这一次,苏格拉底拒绝止于听之任之。既然一切形状各异的众多表面都可以被称作一个名字(heni tini…onomati),那就不得不回答一个问题:什么是那个名之以同一个名字的东西,即"形状"? 这个问题直接被抛给美诺。苏格拉底要寻求、得到美诺关于各个方面的一致看法,且力图精确。② 名之为"形"之物,包括(katechei)甚至彼此"对立"的各种表面(enantia onta allêlois),正如弯得很圆的表面和直的表面那样。(在此处,74d8－e9,苏格拉底放弃了相当不常见的术语 hê strongylotês,倾向于更常见的 to strongylon,即"[或多或少]弯得很圆的",与 to euthy——

---

① ἀντιστροφή,见亚里士多德《前分析篇》I,3,25a40;45,50b32。
② 对参《斐多》102d3:συγγραφικῶς。

即"直的"——形成对比,同时并未改变所谈的东西的含义。①)一个弯[58]面,不比一个直面更是(或者更不是)"有形的表面",但并不能说,一个弯面不比一个直面更弯、一个直面不比一个弯面更直。(我们要注意,"弯"和"直"的对立不完全相同于德性与邪恶或者强壮与虚弱之间的对立,却可能与"蜜蜂"与"雄蜂"之间的对立更可比。)

[74e11 – 75b1]

苏格拉底更加坚持征求美诺的回答。苏格拉底再次使用直接命令式(对参 73c6),让美诺为给出答案"做一次尝试"(peirô)。接下来,苏格拉底再次提到那位假定的提问者(并再次提到"颜色"),并且预测美诺可能会这样回答,"我就是不理解你想要什么,朋友啊,就是不知道你在说什么",苏格拉底还想象提问者可能会很吃惊,可能会反驳:"你不理解我正在寻求可以称作'关于②所有那些面的同一'(to epi pasi toutois tauton)的东西吗?"我们本指望,对问题的这种新而显得含混的表述,可以促使美诺回答问题。

或者难道你不能就你现在的理解③回答这个问题,如果有人要问你:什么是关于弯得很圆的(面)和直的(面)、关于其他一切你当然会称之为"形"的东西的相同之处,[什么是]关于它们这一切的同一?(这里着重强调 epi [关于] 一词,该词共重复出现四次。)

接下来又是命令式:"做一次尝试"(peirô)来回答吧。苏格拉

---

① 对参《蒂迈欧》73d4 及其语境。(亦参 A. E. Taylor, *A Commentary on Plato's Timaeus*, 页 522, Taylor 引用了 στρογγύλα καὶ προμήκη διηρεῖτο σχήματα, 但很有意思的是,他将 σχήματα [形状] 替换为 εἴδη [理念]。)

② 将 ἐπί 译为 about [关于] 的理由见下文。

③ 参 Thompson, 页 88(7) 以下。

底补充说:"你[在尝试过程中]也能经历一番练习,以便就人的德性方面进行回答。"

针对这一切用心良苦、一再坚持的敦促,美诺的反应实在令人吃惊。美诺草率地、鲁莽地拒绝经历所建议的这番练习。"不!苏格拉底,你来作答。"这就是美诺的回答。由于美诺此前确实曾尝试"定义"什么是德性,这一拒绝便更加令人惊奇。现在,美诺想要被告知什么是形状。

[75b2–c1]

苏格拉底的回应有些许斥责味道。他的回应还暗示,美诺习惯于他的有情人们的溺爱,被惯坏了,因为美诺仍然年轻、俊美,正如下文将要清楚交代的那样(76b–c)。"你想要我帮你这个忙吗?"苏格拉底问道。在得到美诺肯定、自信的回答之后,苏格拉底继续说道:"而你,[59]就你本人而言,会愿意给我讲讲德性吗?"美诺再次表示同意。"那么好,"苏格拉底总结道,"尽力回答问题吧,这值得一试。"美诺认可。

苏格拉底将自己的努力介绍如下:"那就让我们做一次尝试(peirômetha),告诉你什么是'有形的表面'。你想想,自己是否同意,它就是我要说它所是的那个东西。"苏格拉底接下来说的话是:

"让我们将'有形的表面'清楚地当作在一切存在的东西中唯一一直伴随着颜色的东西。"

苏格拉底补充道:

这会使你满足吗?或者你想要以其他方式寻找那东西?只要你用这种方式[我刚刚描述"有形的表面"的方式]给我描述德性,我当然会很满意。

且不论美诺作何回应,我们须仔细留意苏格拉底的说法。

第一,该说法的意思很清楚:无论我们于何时何地看见颜色,或某块或多块颜色,或者当我们广泛设色时,无论我们无变化地、或按照各个不同图案设色,还是以不断变化的色调设色,我们其实都在看有颜色的表面;反过来讲,我们留意到任何形状的表面,都是单凭对颜色的看。在日常交流中,当我们谈到东西的表面时,"颜色"现象与"表面"现象有共同的外延,我们的意思是双方皆然。苏格拉底的讲法,是在用口语描述某种我们都能看见的东西,而且苏格拉底的描述十分严格。

第二,苏格拉底关于自己"定义"形状的方式是否令美诺满意的疑问,留下了这样一种可能性,即,还可能存在其他"定义"形状的方式(hikanôs-allôs pôs-houtôs)。苏格拉底提供的这一"定义",无论如何,就其严格性来讲,仅仅符合"形状"口语化的含义。就其普遍性而言,它经得起"颠转"的考验,因为颜色的确也一直伴随着形状。但是,苏格拉底的说法并未将形状和颜色"等同"。① 其普遍性在于这样一个事实,形状和颜色在一切情况下都互为补充:一方离不开另外一方。我们可能已经注意到,我们对这两方面的熟悉程度并不对等:难道相较于表面,我们不是更熟悉颜色? 此外,[60]颜色仅以形状为其必要的"同伴",而形状看起来要求"物体"以及其他必要补充。

第三,为什么苏格拉底选"颜色"和"表面"为例,而这两个方面合起来提供了一个恰当定义的例子,可以用来定义人的德性? 难道我们可以避免再次回想起②关于德性和知识的"苏格拉底式"格言? 苏格拉底称,自己若能在"人的德性"方面得到类似于自己在

---

① 按照亚里士多德 *De Sensu*(《论感觉及其对象》,),3,439a30 以下,"毕达哥拉斯派"正是这样做的: τὸ γὰρ χρῶμα ἢ ἐν τῷ πέρατί ἐστιν ἢ πέρας διὸ καὶ οἱ Πυθαγόρειοι τὴν ἐπιφάνειαν χρόαν ἐκάλουν([译注]中译参《亚里士多德全集》,苗力田主编,北京:中国人民大学出版社,1990,卷三,页 104:"因为颜色或者依存于这个界限,或者它就是这个界限。由于这个原因,毕达哥拉斯派才将物体的表面说成是物体的颜色")。对参《物理学》,卷四,第三节,210b1–8。

② 参页[43]。

"有形的表面"方面给出的东西,就会很满足。此时,难道苏格拉底没有在暗示德性和知识二者之间的关系?看来,苏格拉底会满足于从美诺那里听到,知识就是一直伴随着德性的东西。苏格拉底敦促美诺在形状方面进行练习,这种练习实际上会为美诺在德性方面进行回答提供样本。该类比甚至有可能掩盖这两种"补足物"之于我们的熟悉程度:总体而言,相比于"知识",难道我们不是稍微更熟悉"德性",或者至少我们自认如此?难道知识没有其他"补足物"?

第四,在回顾中,我们理解,苏格拉底的这一说法来自之前的对话,可以想到,之前的对话还以一种精心设计的方式导致美诺的相似说法。现在我们理解,一方面,为什么"颜色"被说成好像一种次要的补充性例子,紧随"表面"这个例子之后。我们还理解,另一方面,对 epi[关于]这个介词的强调,最终是用来表述所有各种各样的表面及其所展现的同一性之间的关系:这个介词暗示某种东西,这东西结合于、附着于、联系于甚至直接坐落于所有表面之上;这可不能说成苏格拉底与美诺之前分别用过的 dia 或 kata(74a9;73d1,74b1)。①

[75c2-8]

美诺作何回应?关于苏格拉底的说法以及随之而来的问题,美诺说道:"但是那真的很肤浅,苏格拉底!"美诺这样解释这句话的意思:

> 你说"有形的表面"是一直伴随着颜色(chroa)的东西。难道你没说吗?好吧。但是现在如果有人要[61]说自己不知道颜色这东西、自己像困惑于形状一样困惑于颜色,你会怎么看

---

① 参 Schwyzer-A. Debrunner 编,前揭书,II,465-468,以及 Ast, *Lexic. Platon*. I,766-68。亦参《帕默尼德》,131b9,132c3;《斐多》116e2;《智术师》240a5 以及亚里士多德《论灵魂》,II,6,418a29。

你刚刚给出的答案呢?

苏格拉底:"我认为它仍是真的。"
我们不得不用心思考美诺的反对中的意味。
第一,在回应苏格拉底时,美诺诉诸一位假设中的对话者。苏格拉底所引入的那位假设中的提问者看起来正是另一位苏格拉底,但目前尚不清楚,美诺想象中的那个人是否正是另一位美诺?
第二,从哪种意义上讲,有人会不"知道"颜色?我们都熟悉各种颜色和颜色本身(colors and color),除了我们中那些盲人或色盲。但是,这似乎并非美诺脑海中的特例。就美诺而言,他已经指出,① 自己了解各种颜色,而且还有另一次机会在接下来的讨论中表明,颜色本身不可能为他所"不知"。难道,美诺所诉诸的、假设中的那个人,完全不了解各种颜色?看起来情况也不像是这样。
有人也许会辩称,美诺在反对苏格拉底的定义时,完全不否认事实上每个人都熟悉各种颜色和颜色本身;美诺现在所要求的,是一个更"一般"的、关于颜色的说法,而且正如苏格拉底之前要求听到的——什么是普遍地相应于"形状"这一个名字的东西——那样。② 但是,这样一来,美诺的要求就意味着,他未能看到苏格拉底的形状定义所独具的某种普遍性与可颠转性,据此,形状和颜色相互补足。若美诺并未漏掉这一点,他又怎么会以那种方式表达自己的反对呢?难道美诺不是本该要对苏格拉底的"定义"的样式、样本进行攻击,说这个定义并不充分?苏格拉底给过美诺那样做的机会。③ 因此,美诺不见得不安于苏格拉底在定义中所采用的那种一般性和普遍性。其实,截至目前,在美诺所讲的一切中,美诺几乎从

---

① 参页[57]。
② 参页[55]以下。
③ 参页[59]。

未表现出自己熟悉某种普遍说法所独有的特征。难道美诺真的理解自己正在问的东西？

第三，在陈述自己的反对时，美诺用 chroa 替换 chrôma。无论美诺有哪些理由作[62]此替换，①他对 chroa 一词的使用，都颇具反讽意味地对苏格拉底的形状定义——而非自己对该定义的反对——形成支持。因为，chroa 直接关联于 chrôs，可以像 chroia 一样，同时指"皮肤"和"皮肤的颜色"。②

第四，我们可以推测，在提出自己的反对意见时，美诺所凭依的，是自己回忆起一种著名技艺，这种技艺以从不使用"未知"术语而骄傲，这种技艺从公认为真的（alêthes ti homologoumenon）某些东西出发，通过公认的推理，取得不容置疑的结果。③ 换言之，看来，美诺此时回忆起"综合性"数学（即几何学）的程序，其晚近的例子是欧几里得《几何原本》，而这种学问——不仅见于亚里士多德——可以成为任何可明确论证的（apodeictic）学问的典范。（难道美诺不曾在高尔吉亚学派接受过这种数学训练？）上述推测基于这样一个事实，苏格拉底在应对美诺的反对时，几乎立刻提及这种几何技艺，以此对付美诺的理解。从而或许可以断定，美诺的反对在于，他要求对形状的含义进行一种特殊的、"技术性的"再次解读。

第五，无论我们多么重视美诺对苏格拉底说法的不满，都很难不去怀疑，美诺在故意推迟扮演自己曾答应扮演的角色。这样的举止简直可以称之为好辩，有人也许会指责美诺只愿争取口舌上的胜利，一点儿也不关心正在探究的问题。难道高尔吉亚的教育不应为

---

① 参页[60]以下。

② 参页[59]，注12[译注]本书页67注①。

③ 参 Scholion to Euclid, *Elements*（《欧几里得〈几何原本〉注疏》），XIII,, Prop. 1 – 5, Heiberg-menge IV, 364 以下），Pappus VII（Hultsch II, 634, 11 以下）。亦参 T. L. Heath, *The Thirteen Books of Euclid's Elements*, 1926, I, 页 137 以下，以及 III, 442 以下。

这种态度负责吗？[1]

第三节　75c8–76a8

[75c8–d7]

[63] 在用美诺自己的话应对美诺的反对之前，苏格拉底试图消除的，正是美诺方面这种态度的可能性。

苏格拉底再次主张自己在形状问题上的立场，并称自己已经讲出该问题的真理，接下来，苏格拉底宣称，自己拒绝将美诺当作那些"有智慧的人"中的一员，那些人有"诡辩""好斗"倾向，因此，苏格拉底拒绝丢给美诺这样一个挑战：驳倒我吧。苏格拉底继续说，如果人们欲求像朋友一样交谈，就像自己和美诺此刻(nyni)这样，就应该以一种更为温和、更为适合这种友好交谈(dialektikôteron)的情绪作答。相互间谈话更为合适的方式——有人或许会认定(isôs)——在于不仅给出能说出真理的答案，而且在于给出答案时所用的词，对方承认(prosomologêi)自己懂得。"因此，[2]我也(kai egô)会做一

---

[1]　参亚里士多德，*De sophist. Elench.*（《辨谬篇》），34，183b36–38，他记述道：καὶ γὰρ τῶν περὶ τοὺς ἐριστικοὺς λόγους μισθαρνούντων ὁμοία τις ἦν ἡ παίδευσις τῇ Γοργίου πραγματείᾳ（[译注]中译参《亚里士多德全集》，前揭，卷一，页620："……由收费教师所指导的在争论论证方面的训练和高尔吉亚的[教学]行径很相同"）。亦参 *De sophist. Elench.* 11，171b22–26，《斐多》90c，91a（φιλοσόφως—φιλονίκως[译注]爱智慧–爱争胜），《高尔吉亚》，457d4–5，《欧蒂得谟》278b2 以下，《智术师》225b–c，232b 以下。（参 Thompson，前揭，页 272 以下，Exursus V；A. E. Taylor, *Varia Socratica* [《苏格拉底杂集》]，1911，*The περὶ ὀνομάτων ὀρθότητος* [《模棱两可的言辞》]，尤其页 106 以下，108–111，115–121，124–128；R. Robinson, *Plato's Earlier Dialectic*（《柏拉图早期辩证法》），1941，页 88–92，R. Hackforth, *Plato's Phaedo*（《柏拉图的〈斐多〉》），1955，页 108，注 1。)

[2]　参 Thompson，前揭，页 91(10)。

次尝试(peirasomai),和你以这一友好情绪进行交谈。"

起弱化作用的小词 isôs 看来暗示,苏格拉底正在宣告一条规则,这条规则将支配任何友好因而严肃的对话;但是它还暗示,苏格拉底警告美诺别误解这条规则本身的含义。这条规则要求词与词的"一致"。但是,"一致"(homologia)这个词本身就容易受到不同解读。它有可能是苏格拉底诉诸习惯上为人接受且熟悉之物时所基于的那种一致。① 在任何"技术性的"谈话中,也要求用词上的某种一致:综合性数学以及任何其他可明确论证的学问的方法亦受一致性支配。美诺起初提出反对意见时,心中所想看来正是这种一致性。但是,这也是苏格拉底明显渴望得到的那种一致性吗?无论关于一致性这个词可能有什么误解,在服从自己所宣布的规则时,苏格拉底会对美诺做出批评。

[75e1 – 76a8]
不引入"未知"的词,这就是苏格拉底尝试满足美诺的方式。

[64]在之前关于德性、形状的所有讨论中,都可以找到这样一个问题,什么是与用来指称各种现象的单数的名称相对应的东西。有鉴于此,苏格拉底开始尝试提出指称同一事物的各种不同的名称:终点(teleutê)、界限(peras)、极限(eschaton)。

尽管这几个词可以严格区分,但它们所分别具有的多重含义以其含混性相互交叠。普罗狄库斯(Prodicus)本应做出这种区分,②尽管他实际上并未这样做过(后来至少有亚里士多德一人的确这样做过③)。但是苏格拉底将所有那些含义缩减至一个,即界限(peras)

---

① 参页[52]以下;亦参色诺芬,《往事录》,IV,6,15。

② 普罗狄库斯关心"词语的正确用法(περὶ ὀνομάτων ὀρθότητος)",《欧蒂得谟》277e4,([译注]英文版误注为977e4)。对参《普罗塔戈拉》337a – c,340a – c。

③ 亚里士多德《论自然》([译注]旧译《物理学》),卷二,第二节,194a30以下;《形而上学》,卷五,第十六至十七节。

的含义,关于这一过程,普罗狄库斯没有什么好反对。这一缩减将形成的结果,在那些意义中被暗示为某种本身就单纯的东西(something simple in itself)、而非"多种颜色的东西"(poikilon),当时,苏格拉底选择以一种双关方式指涉之前的论证,双关一方面是"[单数的]颜色"在这个该过程中扮演的角色,另一方面是美诺对苏格拉底的指责——头脑简单。① 虽然这个单纯的东西在所有实例中都是"同一的"(tauton),但是,我们必须注意,也不能说这个单纯的东西"包含"(katechei,74d8)一切实例。② 它不是一个"整体、全体"(whole)。

此处,美诺正在跟随苏格拉底:"我认为,我理解(oimai manthanein)你在讲什么。"

于是,苏格拉底直接转向几何技艺,向美诺问道,"面"(epipedon)这个名称,还有"体"(stereon)这个名称,在美诺看来,是否意指某种东西,是否意指在(平面和立体)几何学中(en geômetriais)③所处理的、名之为"面""体"的那些东西。美诺说它们是。

苏格拉底现在得以按照美诺的反对所暗含的前提定义形状。苏格拉底暗示,从所有这些准备活动中,美诺可能已经理解苏格拉底会给出什么定义。

> 就各种实际的形状而言,④体所终结之处,我说就是形状。
> 或者,[65]更简洁地讲,我可以说:形状就是"体的界限"。

美诺没有对此做出任何回应。他反而问道:"那你说什么是颜

---

① 75c2: εὔηθες([译注]意为"肤浅""浅薄""头脑简单")。对参《高尔吉亚》491d10(亦参《泰阿泰德》146d3-6)。

② 在亚里士多德的术语中,这就是一次"抽象"(ἀφαίρεσις)的结果。

③ 参欧几里得,《几何原本》I, Def. 7(以及 5);XI, Def. 1。(关于复数的 γεωμετρίαι,参《王制》,卷六 510c2、511b1,卷七 528a-d,533b7,536c5。)

④ κατὰ γὰρ παντὸς σχήματος,苏格拉底使用κατά这个介词,正如美诺之前所做的那样。

色呢,苏格拉底?"

苏格拉底用美诺自己的术语回应美诺的反对的尝试就此结束。我们必须尽力理解这里实际上发生了什么。

第一,显然,苏格拉底跟着美诺完全放弃了形状的口语性含义。在苏格拉底刚刚给出的定义中,这个词指的不是"可见物体的封闭表面",而是一个几何体,恰如欧几里得定义的"图形":[1]"图形就是为某个或多个边界所围成的东西",而"边界"反过来又被定义为[2]某物的界限(peras)。在苏格拉底的第二个定义中,"形"是一个"技术性的"词,表示"有边界的表面面积",等同于"平面"(epipedon)和"表面"(epiphaneia)。[3] 苏格拉底给出的第二个说法,其实是一个严格的几何定义。[4]

第二,形状含义的这一转换是有道理的,因为,正在探讨的不是形状本身,而是"定义"的正确方式、恰当处理某种"普遍"之物的正确方式,说到底就是"人的德性"的所有表现形式中那个"[单数的]人的德性"的正确描述方式。此外,美诺和我们看来都被迫面对某种类型的定义,不论这种定义有何优点,它都与最终任务有矛盾。

第三,刺激美诺提出反对的,正是苏格拉底第一个说法中对"颜色"的引入,因为美诺称,这意味着引入某种"未知"的东西。然而,"体"在苏格拉底的第二个说法中所扮演的角色,堪与"颜色"在第一个说法中所扮演的角色相提并论。当苏格拉底向美诺问起"体"这个词时,美诺承认自己对它很熟悉,实际上,美诺并未就苏格拉底的第二个说法提出任何反对。然而,我们不得不问:"体"从何种意

---

[1] 欧几里得,《几何原本》I, Def. 14: Σχῆμά ἐστι τὸ ὑπό τινος ἢ τινων ὅρων περιεχόμενον。

[2] 同上, Def. 13: Ὅρος ἐστίν, ὅ τινός ἐστι πέρας (欧几里得并未定义 πέρας [界限])。

[3] 同上, Def. 5, 6, 7, XI, Def. 2, Heath, 前揭, I, 169 (亦参 A. E. Taylor,《柏拉图〈蒂迈欧〉注疏》,页362)。

[4] 同上, Def. 3, 6, XI, Def. 2。

义上为美诺或任何人所"知"?"体"的几何意义完全不包含任何物体。① 世界上几乎找不出任何比一个几何"体"更不是物体的东西。[66]对这一几何术语(以及诸如此类的其他"技术性"术语)的熟悉,并非基于任何直接感知,更不用说"知识",而是仅仅基于习惯于不假思索地使用这些术语。但是,难道这种习惯本身没有与有技术的人本身的方式相一致吗?② 有技术的人做事时显得好像知道(hôs eidotes)自己由之开始的那些实体是什么,将其当作完全显然如此的假设(hôs panti phanerai),最后——当每个人都对这些术语意见一致之时——终于得到它们本来打算探究的东西。然而,关于那些实体,其实没有任何东西是显而易见的。那些实体之所以必不可少,是因为没有它们,演绎过程就无法开始或进行下去。因此,它们仅仅构成必要假设(hypotheseis),也是演绎法的必经之途。但是,指代这些实体并构成其定义的那些术语,既不能指出什么是这些实体,也不能显现其独特的存在样式。要实现这些,看来还要求另一种非常不同的技艺。

将苏格拉底得出第一种说法的步骤与其得出第二种说法的步骤进行比较,我们会看到,下面两方面之间存在反比关系,一方面是我们对所面临的、有待定义的东西的熟悉程度,另一方面是对其进行定义所要求的准备的总量:我们相当熟悉有颜色的表面,在这个问题上的准备活动既漫长又精心;而在"几何图形"问题上的准备活动则既短暂又扼要,我们对这个问题的熟悉性,要么不存在,要么是幻象。

我们可能会总结道,相比于几何"体",美诺更熟悉"颜色"。美诺并未反对苏格拉底的第二种说法,看起来恰是由于美诺对几何技

---

① *Στερεά*[体]并非 *ἀντίτυπος*[有实在的形体的],参《欧几里得〈几何原本〉注疏》,Heiberg 版,Vol. V,页 593:Scholia in librum XI, ad Def. 7。对参《几何原本》,Vol. XI, Def. 9,10,12,13,25 – 28 中的"*σχῆμα στερεόν*"(立体图形)。

② 参《王制》,卷六,510 以下;及卷七,533b 以下。

艺的熟悉（我们应该注意这一点）及其对任何与几何相关的事物理所当然的接受。这种态度绝非独一无二。当对话继续进行时，也许会告诉我们更多关于美诺与"体"之间的关系。我们当然不应忽视下面两方面之间的联系，一方面是面和体之间严格的几何关系，另一方面是将"有形的表面"与"立体的形体"联系在一起的"互补"关系。

第四，既然美诺并不反对苏格拉底的几何定义，那么，美诺至少默认了，苏格拉底已经完成自己的使命（对参 75b）。此时，美诺重拾一个已经放弃的问题，[67]还让苏格拉底给他讲讲"颜色"，这不仅与美诺希望被告知事物的习惯相一致，而且很清楚地表明，美诺的确在尽力拖延，甚至有可能在尽力避免轮到自己回答德性问题。在这一点上，我们已经无须怀疑，就像我们曾经怀疑过的那样：①美诺的心机，如今已经可笑、可怜地得以展现。

第四节　76a9 – 77a2

苏格拉底温和地、开玩笑似地批评美诺，尽管措辞强烈。苏格拉底称美诺放肆（hybristês），指责美诺一直命令一位老人作答，自己却不愿运用自己回忆的能力，以便能够讲讲高尔吉亚怎么讲什么是人的德性（重点在于 amamnêstheis 这个分词②）。在美诺再次承诺只要苏格拉底给他讲讲颜色，他就给苏格拉底讲讲德性之后，此处提到这样一个事实，而且这次提得十分明显③：俊美的美诺仍有有情人，那些人宠着美诺，而美诺显然习惯于对他们施行僭政（tyrannizing），这些都可以从美诺专横的口吻中判断出来。有一点没有逃过美诺的注意，苏格拉底说，那就是苏格拉底也无法抗拒俊美的年

---

① 参页[62]。
② 对参 73c7，及页[21]注 54[译注]本书页 23 注①。
③ 参页[58]。

轻人。"那我就迁就你,回答吧。"美诺坚持让苏格拉底继续。

如今继续谈话的希望在于,苏格拉底能够以不允许美诺再次回避作答的方式满足美诺。我们将不得不观察苏格拉底如何着手完成该任务,找到他认为最有希望吸引美诺做出贡献的途径。我们现在已经清楚,该途径不再可能是一场理性的交谈。

苏格拉底首先询问,美诺是否希望苏格拉底以高尔吉亚的方式——美诺最追随的那种方式——作答。"我的确希望如此,怎么会不希望呢?"这就是美诺的回应。苏格拉底接着问,高尔吉亚和美诺是不是真的追随恩培多克勒(Empedocles),认为事物(things,tôn ontôn)的某些"流溢"会通过某些大小合适的"通道"(passage,poroi)进入我们的形体。美诺认可这一点。"此外,"苏格拉底问,"'视觉'对你来讲有意义,不是吗?""是的。"美诺这样答道,从而不经意间确认了,自己不可能"不知道"颜色。① 由此可见,苏格拉底以谐剧式的庄严说道——通过引入此刻即将揭示的东西,唤起品达的阿里斯托芬式的影子——美诺可能已经得出自己正在找的答案:"颜色是有限表面(aporroê schêmatôn)的一种流溢,[这种流溢]与视觉相配合,可以由视觉感知。"②

---

① 参页[61]。

② 非常显然,苏格拉底在引用品达"感知我讲给你的话吧"(ξύνες ὅ τοι λέγω,见 fr. 105,Schroeder)这句话时,指的并不是品达的任何原义,而是阿里斯托芬《鸟》(Birds)945(参 Thompson,页 96;Bekker 版 Aristophanes,1829,Vol. II,253,Vol. IV,195,及其对第 941,945 行的笺注)。在《鸟》中,"缪斯的敏捷的仆人"(第 909 行),用到上面的说法时,指的是一种坎肩(σπολάς),这是一种动物皮制成的衣服,诗人刚刚从 Peisthetaerus 那里接受这件衣服,而且还想要一件更体面的"补充",即一件外套(χιτών,[译注]古希腊常见的一种及膝束腰短袖外套):ἀκλεῆς δ' ἔβα σπολὰς ἄνευ χιτῶνος(第 944 行)([译注]"只穿坎肩不穿外套不体面")。此处,在《美诺》中,美诺让苏格拉底——苏格拉底刚刚为美诺提出一个"形状"定义——给"形状"定义补充一个"颜色"(σχῆμα)定义。苏格拉底将阿里斯托芬的笑话颠转过来:苏格拉底作为给予者,暗示自己为关于"形状"的几何定义提供了一个别致的"补充"。在《鸟》

我们注意到,第一,苏格拉底现在讲的是 chroa,而非 chrôma,正如美诺——很可能是追随恩培多克勒①——之前所做的那样(75c5);第二,苏格拉底(且不论是否经过恩培多克勒授权)使用"有限表面"(aporroê schêmatôn)这样一个说法。② 该说法另有深意,因为它暗示颜色和有限表面其实同一,然而,正如我们之前所看到的,③苏格拉底并未作此断言。按照[68]此处所表达的更为粗糙的观点,表面(或"薄层")穿透我们眼睛的那些微小部分,正是颜色部分。④

中,Peisthetaerus 夺走祭司的外套(还有坎肩),以满足诗人(就一个人可以从语境中推断的而言,那位祭司很可能是这件事中的受害者);在《美诺》中,苏格拉底从祭司般的恩培多克勒那里拿走这些话,用来满足美诺。

品达的这行诗很可能已经通过阿里斯托芬变成某种谚语(对参 *Phaedr.* 236d2),但是,在《美诺》此处,这句话用来表达一种更有针对性的意思。

① Theophrastus 在谈论恩培多克勒的观点时(*De sensu* I, 7, 即 Diels-Kranz,第七版,I,31,A86,页 301),用的是 χρῶμα 一词。但是,他没有理由保持恩培多克勒的术语。

② 所有抄本都支持 σκημάτων[表面]。有一份抄件有一条边注,提出可以置换为 χρημάτων[必要之物]。Diels-Kranz,第七版,II,82,B4,页 283(对参 Diels,第三版,1912,II,246)显然更倾向于 χρημάτων,因为它"更可能是纯正的高尔吉亚式"说法,好像——即便这一点可以得到证明——那会对柏拉图写的东西产生任何影响似的。(对参 R. S. Bluck,*Plato's Meno*,1961,页 252。)

Alexander Aphrod. ,*Comment. on Aristotle's De sensu*,页 24(Wendland)记载:ταύτης τῆς δόξης καὶ Πλάτων μνημονεύει ὡς οὔσης Ἐμπεδοκλέους ἐν Μένωνι, καὶ ὁρίζεται κατὰ τὴν δόξαν τὴν ἐκείνου τὸ χρῶμα ἀπορροὴν σωμάτων ὄψει σύμμετρον καὶ αἰσθητήν。显然,Alexander 并未"照字面地"引用柏拉图的文本。他想的可能是《蒂迈欧》67c6 - 7。

③ 参页[59]。

④ 问题当然不在于苏格拉底(或柏拉图)是否忠实地复制了或者歪曲了恩培多克勒的观点,而是在于,为了影响美诺,使我们看到美诺的"本性"(nature),这里使用了什么方式。按照亚里士多德,*De sensu.* ,437b23 - 438a5,恩培多克勒关于"颜色"和"视觉"的看法无论如何都很含混。

我们可以认为,美诺本人完全没有注意到这里的言外之意。无论如何,美诺并未针对苏格拉底刚刚说出的话提出任何反对。恰恰相反,美诺高度赞扬苏格拉底的"回答"。从苏格拉底对美诺的赞扬的回应中,我们可以了解到,为什么美诺如此满意,为什么选取这种特定方式满足美诺。苏格拉底说,我的答案"也许是按照你所习惯的来措辞的"(Isôs gar soi kata synêtheian eirêtai)。这使我们回想起,在对话开始时,苏格拉底曾强调高尔吉亚将某些习惯灌输给自己的学生。① 难道在此处我们没有被迫再次注意到高尔吉亚的教育成果?

看来,美诺的确完全满意于从头到尾再听一遍自己以前听到过的东西,从别人那里听到已经记录在自己记忆中的东西。美诺乐于用别人的话充当自己所珍视的口传记忆的应和——甚至充当不那么靠得住的应和。稍后,苏格拉底以激将的方式让美诺延长自己在雅典的逗留,以便得到些关于神秘之事的初步知识,美诺回嘴说:"但是我会留下,苏格拉底,只要你会多讲那种(polla toiauta)事。"

美诺渴望炫耀自己的记忆,可以说,美诺并没有表现出关心甚或理解苏格拉底所表述的"恩培多克勒式"说法的全面空洞。彻底"贬低"其意义的,正是苏格拉底本人,这也验证了苏格拉底对品达诗句的调笑用法。因为从这个说法中,除学到什么是颜色之外,苏格拉底说,这个说法还会使美诺更容易理解到,自己还可以用这种说法讲讲什么是声音、气味以及诸如此类的其他许多东西。(为此美诺所需要做的,就是在"答案"的主体中将"视觉"这个词换成相应的词。)"正是如此。"美诺说。② 苏格拉底进一步揭示美诺对这种

---

① 参页[41]。

② 美诺太过轻率:例如,要将"声音"理解为一种 $ἀπορροὴ\ σχημάτων$[有限的表面](或者,就此而言,[有限的]$χρημάρων$[必要之物]),其实并不容易。

华丽说辞的夸张喜好:[70]"这个答案其实有悲剧格调,①美诺啊,恰恰因此,它比其他关于表面的答案更取悦你。""是的。"美诺说。"不,"苏格拉底说,而且他对美诺说这话时,带有显著的、"悲剧式的"礼节:"我——就我来讲——相信,阿勒克西德谟(Alexidemus)之子啊,另一个(ekeinê)才是更好的答案。"关于苏格拉底所说的"另一个"究竟指哪个,难道我们有任何疑问吗:是它究竟几何性的－狭窄的那一个,还是第一个－稳靠的那一个,前者得自美诺自己的话,后者使"表面"和"颜色"相关联,暗示出一种关于"人的德性"的可能令人满意的答案?②

---

① Thompson(前揭,页 97)曾引 Heindorf 对《克拉底鲁》414c 的笺注(见 Bekker 版 Plato's Works, Vol. IV, London, 1826, 页 267), 在其所引中, τραγῳδεῖν τα ονοματα 被解释为 σεμνοτερα και θαυμαστορερα ποιειν[做庄严、奇妙之事]。按照 Heindorf 的说法,这种含义暗含于《克拉底鲁》418d,《王制》卷三 413b,《美诺》76e(这正是我们现在正在关注的段落)。Heindorf 还诉诸 Guillaume Budé 的权威。

关于 Theophrastus, *Hist. plantarum*, IX,8,5, Budé(*Commentarii linguae graecae*, Coloniae,1530,页 440,或 Paris,1548,页 845)不得不说:"Verum ἐπιτραγῳδεῖν... significat tragice aliquid narrare, hoc est, cum amplificatione et commiseratione。Sed ponitur pro admirationem ciere, vel ita narrare ut in admirationem evadere rem velimus……[诚然,ἐπιτραγῳδεῖν 这个词意味着多少有些悲剧性地发言,也就是说,带着夸张和同情。但是,]"(亦参 Plutarch, *Life of Artaxerxes*,18,7。) 看起来, Edmonde Grimal 在她对我们正在谈论的这段文本的解读中(*Revue des études grecques*, LV,1942),并未充分解释这种传统性的理解。她也没有探讨"颜色"与真正的或伪装的德性的关系。

② 参 R. G. Hoerber, "Plato's Meno", *Phronesis*,5(1960),页 94－97。

第三章

第一节　77a3–b5

　　[71]美诺现在不可能再次不给出自己许诺的关于德性的答案。苏格拉底强调了这一点。他首先向美诺保证,自己——苏格拉底——为了美诺也为了自己(对参75b6),会不遗余力讲讲"那种事情"(我们应该留意这一保证),尽管苏格拉底并不确定自己能够讲出"许多"那种事情。(毕竟,要应对美诺的记忆的丰富性,不是一件容易的事情。)于是,美诺再次被敦促做一次尝试(peirô),履行自己的诺言,"以一种全面的方式"(kata holou)告诉苏格拉底什么是人的德性。美诺得到警告,不要再次"把它打破"、制造许多德性碎片,而要使其保持"整全、合理"(holên kai hygiê)。苏格拉底向美诺提到"定义"的典范(paradeigmata),苏格拉底曾向美诺提供这种典范——一个稳靠,一个狭窄,一个"有悲剧性"(如果说它空洞的话)。

　　于是,美诺做出自己的第二次尝试,讲讲什么是"一般性"意义上的人的德性。但是,美诺并未顾及呈现给自己的任何一种典范。这就是美诺所讲的:

　　　　那好,依我看,苏格拉底,人的德性是,正如诗人所言,"以高尚的东西为乐,并且掌控它们"。而且我也(kai egô)说这是德性:渴望(epithymounta)高尚的东西,能够得到它们。

　　这就好像美诺无需任何努力就再次让记忆为自己代言。这次征引的是一位诗人而非高尔吉亚。我们禁不住得到这样的印象,来自别人的、回忆起来的意见,一直"伴随着"美诺所想的东西。这显得就是美诺的"习惯",在"我也"(kai egô)这一惯用语中得到总结。难道这种习惯尤其得到高尔吉亚的培养?正如亚里士多德在《辨谬篇》(On Sophistical Refutations,[译注]《辨谬篇》为通译,按克莱因的译法应为《论智术师式辩驳》)中所记载,高尔吉亚的教学实践颇有些近似于专业"辩论家"的教学实践。① [72]这种伪技艺的大师们,让自己的学生们,正如亚里士多德接下来记载的那样,②"默记"(ekmanthanein)各种演说辞或其他问题,以便驳倒对方,假定在大多数情况下各种论证都会遵循交托给记忆的各种范例。美诺看起来在"记忆"方面也多有实践。但是,就美诺而言,他记忆供吸收材料的能力显得格外强。

我们曾有机会怀疑,美诺的意见和高尔吉亚的意见之间的相似性——这一点由苏格拉底指出、由美诺证实③——是否表明美诺性格中的一项重要特征。我们现在看到,这种相似性的确表明美诺本人的一种特殊状况:美诺的思考一直为别人所说的、在世界眼中有

---

① 参页[62],注21[译注]本书页71注①。

② Sophist. Elench. 34, 183b38 – 184a1: λόγους γὰρ οἱ μὲν ῥητορικοὺς οἱ δὲ ἐρωτητικοὺς ἐδίδοσαν ἐκμανθάνειν, εἰς οὓς πλειστάκις ἐμπίπτειν ᾠήθησαν ἑκάτεροι τοὺς ἀλλήλων λόγους([译注]"因为他们有些人教学生记下那些或者属于修辞学的,或者包含了问题和答案的演说辞,在其中两派都认为争辩的论证绝大部分都被包括进来了"。[译注]参苗力田主编,《亚里士多德全集》,前揭,第一卷,页620)。

亦参《普罗塔戈拉》325e5,以及《斐德若》228b4 的ἐξεπιστάμενος[默记、熟记]。这种"记忆"并不必然单"凭死记硬背",参《伊翁》530b 以下:……τὴν τούτου[sc. Ὁμήρου] διάνοιαν ἐκμανθάνειν, μὴ μόνον τὰ ἔπη([译注]"你要默记他[即荷马]的思想,而不仅仅是诗句")。然而,此句之反讽可由 534b7 – 535a10 推知。这种παίδευσις[教育]当然并不与传统的、非智术师式的、已践行多时的παιδεία[教养]不一致。

③ 参页[44],[45]。

一定地位的东西所"染色"。如果该状况在很大程度上就是人们的一般状况,那么,看来该状况描述的就是美诺的存在本身。美诺看起来除了自己的"记忆"外什么都不是。

我们的"记忆"经常被比作连续的"印记"或"痕迹",这些印记或痕迹留在我们身上的某种东西上,我们称这个东西为"记忆",①且不论我们分派给这个东西的结构和"运作"方式。我们的这种记忆,无论如何与其"内容"不可分割,正如可见物体的表面离开其着色就无法想象。正如表面颜色为物体提供了可见的"表皮"或"封套",我们的记忆也形成了我们生活于其中的视域。如果美诺的存在本身除了记忆外什么都不是,那么,美诺本人就会非常像一张有字的纸的有限表面。纸上的痕迹不仅代表着这个特定的人的各种意见,甚至代表着人类的遍及各方面的、习惯于接受的各种意见。

在这个关头,我们无法确定,我们这样得到的印象,是否给予我们充分牢固的基础,[73]不仅能够用来描绘美诺性格的重要方面,而且能够用来决定"谁"是美诺。我们回想起,在苏格拉底关于自己"可怜的记忆"的简短说辞中有个韵脚。② 该韵脚,就其关系到美诺其名而言,看起来暗示着美诺记忆可能有"错乱"。许多东西都依赖于我们从这种"错乱"的本性中得到洞见。

关于美诺为"定义"人的德性所进行的第二次尝试,苏格拉底的问题和批评无论如何集中在隐藏于美诺的说法中的、习惯上为人接受的各种意见中。之前曾有一次,③对这些意见的诉诸使对话得以进行下去。

就像美诺第一次尝试的情况一样,美诺刚刚给出的说法非常有意义。为自己设定高目标、并有能力达成,这难道不是人的德性最有说服力的显现吗?成问题的地方在于美诺心目中的高贵的目标,

---

① 参页[109]以下。
② 参页[43],页[44]以下。
③ 参页[52]–[53]。

即"高尚的东西"(to kala, the high things)。我们可以预期,苏格拉底会提出这个问题。

第二节　77b6 – 78b2

苏格拉底以一种双重方式做到这一点,首先处理美诺说法中的从句("渴望高尚的东西"),再处理主句("能够得到他们")。然而,查明什么是美诺心目中高贵的目标是一回事,发现什么指导着美诺的选择是另一回事。正是问题的第二方面,也是显然更为重要的方面,首先得到探讨。

苏格拉底和美诺很快一致同意,将一个人渴望高尚的东西(to kala)等同于一个人欲求"好东西"(agatha),尽管这看起来将美诺的用词贬低至某种相对"微末"的层面。那么美诺是否暗示,苏格拉底问,某些人渴望"好东西"(t'agatha),而其他人渴望"坏东西"(ta kaka)?"难道不是所有人,我的人中之人啊,在你看来都欲求(epithymein)好东西?""不",美诺说。接下来,美诺被迫说,有些人的确渴望坏东西,他们这样做时,并未完全认知那些东西的坏处,而其他人只是误将坏东西当作好东西。

当然,无论何时,只要我们欲求坏东西,[74]就其可欲的程度而言,我们将其理解为"好东西"。另一方面,美诺断言被欲求的东西可能是"坏的",尽管其被欲求根源于这样一种通常为人接受的观点,东西的好与坏不能简单地取决于它可欲或者不可欲。反过来讲,这种观点乃是基于对我们绝大多数欲望的反复无常、不断变化的本性的共同意识。那么,我们凭什么将"好"或"坏"的属性归于事物?

苏格拉底使美诺同意,如果一个人渴望某种东西,我们理解他是在欲求这个东西成为他的("还能怎样呢?"美诺说①)。但是,在

---

① 这段对话奇特地反映着《会饮》中(204d4 – 7)第俄提玛与苏格拉底的对话。

上述同意的前提下，若他欲求坏东西，即欲求拥有坏东西，他是认为这种拥有会对自己有好处（ôphelein），还是知道坏东西在自己身上或身边会损害自己？美诺说："有人认为坏东西会对自己有好处（ôphelein）——还有其他人会认为他们有害。"苏格拉底说："你真的认为那些人知道坏东西坏，既然他们认为坏东西会对自己有好处（ôphelein）？"美诺说："不，我不相信这一点。"

为什么美诺不相信这一点？难道不是因为，我们通常貌似有理地认为，什么对我们有益（ôphelei），也就是，"对我们有好处"，就不可能坏？难道这种观点，不是基于某种通常的理解，即，事物的好与坏取决于拥有那些事物会给我们带来的效果？

从美诺的坦白中可以得出，无论如何，按照苏格拉底的说法，所有欲求坏东西的人，要么有误解、要么无知：他们认为，正在讨论的坏东西就其"给他们带来好处"的程度而言，是好的。美诺不愿得出这一结论。有些人可能想要坏东西以便为其所害，这种可能性显然在苏格拉底或美诺看来不是什么值得考虑的东西。这一点会在下文中得到证实。

一个人可以假定，苏格拉底至此已经摆出自己的观点，即，没人真的欲求"坏"的东西。看来，在人们所追求的东西方面，所能做出的唯一中肯的区分就是，有些人欲求真正好的东西，其他人欲求仅仅在他们眼前显得好的东西。但是，如果按照所同意的那样，不可能有坏东西可以有益于我们，[75]那么，坏东西有可能显得好，这一可能性使"有益"本身值得怀疑。我们也有可能误解有益的效果："益处"可能仅仅是表面上的益处，我们可能实际上遭到损害却没有意识到。该论证不得不进行下去。事物对我们产生的——可能仅仅是表面上的——效果，并未提供一个充分可靠的根据，以便我们将"好"或"坏"的属性归于那些事物。因此，没人欲求坏东西这一苏格拉底式格言的有效性，尚未充分确立。

让我们看看，苏格拉底说，那些欲求坏东西的人，如你所言（hôs phês sy），既不会弄错这些东西的坏处、也不会无知于这些东西会给我们带来的效果,他们的确知道——难道他们不知道吗——自己会受到这些东西的损害。必定如此,美诺说。为在这一点上穷究到底,苏格拉底使美诺同意,那些这样受到损害的人,必定认为自己可怜(athlioi)。论证接下来还有很奇特的一个步骤,一个"补充":苏格拉底建议,而且美诺再次同意,"可怜人""不幸福"(kakodaimones)。于是,苏格拉底问道:"那么,会有人愿意(bouletai)可怜、不幸福吗,美诺?""我认为不会,苏格拉底。"美诺说。

对仅仅显得好的东西对我们产生的有益效果,我们可能会心怀疑虑,但当那样的情况发生时,我们不可能不确知自己心觉可怜。此外,人类有一个深信不疑而且事实上不容置疑的意见,没人愿意做可怜人,无论他有什么短暂的欲望、无论他能从那些欲望的满足中得出什么或真或幻的益处。因此,苏格拉底轻而易举地将 epithymein[意为"欲求",其中并不必然带有反思意味]换成 boulesthai[意味着思考以及深思熟虑的选择]。① 而且,既然正是坏东西使我们可怜,苏格拉底现在可以相当坚决地得出结论:"因此,美诺啊,没人想要([译注]或译'愿意要')坏东西。"

以颠倒地模仿诗人之言的方式,苏格拉底补充说:

> 因为可怜无非就是"既渴望低贱的东西又给自己带来那样的东西"(ti gar allo estin athlion einai ê epithymein te tôn kakôn kai ktasthai)。

[76]美诺不得不屈服于这段论证显而易见的力量、接受其结果。美诺并未怀疑到,苏格拉底通过将从句中的 epithymein 换成

---

① ἐπιθυμεῖ 与 βούλεσθαι 在意义上的这种差别,并非一直显著地清晰,但是,这种差别并非微弱到逃过普罗狄库斯的注意(《普罗塔戈拉》,340a8 以下)。在我们正在探讨的这段《美诺》文本中,苏格拉底既利用二者的差别,也利用二者的相似(对参《卡尔米德》,167e1 – 6)。

boulesthai 篡改他的——美诺的——说法的含义。然而,看来恰是这一替换允许苏格拉底完全无视这样一种可能性,即,按照人们对好东西的渴望的强烈程度对人进行区分。美诺同意苏格拉底的结论,"没人想要坏东西"(oudeis bouletai ta kaka),而且还照苏格拉底的话重复该结论。就像其他任何人一样,美诺并不想感受"可怜"。我们理解,这一点不仅是美诺接受苏格拉底的格言的基础,而且是引导美诺选择"高尚的东西"的最终原因。

我们能接受苏格拉底的结论吗?论证已经从东西的可欲性、拥有它们会给我们带来的有益效果——这两条都不足以成为判断那些东西是不是"好"的标准——达至坏东西可能产生给我们的可怜。但是,难道"好"东西不会使我们觉得"可怜"吗?仅凭这种可能性,看起来就会使该论证的说服力变得无效。① 此外,难道我们能够忽视这样一个事实,为说服美诺,苏格拉底使用了偷换的手段,从事物的"积极"面偷换为事物的"消极"面,从受益偷换为受害、变得"可怜"?在作此偷换时,为什么苏格拉底发现有必要将可怜之人(athlioi)进一步刻画为不幸之人(kakadaimones)?② 的确,"不幸之人"一词的神话"色彩"呈现出的情景是,有人被高于人的、邪恶的力量缠住。即便将这些色彩还原至更简单的、属人的内涵,也会留下这样一番景象:不幸之人被"坏东西"拖垮,由此可见这个词带来了"可怜"与能够带来"可怜"的事物之"坏"之间的某种直接联系。但是,即便如此,补充"不幸之人"一词,并未给论证本身补充任何力量,因为"可怜"和"不幸"本质上是同义词。那么,为什么会

---

① 色诺芬在 Memorab.(《往事录》),I,6,3 处引用 Antiphon,说他曾称苏格拉底为一个 κακοδαιμονιας διδασκαλος [不幸方面的大师],因为苏格拉底是对舒适生活如何毫不关心的一个活生生的例子。

② [译注]在希腊语中,"幸福"(eudaimôn)意味着有"好的"(eu-)"精灵"(-daimôn)[伴随],"不幸"(kakadaimôn)意味着有"坏的"(kaka-)"精灵"(-daimôn)[伴随]。因此下文说"不幸"这个词有神话色彩。

有这一看起来多余的"补充"呢?①

下述两方面之间其实没有必然联系:一方面是我们感觉"可[77]怜",另一方面是我们理解到底什么是"可怜"。关于"可怜"的通俗讲法,乃是基于我们对"可怜"的感觉的确定性,而这种讲法也许受到误导。难道我们对什么是可怜或不幸的理解,不是取决于对其"反面"的理解、不是取决于对幸福的理解吗?② 在描述相同或相似的人类状况的词中,不幸(kakodaimôn or kakodaimonia)一词的优点恰恰在于:其读音和构词都能使我们想起它的反面,即幸福(eudaimonia)。看起来,苏格拉底论证末尾引入不幸,意在邀请我们(从某种程度上讲超出美诺能力地)将我们的注意力转向幸福,不仅为了理解"可怜",还为了最终断定"好"东西与"坏"东西。

所有东西都要重新探讨。因为,不论过去现在,"好运气"或"幸福"(eudaimonia)都有一系列含义,这些含义覆盖一切目标,任何时代人们所追求的一切"高尚的"或者"好的"东西:健康,财富,美貌,兴旺,各种快乐,名望,权力,同别人的交流,见识。③ 我们不得不对这些目标的"正确性"或正确秩序进行断定。大部分时间,我们回避这一十分重要的任务。④ 这篇对话能帮我们应对这项任务吗?

第三节　78b3 - 79a2

[77b3 - d3]

美诺接受苏格拉底的结论,这显得美诺自己的说法中的从句无

---

① "不幸"(κακοδαιμων)极少(κακοδαιμονια[即"不幸"的名词形式]从未)见于柏拉图。在《王制》中,在关于尸体的故事中,Leontius 在对自己的眼睛讲话时用过这个词(440a3)。

② 尤其参看《会饮》,204e5 - 205a3。

③ 对参亚里士多德,《尼各马可伦理学》,I,4,1095a20 - 26。

④ 参《高尔吉亚》,472c6 - d1;亦参 470d5 - e11;《申辩》36d5 - e1。

关于定义人的德性这一目的。既然对好东西的争取显得对所有人都一样,就不会使一个人有别于或胜过另一个人。苏格拉底暗示,美诺的说法将它自身降低为这样一种断言:一个人越好,他就越能得到好东西。于是,在美诺的完全赞成下,苏格拉底将美诺的说法中的主句改为:"人的德性是得到好东西的能力。"

我们看到,美诺并未抛弃对"高尚的东西"与"好东西"的等同。

[78]我们即将体会到美诺的说法——苏格拉底提出、美诺同意的那个版本——的真相。但是,恰在检视开始之前,苏格拉底评论道:"你也许真的说得对(isôs gar an eu legois)。"我们理解,苏格拉底的意思是,美诺的说法是否为真,取决于美诺认为什么东西或哪种东西"高尚"且"好"。

苏格拉底的提问与美诺的各种答案显明,①美诺的"好东西"清单包括健康和财富,获取金银,以及城邦中的荣誉和官位。当苏格拉底问美诺清单上还会不会有别的"好东西"时,美诺毫不犹豫地回答说:"不,我指的是一切这种东西。"②为自己弄到清单上的东西,美诺显然就会觉得远离"可怜"的危险。为了在这一点上不留下任何可能的疑惑(当然,同时略带嘲讽,多少在摹仿美诺引入其"颜色"问题的方式):"好吧,获得金子和银子就是人的德性,这就是美诺这位波斯大王的世袭嘉宾所讲的话。"说这番话时,苏格拉底将所探讨的说法中的"好东西"置换为"金子和银子",却省略了"健康""荣誉和官位"——美诺大概将这些好东西理解为达到主要目的的手段,即获取财富的手段。我们还注意到,苏格拉底将这样一种理解归于美诺:人的德性在于实际上(actually)拥有金子和银子,而非有能力(dynamis)这样做。此外,这里提到美诺与波斯大王的关系,似乎是在点出美诺的收入的——可能或现实的——重要来源。

接下来是苏格拉底的攻击,该攻击采取"补充"形式。

---

① 无论是否接受 Sehrwald 的解读。
② 参 Thompson,页 106(25)。

[78d3 – 79a2]

苏格拉底问道,难道好东西的"这种获得"(toutôi tôôi porôi)不应补充以某种东西(ti)——补充以"按照人们和诸神眼中的正义"(to dikaiôs kai hosiôs)这样的话——吗?"或者,难道这对你来说没有差别? 即便有人不正义地获得那些东西,[在那样的情况下]你还说同样是德性?"

美诺否认这一点。美诺完全愿意做出这一"补[79]充"——它为苏格拉底所建议,且为人类的公共意见所支持——正如他在第一次尝试"定义"人的德性之后,很快就同意作同样的"补充"(参 73d7 – 8,73a6 以下)。毫无疑问,美诺的记忆能够再清楚不过地储存习惯上为人所接受的意见。毋庸置疑,人们认为"不正义"地获取财富是德性的对立面,是邪恶(kakia)。

苏格拉底充分利用这一观点。苏格拉底说,因此,看起来的确需要针对"这种获得"的这类补充,需要补充以"正义",或"节制",或"虔敬","或德性的其他某个部分"(ê allo ti morion aretês)。因为,若非如此,世界上所有的获取,尽管会为我们提供好东西,却都不是"德性"。而美诺——作为所有人中的一位的这位美诺——回应道:"的确,没有那些东西,怎么会有德性呢?"

由此可见——美诺接受这一推论——若得到金子和银子的过程不可避免地牵涉不义,那么,不去得到金子和银子,无论是为自己还是为别人,才是人的德性的标志。换言之,在某些情况下,有能力保持贫穷,才是人的德性的标志。因此,成功得到(ho poros)美诺提到的好东西,在构成人的德性方面,并不胜过成功地不得到(hê aporia)它们。在上述两种情况下,若"带着正义"(meta dikaiosynês)去做所做的事情,人的德性就会存在;若"不带着这类东西"(aneu pantôn tôn toioutôn)去做所做的事情,邪恶就会存在。美诺说:"依我看,肯定是你说的这样。"

我们必须注意,第一,苏格拉底在玩 porizesthai[得到]一词,该词一语双关,既使人想起恩培多克勒的 poroi[通道],又使人想起通过这些通道的流射,与此同时,苏格拉底还使用 aporia 一词,该词有许多重要含义,它表示 poros 的对立面,即贫困、需要、缺乏;①第二,更一般地来讲,在讨论美诺说法中的(经过修改的)主句时,"从技术角度"或其他角度讲,苏格拉底所使用的语言其实都非常不严格,②这反映出,苏格拉底诉诸习惯上为人接受的意见。

我们注意到,更重要的仍然是这段简短却不非常精确的交谈的结果:从字面含义上看,美诺接受苏格拉底的"补充",意味着美诺否定[80]自己的说法。导致德性的,不是得到美诺所列举的好东西的能力,而是苏格拉底标为"德性的各个部分"的东西,以及通常归于、分配给好人、有德之人的东西。

然而,苏格拉底主要关注的,不是这一否定。如果是那样,对美诺定义人的德性的第二次尝试的反驳,此时此地就可以终止。然而,苏格拉底继续论证。为什么?

我们也许会推测,此时,苏格拉底认为,美诺明显的前后矛盾体现着某种基本的——如果说通常隐藏着的话——模糊性,这种模糊性见于有关德性的、通常为人接受的那些观点。这种模糊性现在看起来正是苏格拉底的主要靶子。该推测既支持我们之前所获得的印象,也为该印象所支持:美诺的说法只是在附和通常所以为、所说、所宣告的东西,美诺的记忆是对广为接受的观点的忠实记录、翻版,稍加刺激,美诺就能将其复制。因此,苏格拉底继续与美诺一起论证,也许意味着在这一方面着手论证:在人的德性问题上习惯上通常被人认为理所当然的东西。

该论证的杠杆得到了精心的建造和准备。在讨论美诺为"定义"人的德性所进行的第一次尝试时,人的德性的"唯一性"自始至

---

① 参 Thompson,页 107(44),Bluck,页 263。

② 值得注意的是 αὐτά[它](78d6)和 ἐκπορίζουσα[得到的](78e2),在语境中,两个词都直接联系于 ἀρετή[德性](参 Stock 笺注,页 15;Bluck,页 262,263)。

终得到强调。就在美诺的第二次尝试之前,苏格拉底告诫要"以一种完整的方式"(kata holou,77a6)谈论德性,不要将德性打碎(77a7-8),要保持德性的"完整、合理"(holen kai hygiê,77a9),该提醒引入一个新的主题,该主题在之前的讨论中仅有一处暗示(katechei,74d8),这一主题就是德性的"完整性"。在讨论美诺的第二次尝试时,出现了"德性的部分"(morion aretês,part of excellence)这样一个关联短语(78e1),①该短语以不断上升的频率一再重复(79a3,b2,b5,b6,b9 以下,c5,c8,[d7]),与此同时,不要将德性打碎的告诫(79a9-10;c2-3)以及对德性"完整性"的提及再次出现。最终用来挫败美诺的,正是这种"整体"与"部分"的对立,而且这次挫败美诺凭借的是人们中间某种模糊的——虽然持存且广为流传的——意见,该意见不限于任何特定时代、特定国度。

第四节 79a3–e4

[79a3–c3]

[81]美诺想起,就在刚才,②自己被要求不要将德性打碎,不要"把它分成小份"(mê katagnynai mêde kermatizein);美诺还想起,苏格拉底提供过一个典范(paradeigmata),以便美诺给出自己承诺要给出的关于德性的答案,现在"你对我说人的德性是'凭正义'得到那些好东西的能力,你还说,那是'人的德性的一部分'"。这难道不是十足的嘲弄吗?苏格拉底接下来解释,③为什么这种回答——

---

① 对参《普罗塔戈拉》,329c 以下;《会饮》,184c6;《法义》,696b,791c,Thompson,页 107(38)。

② 对参页[71]。

③ Van Heusde 对 79b7 的解读会受到质疑:对参《克拉底鲁》398a,《高尔吉亚》497d——参 Bekker 版柏拉图集,见卷四,29,Buttermann 注;Thompson,页 241(18),Bluck,页 264 以下。Hirschig 对 78d7 的解读看起来说得通。

尤其因其附加的(美诺本人提议的)"补充"——不会成立。

该回答等于说,人的德性在于无论做任何事时都凭某"部分"德性。而要求美诺讲的是什么是人的德性的整体(参77a)。无论如何,美诺现在所说的话预设了,该问题的某个答案已然给出、苏格拉底将人的德性的整体看作已为他所知的某种东西。但是,美诺远远没有讲出什么是这一"整体",美诺所做的仅仅是将其破碎成"各部分",就像把一张大钞换成许多硬币。无论如何,我们不要忘记:不仅美诺而且我们中的大多数都承认,这些"部分"代表着某一德性。[1] 有些人显示出自己拥有这些"部分"中的一些(例如,正义、明智的节制、勇气、虔敬、行中道),我们认为这些人有好人或有德之人的特性。然而,我们并不确知其共通根源、共通特性或"公分母",即允许我们使用这些共通语词的东西。我们还不能肯定,共通性是否意味着"整体性"。

[79c3 - e4]
美诺"定义"人的德性的第二次尝试,已然被自己驳斥的这次尝试,[2]由此像第一次尝试那样显得被迫自乱阵脚,就在两次尝试时,本指望找到的都是某种"唯一且完整"的东西,得到的却是某种杂多。我们记得,其样本是对话伊始美诺为苏格拉底展示的[82]"一大窝"德性。在这方面,美诺——并非没有苏格拉底的帮助地——肆意重复自己。

新的失败使苏格拉底有机会带着这样的情绪对美诺说:依我看,美诺,我的朋友(ô phile Menôn),你应该再次(palin ex arches, 79c3;palin, c7)面对同一个老问题,什么是人的德性(ti estin aretê)?因为,"凭正义"——凭人的德性的某一部分——行动就构成了人的德性,这样的说法很奇怪。"难道你认为,一个人不知道什么是人

---

[1] 参页[56]。
[2] 参页[79]以下。

的德性本身[德性整体]时,就部分地知道什么是人的德性?"美诺说,自己并不那样认为。

苏格拉底提醒美诺,当他们在探讨形状问题时,曾尝试在给出答案时凭借仍在探究的东西,即仍然"未知"、尚就其未达成一致的东西(*dia tôn eti zêtoumenôn kai mêpô hômologêmenôn*)。"我们抛弃过这种答案,不是吗?"苏格拉底如是说,这显然是对当时发生的事情的不实陈述。美诺的记忆看上去出现偏差:他并未做出过任何尝试去更正这一陈述。相反,美诺说道:"的的确确,苏格拉底啊,我们抛弃过它[即那种答案]。"我们将不得不纠正这一记述。

在美诺的默许的庇护下,苏格拉底在结束这一阶段的讨论时,劝诫美诺不要掉进同样的陷阱。当人的德性的整体尚待探究时(*eti zêtoumenês aretês holês ho ti estin*),美诺既不应冒险,仅凭提及德性"各部分"给人揭示什么是德性,也不应将这样的手段用在其他任何方面。苏格拉底重复道,美诺应该再次(palin)面对那个问题:"你说了这么多,你到底暗指什么是人的德性?"为探明美诺(以及我们)对这种批评的反应,苏格拉底补充道:"或者在你看来我说的是无物?"美诺:"在我看来你说的对。"让我们来探讨苏格拉底的话到底对不对。

第五节

第一、反对苏格拉底给形状"定义"引入某种"未知"的东西的人恰是美诺。苏格拉底坚持自己的说法及其真实性。无论如何,依照某条规则,即一场严肃而友好的谈话必须遵循的规则,苏格拉底愿意为美诺提供某种适应其愿望的"定义"。这一定义摹仿"综合性"数学的步骤,[83]避免"未知"术语,但是,我们无法确认,该步骤本身以及在该步骤中所要求并实现的那种一致(homologia)是否适应手头的任务。苏格拉底决不会同意美诺将包含"未知术语"的答案作为完全不合适的东西抛弃。①

第二、无论"综合地"必然为真的步骤有何益处,"整体"与"部分"的关系问题并不构成该步骤的一部分。"综合"演绎或构建通常由"较为简单的"推演至"较为复杂的",而且,如果该步骤在任何时候触及"整体",那也是用"已知"元素构建出来的,不可在整体得以构建之前就将这些元素当作"部分"。

第三、虽然如此,在告诫美诺避免凭"尚待探究、尚未就其达成一致"(79d3;79d6)的东西作答时,苏格拉底使用的语言仍带有某种熟悉的"数学"味,暗示某种并非"综合性的"数学步骤。[尚待]探究的[to zêtoumenon]与[已然达成]一致的[to homologoumenon]其实是用来描述数学中的"分析"法的两个术语。它们对应于这两个现代术语:"未知的"与"给定的"。数学分析的定义,按古代的讲法,可以解述如下:分析是这样一种方法,凭借它,尚待探究的东西(zêtoumenon)("未知的"东西)被当作已然达成一致的东西(homologoumenon)(就像它是"给定的"一样),并通过连续的步骤贯彻下去,直至得出某种之前一致认可为真的东西(某种"给定"的东西)。② 它还是设"方程"(equation)的方法,这种方法由韦达(Vieta)命名为(于1591年)——与希腊数学家们的术语相一致——"分析的技艺";在十六、十七世纪,与古代传统相一致,人们认为这种方法构成"普遍科学"(Mathesis universalis)。③ 当今所有数学都是该传统的产物。就几何探讨而言,有充分的证据表明,这种分析法在古代,甚至就在柏拉图本人的时代有所运用。④

———————

① 参页[62]-[66]。

② 参页[62],注20[译注]本书页70注③。

③ 参 Jacob Klein,《希腊数学思想与代数的起源》(*Greek Mathematical Thought and the Origin of Algebra*,由 Eva Brann 从德文译为英文),1968,Part II,Sections 11 and 12 B。

④ 参 Th. L. Heath,《欧几里得〈几何原本〉十三卷》(*The Thirteen Books of Euclid's Elements*),卷一,137 以下;亦参其《希腊数学史》(*A History of Greek Mathematics*),卷一,168。关于"分析"在"算数"问题方面的运用,可引 Thymaridas

[84]第四、古代作家们①多少有些含混地将一件事归功于柏拉图本人,这件事就是将分析法——通过塔索斯的莱奥达玛斯(Leodamas of Thasos)——引入数学。他们的说法不大可能正确。但是,我们有可能理解柏拉图作品中的什么东西引发这种主张。在柏拉图对话中,《美诺》也不例外,在探讨探究(zêtoumenon)对象(无论是德性、虔敬、勇气、审慎还是正义)时,皆是从各种各样、不断变化的意见的角度出发,对话的参与者或由衷地、或踌躇地、或敷衍地持有那些意见。持有关于正在探讨的东西的某种意见,意味着将尚待探究的东西,即"未知"的东西,当作——或者在最坏的情况下假装当作——"已知"的东西。检查某种意见,意味着通过必然推理将它穷究到底,直至浮现某种显著的荒谬(某种"矛盾")或某种毫无争议地为真的东西。基于发生的是前一种情况还是后一种情况,该意见要么被驳倒,要么被证明。证明(或证实)某种意见,意味着将某种尚待探究的东西转化为已然达成一致的东西、一个人不得不同意

之 $\dot{\epsilon}\pi\acute{\alpha}\nu\vartheta\eta\mu\alpha$["花""绽放"]为例。该引证见于 Nesselmann,见其《希腊代数》(*Die Algebra der Griechen*),1842,页 232 以下;亦见于 P. Tannery,《希腊科学史》(*Pour l'histoire de la science hellène*),第二版,页 396 – 399,及其《科学家传略》(*Mémoires scientifiques*)I,106 – 110;亦见于 M. Cantor,《数学史讲演录》(*Vorlesungen über Geschichte der Mathematik*),第三版,1906,I,158 以下;亦见于 Heath,《希腊数学史》,前揭,1921,I,94 以下;亦见于 P. H. Michel,《从毕达哥拉斯到欧几里得,欧几里得之前的数学史的贡献》(*De Pythagore à Euclide*, *Contribution à l'histoire des mathématiques préeuclidiennes*),1950,页 283 – 286。对参 Diels-Kranz,第七版,I,447。

① 参 Proclus,*Eucl.*(Friedlein)([译注]即普罗克洛斯的欧几里得《几何原本》注,又称《普罗克洛斯〈概要〉》),页 211,19 – 22,以及拉尔修,《名哲言行录》,III,24。拉尔修提及 Favorinus 的 $\Pi\alpha\nu\tau o\delta\alpha\pi\grave{\eta}$ $i\sigma\tau o\rho i\alpha$(《各种探究》)(参看 Wilamowitz-Moellendorf, Letter to E. Maas["给 E. Maas 的信"] in *Philologische Untersuchungen* 3,[1880],142 – 164;H. Cherniss, "Plato as Mathematician"["数学家柏拉图"],*Rev. of Metaph.* IV,3[1951],395,418)。

的东西,意味着将迄今"不知"的东西转化为如今的确"知道"的真理。① 无论这样的证明在柏拉图对话中何其难得,只要发生过,那么这些"辩证"过程——从观念和结构上讲都是"分析性的"——都会趋向这一目的。

或许值得在此提及《泰阿泰德》中的辩证或分析程序。在相当长一段时间内,年轻的数学家泰阿泰德都在十分努力地回答苏格拉底的问题:"什么是知识(epistêmê)?"在讨论中间处(196d 以下),苏格拉底突然提出试着描述"有知"是"可耻的举止"(anaischyntein)。为什么"可耻",泰阿泰德问道。苏格拉底反问:在不知道什么是"知识"的时候,就对"有知"进行断言,难道这看起来不"可耻"(anaides)吗?[85]苏格拉底补充以这样一段评论:"实际上,泰阿泰德,我们始终在对话时沾染了不洁净(mê katharôs)。"该评论针对的是这样一个事实:在他们的讨论中,他们无数次(并且此刻再次)用过诸如"我们知道""我们不知道""我们无知""我们理解"这样的说法,仿佛他们在无知于"知识"的同时,能用这些说法彼此交流。"但是,你将以何种方式交谈呢,苏格拉底,如果你避免使用那些说法?"泰阿泰德问道。苏格拉底——看起来仅此一次地揭下自己的反讽面具——回应:"没有任何方式,就做我所是的这个人吧。"(197a1)如果他是那些好辩人士(antilogikos)中的一位,②苏格拉底继续说道,他肯定不会允许提到尚且"不知"的东西。作为坦率、头脑简单的人(phauloi),苏格拉底和泰阿泰德决定继续进行自己"不洁净"的讨论。

---

① 参亚里士多德,《尼各马可伦理学》,III,3,1112b20 – 24。
② 参看 L. Campbell 注,见《柏拉图〈泰阿泰德〉》(*The Theaetetus of Plato*),第二版,1883,页 197。对参 L. Campbell,《柏拉图〈智术师〉和〈治邦者〉》(*The Sophistes and Politicus of Plato*),1867,页 XI – XII,LIV;亦参 Thompson,前揭,页 280;亦参上文,页[62],注 21[译注,本书页 71 注①]。尤其对参《智术师》,232e2 – 5。

我们得出结论,按照苏格拉底的说法,一场严肃而友好的交谈不可避免地会提及尚未"知道"的东西,只要在无知这一点上达成一致。

第五、出现了这样一个问题:关于"整体"及其"部分"的探讨,在对意见的分析性处理步骤中有位置吗。看起来有。概言之,任何主题方面的任何意见,都可以理解为抓住了正在探究的主题的某些方面,这些方面"片面地"真实。这意味着,关于作为"整体"的主题,无论我们中的任何一个人如何错误,我们都是在探讨(至少努力探讨着)"同样的东西"。(因此,我们之间的交谈,或者像我们所说的那样,"交换意见"是可能的,而且可以富有成效。)但是,反过来讲,那意味着一个共通——尽管往往遮蔽——的立场,对话的进行离不开这个立场,所谓"整体"其实也"设置于"这个立场之上。这一"背后的-立场"(back-ground)正是有待探究的东西,其持续的在场明显地呈现于我们形成意见的能力之中,即,用"有知"的伪装遮蔽仍然"不知"的东西的能力之中。由此,辩证-分析过程其实经由各个"部分"趋向于一个"整体"。因此,我们根本不可能谈论我们不知道是什么的东西的"性质"。①

[86]第六、另一方面,有些主题与我们关于它们所拥有的意见无关,这些主题本身有"分裂",由此呈现出某种独特的困难,对《智术师》中一段文本的探讨,或许有所助益,这段文本并非无关于上述困难,以及苏格拉底和美诺直接关切的问题。

知识,据《智术师》中说(257c7-d3),尽管一个人会推想它本身是"一"(mia),却显得"破碎"(phainetai katakekermatisthai),其分离的各个"部分"中的每一个都有自己的名字。因此,我们谈论许多"技艺"和"学问"。知识的这一特质使它"相似"于一切存在的终极"本原"(archai)(《智术师》的主要论题之一),即相似于"异"(The Other, thateron),"异"之"一"(oneness)仅仅是彻头彻尾地被"分裂"为各个"部分"(258d7-e3),"异"恰如其名,因为"异"总是

---

① 参页[42]。

"异之异"(hereron heterou)。① 任一事物(any one thing)之有别于另一事物(any other thing),正是取决于"异"这一本原;任何双重性及多重性亦来源于"异"这一本原;该本原造就事物的多样性,因此最终也使一个"世界"成为可能。就"异"而言,正如就"知识"而言,"一"的含义如此难以掌握。我们或许会问:"异"究竟是"一"吗?知识是"一"吗?它们分别是一个"整体"吗?这些相当过分的问题难道不也适用于"人的德性",鉴于苏格拉底那句将人的德性同"知识"相联系的格言?② 不久前,在回应美诺承认自己无法找到独一的德性时,苏格拉底回应说"毫无疑问",难道这不是来自对独一的德性的探究过分了?③

这些问题的过分之处以及达到这些问题的独特方式,为美诺在对话开篇采取的立场——德性多种多样,在苏格拉底的帮助下,美诺一再回到这一立场——提供了正当理由,正如它们为高尔吉亚以及为人们共通、普遍地持有的意见提供了正当理由。关于人的德性的整体的问题,并不在日常谈话的范围内,无论该谈话是口语化还是"技术化"——就这个词的寻常含义而言。在这一意义上,苏格拉底在说出上面所说的话时,其实说的是"无物"。相较于有关人的德性的共通意见,苏格拉底坚持[87]人的德性的"整体性"(在《美诺》此处、也在其他对话中),看来与其说要求一个答案,不如说要求一个充满惊异的反思,反思我们平常关于该主题的所言所思背后的东西,看来要求一个停顿,要求从习惯上为人接受的东西到其遮蔽着的"背后的-立场"(back-ground)的一次转向,并以之为看事物的"完整性"的先决条件。④ 在这一意义上,苏格拉底在说出上面所说的话时,说的是"一切"。⑤

---

① 可参看《帕默尼德》,164c1 以下。
② 参页[43],[60]。
③ 参页[56]。
④ 对参《王制》,VI,486a。
⑤ 对参 Leo Strauss,《什么是政治哲学?》(What is Political Philosophy?,1959),页 38 以下;亦参其《自然权利与历史》,1953,页 122 以下。

对于美诺本人而言，让他在尝试揭示人的德性整体时不理会其熟悉的各个"部分"、假装不知整体就"不知"那些部分，这意味着让美诺放弃自己的立场。就我们关于美诺目前已经了解到的而言，我们几乎不能指望美诺服从这一彻底的要求；苏格拉底误导地反对使用"未知的东西"，我们也不能指望美诺看穿苏格拉底的这一做法。此外，美诺附和该反对，这允许苏格拉底为我们——或许并不为美诺——的好处进行追问。

第四章

第一节 79e5–81b3

[79e5–80c6]

[88]这次,苏格拉底的问题更为直接、更为唐突。"那么,再次(palin ex archês)回答吧:你们两位,你和你的朋友,怎么讲什么是人的德性?"我们理解,美诺若现在进行回答,那实际意味着美诺方面一次全新的努力。美诺的记忆对他自己不会有任何帮助。但也不会有新的答案即将到来:美诺并未就解决德性问题进行第三次尝试。美诺受够了这个"游戏"。他受够了一再居于守势。美诺明显决定"收复主动权",并且通过一个相当平常的手段做到这一点:美诺要攻击苏格拉底本人。

美诺说,甚至在自己同苏格拉底交谈之前,自己就已经听说,苏格拉底习惯做的,只不过是使自己处于困惑状态(aporein),也使别人感到困惑。这正是美诺现在所经历的——发现自己充满困惑(aporia),显然成了苏格拉底"有魔力的"法术的受害者。按照高尔吉亚(而不仅仅高尔吉亚)的标准——美诺使之成为自己的标准①——这是一种不庄重的甚至荒谬的立场。既然事已至此——美诺身边那群人正在看着——美诺准备回赠,也要取笑苏格拉底。

美诺说,苏格拉底和那种著名的海鱼——电鳐——之间,"在外表以及其他方面",显然确凿地存在着巨大的相似之处:无论谁接近它、接触它,都会被它麻翻,而苏格拉底看起来对美诺有相似的影响。

---

① 参页[41]。

自己的灵魂和嘴,美诺说,已经变麻,真的很麻,以至于不能找到并给出本应挂在嘴边的答案,尽管自己过去那么频繁——自以为——那么好地给那么多人讲过人的德性。眼下,自己竟完全(对参71a6,b3,5)不能(oude)说出什么[89]是人的德性。①(我们注意到:美诺显然认为,那是他应该能够讲的东西里面最低的。考虑到美诺惊奇于苏格拉底不能说明到底什么是德性,②美诺看到自己处于连苏格拉底都不如的境地,必定感到受辱、蒙耻。)美诺很生气,于是出言不逊、几近威胁:苏格拉底最好不要去异邦,因为,如果他在异邦沉浸于这种行为,很可能会被当作耍法术的"巫师"(goês)给抓起来。某种噩兆围绕着这段评论,只要我们想想美诺和安虞图斯之间的关系——对话下文有所提及——安虞图斯可是将苏格拉底带上法庭的人之一。③

苏格拉底对美诺的嘲笑这么回应:聪明的无赖(panourgos)就是你啊,美诺,你差点让我上当。噢,怎讲?美诺问。苏格拉底:"我看出你为什么给我画这么一幅影像啦。"美诺:"你以为我为什么呢?"苏格拉底:"为了让我回赠,给你也画一幅。我可知道,所有俊美的年轻人都喜欢别人拿他们画像,那对他们有利:美人的影像也美,不是吗?但是我不会回赠,不会画一幅你的影像。"

我们试着理解这段交谈在这篇对话文脉中的含义。

正如之前某次那样,④在"我也"(kai egô)、"你也"(kai sy)中存在着戏谑,这次是在"回赠"中。这次和那次一样,等级极度不对等。美诺认为自己遭到苏格拉底嘲弄,欲进行"报复",用麻人的鱼这样一个影像嘲笑苏格拉底。美诺还称苏格拉底为"巫师"(goês)。该词常见于柏拉图对话,⑤可能也常见于当代彬彬有礼的对谈中,

---

① 参页[40]以下。
② 参页[41]。
③ 参 Thompson,页 111(21)。
④ 参页[56]。
⑤ 《会饮》,203d8;《王制》,卷十,598d3;《智术师》,235a8;《治邦者》,291c3。

用来描述"有技艺"的人、"智术师"。苏格拉底回击,称美诺——当然,开玩笑似地——为"无赖"(panourgos)(还在下文中多少有些强调这一称谓,81e6)。① 这又是一个特别适合描绘"智术师"的词,也许比其他任何词都合适,因为,"知道所有东西"(panta epistasthai)、②"知道[90]如何凭独门技艺制作、处理一切东西"(poiein kai dran miai technêi synapanta epistasthai pragmata),③这是智术师这门"职业"的根本要求,无论该要求是明言④还是暗示。但是,这种相互"辱骂"并不对应于某种相互"画影像"。按照苏格拉底本人,当看起来苏格拉底正要反过来呈现一幅美诺的影像时,苏格拉底拒绝玩这个游戏。⑤ 何故?

难道不是因为不需要任何影像?美诺的灵魂,在美诺活着时,大概会被苏格拉底剥个"精光":⑥美诺会被展现为自己之所是,人皆可见。剥的过程已经进行得相当深入。苏格拉底加强语气地拒绝画一幅美诺的影像,我们猜测,这是让我们为美诺"除衣"的最后一步作准备。从这一意义上讲,在相互威胁方面,就有了充分的——即便仍然不对等的——回赠:无论美诺怎么想,处于危险之中的既不是苏格拉底的生命,也不是美诺的生命,而是他们二人的德性。没人能讲出美诺的一幅可靠影像——"美"——看起来会是

---

① 对参亚里士多德,《尼各马可伦理学》,卷六,12,1144a23 – 28。
② 《智术师》,233a3(对参 239c6:πανούργως)。
③ 《智术师》,233d9 – 10(对参《王制》,卷十,598c7 – d5;《泰阿泰德》,177a7 – 8;《欧蒂得谟》,300d7 – 8)。
④ 参《希琵阿斯后篇》,368b2 – e2,此处列举希琵阿斯应该非常胜任的——除计算、几何、天文之外——各种技艺;在这些技艺中,τὸ μνημονικὸν τέχνημα[记忆的技艺]得到特别强调。
⑤ 对参《王制》,卷六,487e6 以下。(参 Thompson,前揭,页 112)。
⑥ 对参《卡尔米德》,154d – e;《拉克斯》,187e – 188a;《泰阿泰德》,162b3,169a6 – b4;《高尔吉亚》,523c – e,524d;亦参《王制》,卷六,487e6;以及本书页[190],注 71[译注]本书页 217 注⑤。

什么样。

[80c6–e5]

苏格拉底质疑电鳐影像的可靠性,因为,我们不清楚那种鱼——在麻翻接触者的同时——自己会不会麻翻。至于他本人,苏格拉底说,他既使别人困惑,也共有这种困惑。使他把困惑状态带给别人的,首先正是他本人的困惑状态。如果那种鱼,苏格拉底说,也会遭受麻木,那么他,苏格拉底,的确与它相像;否则,他就不像。于是,苏格拉底试着安抚美诺,试着再次回归主要问题:"那么好吧,至于人的德性,我不知道什么是它,而你过去也许的确知道它,就在你接触我之前,但是现在[接触过我之后],毫无疑问,你就像个不知道的人。尽管如此,我想要和你探讨什么是人的德性,和你一道探究它。"

[91]恰在此时,美诺给出关键性的反对意见。根据苏格拉底(夸大而简单化他)对它进行的扼要重述判断,① 正如我们可以预料的那样,该反对意见属于储存在美诺记忆中的武器库,里面是著名的论题和论证。

美诺说,你如何能够探究某样你对它一无所知的东西?在你所不知道的所有东西中,你会将哪样东西设定为探究的目标?即便你有幸正中目标,你又如何得知它就是你所不知道的那个东西?

苏格拉底:"是的,我完全理解你想说的是什么,美诺。"苏格拉底接着说,话锋指向美诺出海捕鱼并捕获电鳐的历程:

看,你正在登陆(katageis②)的这个论证有多诡辩③啊!

---

① 尤其根据"τοῦτον"[代词"这(样东西)"]一词得以强调的方式(80e2)。亦参《欧蒂得谟》275d2以下(对参Thompson,前揭,页113以下)。

② 对参荷马,《奥德赛》,卷十九,186,奥德修斯带着爱意与谎言向妻子报告,风的力量如何使他登陆(κατήγαγεν)克里特。

③ 参页[62],注21[译注]本书页71注①。

[该论证说]也就是说,人无法探究[任何东西],无论自己知道的东西还是自己不知道的东西:他当然不会探究自己知道的东西,因为他知道它,无须探究;他也不会探究自己不知道的东西,因为他不会知道去探究什么。

我们不会看不到,无论电鳐有何效果,这段论证肯定会给接受其有效性的人带来麻木,因为他们不会徒劳地尝试改善自己的知性,无论主题为何,他们也不会在这个方向上做出任何运动,宁可"原地不动",①心满意足、毫不羞耻地怠惰下去(argoi,86b9)。这会成为美诺的特权,只要他运用该论证麻翻别人还有自己。

在这个时候,还可以观察到以下几点。

第一、在高度精确地复述该论证时,苏格拉底谈到"知"者与"不知"者,而美诺完全没有提及"知者"。

第二、美诺的攻击带来一个论题,是对话此前并未明显触及过的,即"探究"(zêtein)与"学习"(manthanein)的论题。无论如何,我们可以回忆起对 manthanein 一词的某种强调(包括其双重含义:"理解"和"学[92]习"②)(72d1,2;74b3;75e6)、对 zêtoumenon 一词的含混用法③以及对 peiran[尝试]一词(73c6;75a1,8;b8;d7;77a5)——主要与请美诺作答相关——的充分强调。正如我们看到的,美诺非常显然不情愿做出苏格拉底所要求的努力。看来,美诺在全篇对话中的举止,与他刚刚提出的论证所导致的后果一致。

第三、就其本身的优点而言,该论证不乏说服力,除一个缺陷之外。该论证预设一片满是"洞"的土地,可以说,每个"洞"代表某种"未知"的东西,且与其他任何"洞"没有任何关联。按照这一观点,

---

① 参页[44]。
② 对参《欧蒂得谟》,277e5 – 278a7;亚里士多德,《辨谬篇》,4,165b32 – 34。
③ 参页[82]–[84][译注]除"探究"外,还有"寻求"、"找到"等含义。

任何"未知"的东西都分离、孤立于其他一切东西。该观点忽视"未知"通常将自己呈现为"未知"的方式,即对未知的察觉常来自问题,当我们开始意识到我们经验的某些已知"片断"之间有不一致或缺乏关联时,那些问题就会"自然地"浮现。的确,我们对这些"片断"的熟悉往往会模糊它们固有的不完整及其相互关系。若尝试直接反驳该论证,则不可避免会使我们再次面对"整体"及其"部分"这一问题,更不必说"知"与"不知"问题、"问"与"答"问题,以及问与答在其中完全可能的某个世界的结构问题。该论证直指事物的根柢。

[81a1-b3]

美诺对该论证的力量有信心。"难道你不认为,这是一个美的论证,苏格拉底?"美诺这般问道,看起来洋洋自得。"不。"苏格拉底说。美诺:"你可以告诉我为什么吗?""可以。"苏格拉底说。苏格拉底以一种相当庄严的语气说道:

> 因为,我听一些男人和女人——他们具备关于至高无上的事物(ta theia pragmata)的专门知识——说过……

苏格拉底并未说完这句话。他停顿下来。

在柏拉图对话中,有许多苏格拉底打断自己谈话的实例。作为惯例,这样的打断往往发生在苏格拉底正要谈论某些相当关键、重要的东西的时候,发生在苏格拉底接近触及真理的时候。在这样的情景下,苏格拉底表现得似乎在"看自己内心的什么东西[93]"(pros heauton ti skepsamenos),①就像在《会饮》中他有时不参与讨论时所做的那样——依据《会饮》中阿里斯托德莫斯(Aristodemus)

---

① 《斐多》,95e7。对参《斐德若》277d4-6。

和阿尔喀比亚德的见证。在那些时候,苏格拉底站着不动,①迷于探究,不受身边任何事物影响,进行反思,也就是说,"凝视自己的内心"。② 这样高强度的反思可以持续一整夜。③ 但是,无论这些时段有多集中、强烈、持久,它们看上去都并非不同于苏格拉底在与人交谈时发生的那些短暂的停顿。我们此时正在见证一段短暂的"内心"凝视,我们禁不住想知道,这次停顿预兆、意味着什么。

苏格拉底这句话前半句("因为,我听一些男人和女人——他们具备关于至高无上的事物[ta theia pragmata]的专门知识——说过……")之后,至少有片刻沉默。陷入沉默后,美诺相当不耐烦地插话:"说的什么?""一些真实的东西,就我所见,也是高贵的",这就是苏格拉底极为温和的指责。激动起来的美诺继续说道:"那是什么,说的人是谁?"苏格拉底精心斟酌的回应并未就"说的人是谁"提供任何具体信息。他的回应仅仅提到,第一,祭司和女祭司们中的某一种,即,那些专以能够就其所关照的神圣事物给出合理解释(logon didonai)的人;第二,许多诗人中的某一种(同上)——品达位列其间,即能将下述两方面结合起来的那种,一方面是他们运用语词的技艺,另一方面是通达至高无上、神圣层面的能力。在上述两点中,苏格拉底强调的是,与神圣级别的事物(to theion)的某种亲近,以及谈论(而非含混其辞)该事物的能力——在处理手头难题时,两方面皆不可或缺。于是,苏格拉底最终诉诸这些人说了什么,且并非没有提醒美诺:"但是请考虑,在你看来,他们有没有说出真理。"

显然,美诺与苏格拉底在目标和兴趣上有分歧。苏格拉底关心[94]美诺引入讨论的论证、论证带来的问题的正确解决方式,

---

① 《会饮》,175a7–9;220c3–5。

② 《会饮》,174d5: τὸν οὖν Σωκράτη ἑαυτῷ πως προσέχοντα τὸν νοῦν... [……苏格拉底独个儿想什么想得入神](对参《卡尔米德》,160d5–6, e2–3)。

③ 《会饮》,220c, d。

以及事情本身的真理;而美诺受苏格拉底刺激,看似觉察到一个机遇,可以给自己巨大的宝库——记忆——中增加某种"新"东西。因此,美诺在感兴趣于苏格拉底即将泄露的——有希望成为自己智慧中值得记忆的一部分的——内容的同时,同样感兴趣于其作者。

我们理解,苏格拉底与美诺的这一分歧,在某句话的句法中有所预示,那句话请美诺讲述他自己和高尔吉亚关于人的德性的想法,并且暗示两方面的矛盾,一方面是知道某种事物,另一方面是知道某人关于该事物说过什么。① 我们须留意,此时此刻,苏格拉底也在准备汇报自己听别人说的东西。

第二节　81b3 -- 82b8

[81b3 – d4]

这便是苏格拉底不得不讲、得自耳闻的故事,他将其归于一群优等、大体来说匿名之人。我们不应忘记,这个故事意在抵消美诺关于学习的不可能性的论证。

人的灵魂不死。有时,它停止自己在我们这个世界的逗留——我们称之为"死去";有时又重归于此——我们称之为"降生";但灵魂永不毁灭……因为灵魂不死、多次降生于我们这个世界,因为灵魂由此看见过(eôrakyia)此世的事物以及下界的事物、看见过一切事物,没有任何东西它不曾学过,因此没有任何东西它并不知道(memathêken)。于是,毫无疑问,在此世时,灵魂能回忆(anamnêsthênai)自己之前已然知道的、有关人的德性以及其他事物的东西。因为已然涌现(physis hapasa)的一切,都在贯通(kinship)中相联系,又因为灵魂学过因此知道(memathêkyias)一切,所以,一

---

① 对参页[45]。

个人,只要他回忆起哪怕一件事物,或者像我们所讲的那样"学到"一件事物,都完全有能力想出(能够回忆起)其他一切,只要此人有勇气、不厌于探究。

刚刚再现的这一系列想法,在苏格拉底的说辞中,被一个论点打断,①该论点并非直接关涉[95]主题,却是一个必然推论:因为灵魂的不死本性、因为灵魂仅仅暂时逗留于我们的世界(dia tauta),一个人应该以最为神所喜(hôs hosiôtata)的方式度过自己的一生。品达引文所支持的,正是这一必然推论,而主题从品达处得到的支持仅在于暗示。这些诗句,这些占据苏格拉底说辞中心位置的诗句,谈论的是灵魂,灵魂因久远的错误而付出代价,由此得以净化,在一段时间之后("在第九年")由佩赛普丰妮(Persephone)自哈德斯(Hades)遣回,重见天日;正是在这些灵魂中,浮现出恢宏的王者,以及拥有闪电般的力量、超凡脱俗的智慧的人,在今后一切世代,人们都会称他们为无瑕的英雄。

品达的诗句吟诵某些人的德性。我们看到,在苏格拉底关于自己听别人所讲的东西的说辞中,德性之歌为学习主题所"密封"。

灵魂的不死本性与此世的人的德性之间暗含的联系是,除非灵魂不死,否则佩赛普丰妮便不能得到某些罪过的代价,不能赦免犯下那些罪过的作恶之人,使之免于哈德斯的囚禁。这一关系仍然有些模糊。

学习主题并未作为论证呈现于此。它出现在一个故事、一个神话中。我们应更加仔细地看看它的典型特征。

第一、任何神话都会描述行为、事件的某种时间顺序,②其遣词往往来自我们平常的经验,但并非总是与之相称。灵魂尽管并不受制于死亡,却受制于变化。灵魂不仅仅隔一段时间就改变自己的寓所——它还在过去学过相当长一段时间。有迹象表明,"学习"的

---

① 参 Thompson,页 120(30);Bluck,页 277。
② 对参《王制》,卷三,392c6 – d4。

过程已然结束:这个动词用了两次,都是完成时态。因此,灵魂知道。但是,两次完成时态的使用并非没有含混之处:灵魂在过去某些时候一直在"学习",这一说法若从字面理解,美诺的至关重要的反对意见就完全适用于不死的灵魂本身最初的"学习"。

第二、然而,这种"学习"被描述为"看"。既然至少在某段时刻,灵魂大概没有[96]身体、因而欠缺感觉器官,那么,灵魂所"看"之物其实并不完全是可见之物,而"看"本身的含义也便不是我们熟悉的那种。

第三、苏格拉底说辞中极为重要的一段是这样一种近乎随意为之的说法:"已然涌现的一切,都在贯通(kinship)中相联系(tês physeôs hapasês syngenous ousês)。"因为,没有这一假定,整个说辞就不成一体。凭借该假定,任何事物、灵魂回忆起的任何片断,都可以理解为某"整体"的一个"部分",可以追溯至某个共通本原。"涌现"(physis)一词同贯通的假定、同一切存在物的共通谱系(syngeneia)合调。该假定使世界成为一个"整体"。

第四、学或看包含——并不必然可见的——一切事物。在某个特定时刻,灵魂必定充盈着完全的知识。我们通常——且不论多么晦暗、模糊地——将灵魂一词与生命现象、与活着的——因而与死去的——存在者联系在一起,与"有生气的"存在者联系在一起。此处,灵魂看起来获得了某种多少有些不同的地位,考虑到灵魂在死亡的掌控之外,而且是知识的终极领受者。"学习"的神话式说辞,看起来意味着不同于通常为人接受的、这样一种意义上的"灵魂":它看起来联系着包罗万象的知识,以及世界作为"整体"的方面。正是由于"灵魂"这种包罗万象的特征,以及"灵魂"在其整体性方面同整体的关系将神话内容归于至高或神圣层面才成为可能。因为,"神事"(ta theia pragmata)之"至高",在于其包罗万象。

第五、我们回忆已然遗忘的事物的能力——无论我们于何时相当神秘地意识到他们已然被遗忘——以及故意地、积极地、"努力地"这样做的能力,取决于我们"看我们自己内心"的能力。我们闭上眼时,才追忆得最好。该神话强调我们回忆、学习能力的这一方面:"知识"的积聚是"内在的","内在于"灵魂。

第六、对"学习者"的勇气和不倦探究的提及发生在一个条件从句中,这个从句恰位于苏格拉底说辞收尾处。但是,我们想知道,从事探究所需要的勇气何时可能到来、一个人如何指望保住探究所需的不倦努力。可是,正如苏格拉底即将澄清并且后来重复强调的那样,在我们刚刚听到的故事中,对苏格拉底而言,没有什么比对勇气以及[97]不倦努力的强调更加切题。

[81d4–82b8]
接下来这句话,"因为探究和学习——我们必须得出结论——无非就是回忆"(to gar zêtein ara kai to manthanein anamnesis holon estin),看起来既暗指故事本身的结论,又暗指苏格拉底本人从故事中得出的推论。意味深长的是,苏格拉底所讲的、声称"来自传言"的故事与苏格拉底自己对这一故事的贡献或解读之间的界线,并不容易辨识。但是,紧接下来,针对美诺所拥护的学习的不可能性的论证,坚持进行反对的正是苏格拉底,而这正是可以从回忆神话中得到的主要教训。苏格拉底说,上述论证听不得,因为它会使我们怠惰,只有对软弱的耳朵来说才是甜美的音乐,而苏格拉底方才讲的故事使我们积极,渴望参与探究。出于对该故事中的真理的信任,苏格拉底再次刺激美诺,准备再次同美诺一起探究这一问题的答案:"什么是人的德性?"

"好",美诺说,他显然着迷于自己听到的东西。美诺看起来尤其感兴趣于这样一个论证,确切地说就是,没有"学习"这回事。所谓学习只不过是"回忆"(anamnêsis),难道这一断言不等于对自己经验的附和,不等于自己的"记忆"?[1] 那可如何是好? 苏格拉底能

---

[1] 参页[72],注2[译注]本书页82注[2]。

否不教(didaxai)美诺如此这般?

显然,美诺没有意识到自己的要求自相矛盾:他想学的是,人并不学。

我们会想给美诺上一课,告诉他这一矛盾。但是,难道这一告诉行为不会使我们同样容易受到攻击? 我们所有人其实都可能犯同样的错。苏格拉底不愿遵循这一样本。苏格拉底并未指出美诺的谬误,反而将这样一种意图归咎于美诺:使他——苏格拉底——卷入某种致命的矛盾的意图。因为,苏格拉底的故事暗示,没有"教"(didachê)这回事——若"教"被理解为把知识"灌输"给学生这样一种活动:如果学在于"回忆",学生就不可能在别人所说的话中找到知识,只可于自己在内心中找到的东西中找到。在将这种聪明的意图归于美诺时,苏格拉底再次将"无赖"(panourgos)这一诨号丢给美诺,并[98]提醒美诺、也提醒我们,不久之前,苏格拉底已然这样做过。

美诺坦率地发誓自己从未有过这样的意图,通过解释自己为什么说了所说的话,美诺确证了苏格拉底之前对美诺的方式的描述以及我们所得到的关于美诺的印象。① "我这样是出于习惯",这是美诺的话。其实,美诺一直想要"被告知"。既然如此,美诺想要有人更为可靠地"证明",学习就是苏格拉底说的那样——看起来相当通情达理——还让苏格拉底承担这一证明任务,②如果苏格拉底知道能够完成这一点的任何途径。"这可不容易",这是苏格拉底对美诺的请求的反应。(我们禁不住将苏格拉底的这份谨慎态度,与美诺表现出的自我确信进行对比——在对话开篇处,美诺曾就人的

---

① 参页[41],[58],[69],[71]。

② 美诺用的词是"ἐνδείξασθαι",在此处文脉中以及按照苏格拉底(尽管并非美诺)的观点,可以很好地译为"immonstration"[否证](参 Ast, *Lexic. Platon.* [《柏拉图辞典》], vv. ἐνδείκνυμι 和 ἔνδειξις, 亦参 A. E. Taylor, *A Commentary on Plato's Timaeus*, 页317)。

德性进行演说。① 我们被迫进行比较,正是这一事实提醒我们,在当前关于学习以及随后的"证明"中,处于成败关头的仍是人的德性。)虽然如此,苏格拉底仍在继续,为美诺起见,苏格拉底愿意做出一次尝试以满足美诺。苏格拉底将"展示"——给美诺,给美诺周围的人,也给我们——"学习就是回忆":苏格拉底不会谈"到"它,因为那无助于事,而会进行自己所反对的那种意义上的"教";苏格拉底会通过呈现一个实际"回忆"的实例表明自己的意思。这将是一次演示(*epideixis*)。

苏格拉底请美诺在众多随从中唤出一个,随便哪个,以便苏格拉底在他身上(en toutôi)进行演示。美诺应下。一个小奴隶走上前来。苏格拉底确定自己和小奴隶讲的是同一种语言。② 在对小奴隶说话之前,苏格拉底让美诺仔细留意(proseche…ton noun)下面要发生的事情,以便能够判断小奴隶到底是在凭自己回忆还是从苏格拉底学习。美诺说他会。我们亦然。

"演示"的舞台已经搭好。

第三节

[99]我们不要忘记,更为重要的演示,是美诺作为主要参与者置身其中的那一个。这一演示最"说明问题"的部分,始于美诺提出学习是可能还是不可能这一问题。该演示现在看起来将至顶点。

我们必须意识到,对话到了这一阶段,会照三个层面同时进行下去,前两个是"摹仿"。第一,苏格拉底与小奴隶之间的一场对话,其间,小奴隶本应"学"到某些东西,并且通过这样做时所凭借的方式证明,学习只不过是回忆。第二,美诺(及其随从)受到催促

---

① 参页[46]。
② 参《卡尔米德》,159a6–7。

来观察这段对话，以便学到（即"回忆"）"学习就是回忆"。第三，我们读者或听众们，必须观察美诺和小奴隶的表现——他们的表现在我们面前展现为行动的摹仿——以便学到（即"回忆"）我们自己关于人的德性的一课。

尽管上述三个层面环环相扣，我们接下来还是要尽可能尝试使其彼此分离。

第四节　82b9–85b7

小奴隶必须找出一个问题的答案，这个问题可以用"专门"术语表述如下：已知某正方形边长，那么面积为该正方形两倍的正方形边长为何？鉴于小奴隶之前在几何方面从未受过任何教育，正如我们可以猜到、正如接下来（85d13–e6）将得到明确表述的那样，"专门"语言减少至最低限度，"正统的"（综合的）几何方法在小奴隶与苏格拉底的对话中也完全没有得到运用。此外，正如我们一开始就知道的那样，正如美诺之前本应听过的那样，①已知边及所求边是不可公度的量（incommensurable magnitudes），②用已知边长表示答案，"不可能"。③ 至多可以画出或者"展示"这条边。在探究的每一个决定性转折点，苏格拉底都会暗示这一状况。

除两次被苏格拉底与美诺的交谈——这些交谈属于我们更为迫切地关注的那种演示——打断之外，寻找答案的过程通过三［100］阶段展开。这三阶段紧密并行于苏格拉底与美诺的讨论的三阶段，当时他们正在就人的德性的"一般性"方面对其进行讨论——该讨论至此并未完成。

---

① 参页[62]，[64]。
② 参欧几里得，《几何原本》，卷十，定义一。
③ 若不论笛卡尔之后的各种表示法和观念。

图一

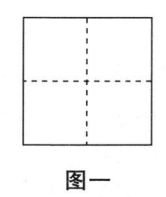

阶段一(82b9 - e3)。苏格拉底在沙土上画出四条线段,围起某个"空地"(chôrion)(见图一),问小奴隶是否熟悉这种叫做"方形空地"(tetragônon),的"空地"。① 小奴隶说自己熟悉。苏格拉底再画下"通过中间"的线段,这些线段便于将该正方形的边长指定为两尺(two feet)。很快便确定,所探讨的正方形有四("平方")尺。问题在于:若有一片地,与此同形,但有两倍大那么其边有多长,或者更"专门性地"讲,两倍大小的正方形边长为何?

若将下面两方面进行比较,会很有意思:一方面是苏格拉底敦促小奴隶就问题给出自己第一个答案时的措辞,另一方面是美诺做出第一次尝试之前苏格拉底的措辞。当时苏格拉底说(73c6 - 7):做一次尝试吧,去讲——去回忆……;此时苏格拉底说(82d8):做一次尝试吧,讲给我。此时,"回忆"一词被省略。对美诺而言,要回忆的是高尔吉亚的说法。对小奴隶而言,要做出任何"回忆",回忆的都是小奴隶自己已然知道的某些东西,或者更神秘地讲,回忆的是他"内在"的灵魂"以前就知道"的某些东西。没理由敦促小奴隶去"回忆"——他不会理解自己被要求去做的事情——他只是去做而已。

小奴隶也无法看到,在第一次敦促时,针对所讨论的线段,苏格拉底使用的 pêlikos[多大、多长](82d8)一词暗示出所求答案的不

---

① τετράγωνος[方]这个词既是"专门性的"(参欧几里得,《几何原本》,卷一,定义二十二),又容易理解,但是 χωρίον[面]——就像 πέρας[界限](参页[65],注31[译注]本书页74注①)——具有更为口语化的本性。欧几里得用过 χωρίον,但未加定义。

可数特征。① 就其"专门"意义而言,pêlikos[多大、多长]一词主要指连续的量(而非不连续的各个单位,其集合构成一个"数目",我们在将某个"数目"指派给某物时,会对其进行"计数"),由此暗示可能的"无共度性"(incommensurability)。②

我们终于看到,在小奴隶有机会[101]回答之前,苏格拉底以这样一种方式改述问题,以便使小奴隶不可避免地如下作答:"这片空地[指向图一]的边长有两尺长。另一片两倍大小的空地的边长会是多少呢?"小奴隶:"显然(dêlon dê⋯hoti⋯③)是那个长度的两倍,苏格拉底。"

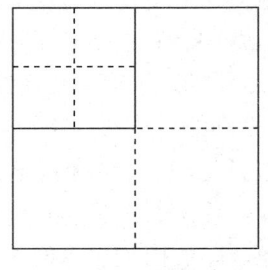

图二

第二阶段(82e14 – 83e2)。小奴隶立刻遭到反驳。苏格拉底画下四条线段(见图二),每条有之前画下的两倍长,通过一系列问题,苏格拉底让小奴隶看到,得出的"方形空地"是之前的四倍,而所求的仅仅是两倍。这第二个图形还帮苏格拉底准备好一个途经,以便小奴隶做出第二次尝试。准备过程以苏格拉底的问题告终:"[两倍的空地]会不会得自这样一条线,它比那个长[指向图一的一条边],又比这个短[指向图二的一条边]?"④以苏格拉底用提问

---

① 对参 ἀπὸ ποίας γραμμῆς[由哪种线],83c3 – 4;e11 以下;85b1 – 2 以及 ὁποία[哪种],82e5。

② 参欧几里得,《几何原本》,卷五,定义 3。

③ 参 Thompson,页 131(36);Bluck,页 296。

④ "τοσαύτης"[那个](83c8)和"τοσησδί"[这个](d1)这两个词指向这样一个事实,这两条线段的长度可数。

形式得出结论的做法告终,结论是,两倍空地的边必须比两尺的那条长、比四尺的这条宽。小奴隶同意。

于是,苏格拉底再次敦促小奴隶为所提出的问题提供答案(83e1)。正如在美诺进行第二次尝试之前,苏格拉底于敦促(77a5)中再次用到 pêlikos[多大、多长]一词,此处,该词亦再次出现,其全部意义并未被小奴隶注意到。再一次,几乎不可避免地出现小奴隶的第二个答案:两倍空地的边的长度是"三尺"。

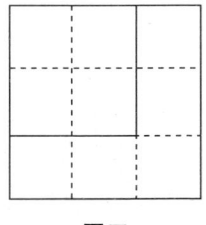

图三

第三阶段(83e2 – 84a2;84d3 – 85b7)。苏格拉底画下一个新图(图三),便很轻易地驳倒了小奴隶的第二个答案,在该图中,已知正方形各边延长至三尺。得出的"方形空地",正如追问得出的那样,有九("平方")尺,而非所求的八("平方")尺。因此,"三尺"不可能是所求之线的准确长度。苏格拉底敦促小奴隶第三次给出所追寻的答案时,并未多加"准备":"做一次尝试吧(peirô),准确地(akribôs)告诉我[答案]。如果你并不想要计数(arithmein)[以便说明尺的数目],那就指示(deixon)出[两倍正方形]起于什么线吧。"我们再次看到,苏格拉底——这次,在该情景下尽可能清晰地——指出已知线段和所求线段的不可公度性。

[102]针对这一敦促,小奴隶引人注目的反应是,他真的不知道。他的无知(aporia)显而易见。

为帮助小奴隶摆脱困惑,苏格拉底回到自己的第一张图,将其完成(图四),以便正如在图二中一样,拥有一个十六("平方")尺的方形空地。苏格拉底画下新图之后,继续追问,确定小奴隶"理解"

图四

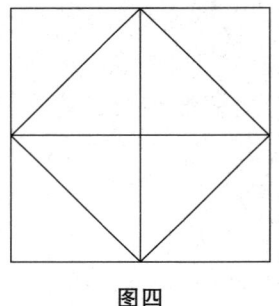

(manthaneis?,84d4)、记得之前所说的(ê ou memnêsai,84e3)。在(与已知正方形相等)的四个正方形中,有四条对角线,它们构成一个新图形——画下这些对角线的正是苏格拉底。每条对角线将各小正方形一分为二,且四条对角线等长,正如小奴隶能够看到(或者认为自己能够看到)的那样。苏格拉底请小奴隶思考这些对角线围起来的空地,问道:"这块空地有多大(pêlikon[①]ti esti touto to chôrion)?"小奴隶没有答案:在这一点上,他没有跟上苏格拉底。小奴隶说的话是:"我不理解(ou manthanô)。"通过一系列问题,变得显然的是,这片空地(小正方形的四个一半)准确地(akribôs)就是所求正方形的二倍。问题的解答就在手边。"[两倍正方形]得自什么线?"苏格拉底问道。小奴隶指着一条对角线说:"得自这个。"苏格拉底相当庄严地为这一结论加上封印:"如果'对角线'是这样一条线的名字[就像'专家们'所称的那样],那么,正如你这个美诺的小奴隶所说的,两倍的空地得自对角线。"小奴隶最后一句话是:"肯定是这样,苏格拉底!"

苏格拉底与小奴隶之间这番谈话中,直来直去的问-答样本仅被打断一次,那是苏格拉底所做的一次看似边缘化"教学"评论。在回应苏格拉底诸多提示性问题中的一个时,小奴隶说(83d1):"是的,依我看就是这样(Emoige dokei houtô)。"于是,苏格拉底说:

[①] 参欧几里得,《几何原本》,卷十,定义 2-4,及本书,页[100]

"很好,依你看[为真的](to…soi dokoun),就这样答!"①苏格拉底想听的,是小奴隶自己的意见。但是,难道苏格拉底不是自始至终在以一种相当明晰的方式"操纵"那些意见?

在回到牵涉美诺本人的主要演示之前,我们必须仔细探讨这个问题,以及整个小奴隶"演示"。

第五节

[103]第一、在所有问答的近乎一半中,小奴隶所承担的仅仅是最基本的计数、计算技能,略多于处理所画图形的纯粹"几何"性质的回答,但是,无论答案如何貌似有理甚至正确,它们都缺乏专门性的准确和可靠。只有苏格拉底的少数问题,其实只有第一次敦促之后的那一个问题以及第二次敦促之前的那几个问题,方可算作是在公然诱使小奴隶给出错误答案。但是,这几个问题其实对"演示"而言"具有决定性"。此外,探究所采取的方向完全决定于苏格拉底所问问题的次序。最后,正是苏格拉底画下所有这些图形,尤其是问题得到完全解决所依赖的对角线。

因此,可以恰当地说,苏格拉底将答案放入小奴隶之"口"。苏格拉底有没有将这些放入小奴隶之"心"?

第二、苏格拉底所问的所有问题,除那个主要问题之外,都只容许三类回答:(a)"是",(b)"不是",(c)计数或计算的结果。与此相应,小奴隶的回应要么是直接表示赞成(事实上,大部分时间是这样),要么直接(甚至强调地——83b7)表示否定,要么仅仅是算术性的。只有三次背离上述样本,这三次都与主要问题直接相关:(a)小奴隶着力宣称无知("我不知道"——84a2),(b)面对由四条对角线构成的正方形,小奴隶一开始的无助("我不理解",

---

① 参 Thompson,页 236(4);Bluck,页 300。

85a以下），(c)小奴隶指向对角线(85b2)。"算术性的"答案除两个外都正确，那两个都在苏格拉底的"提示性"问题下得出。导致这两个错误答案被驳倒的问题，不要求在回答的样本中做出改变。断定苏格拉底是否将答案"放入小奴隶之口"，换言之，断定苏格拉底是否"操纵"小奴隶的意见，意味着判断小奴隶的"是"与"不是"的深意。

第三、暂且不论我们陷入迷惑的可能性，使我们在所遭遇的问题面前别无选择、只能回答"是"或"不是"的，究竟是什么？难道我们[104]在这方面实际上有选择？我们有，但这种选择不是在"是"与"不是"之间，而是在得出答案的两种可能途径之间。

我们可以依靠某些与问题不相关的东西作答，例如，依靠我们取悦或伤害其他人的欲望、满足自己虚荣的冲动、对珍爱的计划的追求，或者简单地、经常地依靠我们听别人说的话。这种方式很可能得到选择，无论问题关切我们从过去到现在的际遇、周遭，还是关切我们对任何主题的思考。

另一方面，我们可以依靠问题所关切的事情作答。如果问题是关于某些事件，而这些事件在某种程度上牵涉我们自身，那么，我们就会像我们所说的那样，试着就它们给出"真实的"解释，无论该解释会带来什么后续影响。如果问题问的是，在某给定主题上，我们怎么想，那么，我们会试着发现、阐明看起来必然内在于或联系于该主题的东西。小奴隶和美诺都不得不回答的，正是这种问题。[①]

但是，除了凭借我们对某给定主题的思考(dianoeisthai)，或者除了在这种思考中，我们又如何可能发现内在于或联系于某给定主题的必然性？于是，我们拥有的选择，就我们的回答所涉及的程度而言，就是使我们自己要么服从、要么不服从于我们的思考所揭示的必然性。对我们去服从或者不去服从的能力而言，这是唯一的必然性。

---

① 对参《卡尔米德》，165b5以下。

因此,这第二种回答方式要求我们——在寻求正确答案时——看"我们的内心",如果可以说我们的思考发生在我们"内心"的话。(我们从未彻底抛弃这种说法。)在苏格拉底报告"回忆"故事之前的停顿中,难道我们没有见证这样一种内在的凝视?

且不论我们当时必然犯的错误,这种"对自己内心的看"会让我们理解、使我们学到,摆在我们面前的问题必然为真或必然为不真,进而迫使我们视情况而回答"是"或"不是"。

第四、上述两种回答方式是两种得出"意见"(doxa)的方式。我们可以确定或否定[105]问题所包含的"命题",从而出于"外在"的理由,尤其凭借"重复"别人所说的发表某种意见,正如我们时常做的那样。或者,我们可以赞成或反对该"命题",从我们内心得出对它的赞成或反对。这种对某条命题的赞成或反对,这种 phasis[断言]或 apophasis[否定],①构成另一种意见。这种意见不能被"诱发""操纵",因为其来源并非"外在于"其持有者。这种意见是我们就某给定主题的独力思考的完成(dianoias apoteleu têsis②)。

第五、小奴隶遵循的是第一种方式还是第二种呢?他回答得是不是多少有些随意,或者可能意在取悦苏格拉底?或者难道我们没有机会观察到,小奴隶(或错误或正确地)赞成或反对的东西恰恰来自苏格拉底,而同意或反对恰恰来自小奴隶自身?小奴隶的"是"与"不是"表明他自己认为真或不真的东西:它们代表他自己的意见的程度,不亚于算数答案代表他自己的计数、计算结果的程度。

---

① 《智术师》,263e12(对参亚里士多德,《尼各马可伦理学》,卷六,9,1142b13 - 14)。

② 《智术师》,264b1。如何在我们的思考中到达这一尝试性的或相对性的完成阶段——往往以感性知觉、已然确信的意见为前提条件——在《斐勒布》38b12 - 39c6 中有生动的描述。

我们有机会观察到这一点,鉴于我们内心中一直在确定或否定小奴隶的答案和意见。苏格拉底那段边缘化的教学评论,①其实可以理解为在针对小奴隶的同时也针对美诺。难道美诺以及我们,读者和听众们,没有从一开始②就得到警告,要仔细注意下面的交谈?

第六、苏格拉底的问题——在小奴隶这一幕中像别处一样——所请求、诱发的,同时有错误答案与正确答案。其实,苏格拉底的助产术,正如我们从他在《泰阿泰德》(150b 以下,210b 以下)中所讲的话中推测出来的那样,更可能使年轻人生出来的,是"空话",是"无精卵"(151e6;210b9),而非使他们生出"真实的、真正的"(150c3)东西。但是,使自己接受反驳,却不生气或感到耻辱,正是"生出"真东西的过程——学习过程——不可或缺的第一步。面对画在自己面前沙土[106]表面上的图形,听着苏格拉底启发性的问题,小奴隶两次屈从某种肤浅的可信性,这并非不像无可挽回地置于美诺的记忆中、标示着美诺的记忆的那种可信性。③ 遭到反驳之后,小奴隶到达完全困惑的阶段,却并不感到耻辱或受愚弄,而苏格拉底接下来的问题帮小奴隶"看"到其"教师"所画下的线段的真理,换言之,帮小奴隶自己服从于迫使他接受该真理的理由。这里的很多东西都不仅取决于教师的品质,而且取决于学生的品质。

此番问答交流中,苏格拉底的角色是提供条件,在该条件下,小奴隶的学习可能发生。"教师"并不首先为学生的学习负责(aitios),这责任属于学生本人。但是,没有这个"教师的"引导,学生就没有机会承担这个责任。《斐多》④中做出的关键区分直接适用于这种学生-教师关系:"一种东西是真正地[为某物]负责的,另一种东

---

① 参页[102]。
② 参页[98]。
③ 参页[47],[52]以下,[55],[56],[61]以下,[69]-[72]。
④ 《斐多》99b2-4。

西是,没有它,负责的东西就不可能变得[有效地]负责的(allo men ti esti to aition tôi onti, allo de ekeino aneu hou to aition ouk an pot'eiê aition)。"不能做出这种区分,标志着在言说和思考中(pollê…kai makra rhathymia…tou logou①)"极深的惰性"。若有"教"与"学",则其关系不可能简单地是"因果"关系。教并不在于言说和坚持,学并不在于听和重复。与之相反的观点——无须多言,这也是美诺的观点——是无论何时都占上风的观点,不容易改正。

但是,即便教师不能使知识"产生"于学生,不能往学生的灵魂里"灌输"或"放置"知识,②在学习过程中,教师的重要性堪与学生的内在构造的重要性相匹敌。在为学习提供"必要条件"时,教师的角色无须局限于发问。其他有效的教学手段也可以在学习者的灵魂中不仅"促生"[107]学习热情,而且"促生"以某种方式行动从而改变其生活品行的欲望。③

第七、或许并非不重要的是,要注意,小奴隶一下子学到两课,一课暗示着另一课:第一,四条对角线围起来的空地是两倍的正方形,第二,什么是该正方形的边。

第八、就苏格拉底与小奴隶之间的交谈而言,苏格拉底当然并不共有小奴隶的困惑,而美诺的电鳐影像,不论苏格拉底对此说了什么,都适用于这一情况,若仅限于演示的第一、第二阶段的话。然而,在最后阶段,苏格拉底不仅远未"麻翻"自己的学生,而且帮他走出困惑。在整个演示过程中,苏格拉底看起来知道关于"两倍正方形"的一切,正是苏格拉底的这种知识使他能够扮演自己作为教师的角色。可是,我们不确定,在苏格拉底与美诺的交谈中,当重提"人的德性"问题时,这种局面是否还会持续。

---

① 《斐多》99b1-2。
② 对参《会饮》,175d;《王制》,卷七,518b/c(及上文,页[97])。
③ 对参 τέχνη τῆς περιαγωγῆς[(引导灵魂)转向的技艺],见《王制》,卷七,518d3 以下。

第五章　题外话:回忆与记忆

[108]演示至此呈现出一个"教与学"的实例,使我们以其恰切视角看这两方面:该实例使我们觉察到对这两方面的常见误解。从对这一事件的观察中,我们所学良多。然而,设计该演示,本为使苏格拉底讲述或重述的神话含义明晰起来。毫无疑问,神话缺乏明晰性,甚至缺乏说服力。美诺完全有理由要求在神话的内容方面得到指教。演示意在——给美诺也给我们——展示,向我们恰切地讲,不存在学也不存在教,冒"学"之名的东西应称作"回忆"。我们可以同意这一名称变化吗?在我们给出或者搁置自己的赞同之前,我们不得不仔细检查,不仅检查什么是回忆一词本身的意味,而且,最重要的是,检查为什么该词——在柏拉图对话中每当与"学习"联系在一起时——看起来密不可分地和一个神话框架捆在一起。这种意义上的回忆,在《美诺》和《斐德若》中得到明确阐发,在《斐德若》中得到不那么明确的阐发;《斐德若》中略有触及,《会饮》《泰阿泰德》《王制》避免提到回忆,尽管学习主题当然呈现于这三篇对话中。① 我们将不得不探讨,在这些对话中,关于回忆、学习、遗忘说了什么,没说什么,[109]即便冒着使这些主题孤立于其各自戏剧语境的危险。

---

① ἀνάμνησις["学习",名词]与ἀναμιμνήσκεσθαι["学习",动词]二词当然在与学习主题无关的情况下经常出现在柏拉图对话中。

第一节　亚里士多德关于记忆与回忆的论述

从勾勒亚里士多德以《论记忆与回忆》(Περὶ μνήμης καὶ ἀναμνήσεως [449b3 – 453b11])之名传世的短论开始讲起,或许并非不合适。该论著在非神话语境下处理回忆主题,将其当作在其他某些著作中(ἐν τοῖς ἐπιχειρηματικοῖς λόγοις, 451a19 以下①)处理过的一个"论题性的"题目。同一论题也是《美诺》写作的基础。事实上,可以将亚里士多德的论著解释为对这篇对话"抽象"部分的一部冷静的注疏,将对话呈现的情节转换为一种媒质,这种媒质摆脱一切神话赘言及其戏剧性、摹仿性对应物。相反,根据这部论著,我们可以看到一个论题性题目如何为构建体现在柏拉图对话中的摹仿性行动提供质料和织体。②

该论著在回忆(μνημονεύειν)与记忆(ἀναμιμνήσκεσθαι)之间做出鲜明区分(449b4 – 9)。第一章处理记忆现象(μνήμη καὶ τὸ μνημονεύειν),第二章处理回忆活动(ἀναμιμνήσκεσθαι)。

记忆关乎过去发生的事情。因此,我们既记得我们过去思考过、学习过、立即掌握过、听过、看过这些行为本身,又记得我们过去

---

① 参亚里士多德,《论题篇》,VIII,11,162a16;拉尔修,《名哲言行录》,V,23,24。

② 参 J. Freudenthal, "Zur Kritik und Exegese von Aristoteles' περὶ τῶν κοινῶν σώματος καὶ ψυκῆς ἔργων (parva naturalia), II, zu de memoria" ("亚里士多德《自然诸短篇》卷二、《论回忆与记忆》评注"), Rheinisches Museum für Philologie, Neue Folge, Bd. 24 (1869),页 403 – 404,他显然承认这一相似性:"于是,亚里士多德经常与柏拉图几乎是逐词逐句保持一致"……"那么,人们就更不能把开始的(亚里士多德论著第二章的)说法视为亚里士多德针对柏拉图的论战,犹如某些注疏者揣测这是论战那样"。不幸,Freudenthal 并未妥当对待柏拉图对"回忆"的讨论。

思考过、学习过、立即掌握过、听过、看过的对象。"记得"不是"立刻"对某物形成感官知觉或观念,而是像过去曾经拥有或经历过它们那样拥有或经历它们。记忆由时间承载。尽管可以理解记忆与某些分离于时间的东西有关,但由于记忆与时间的必然联系,我们只能作为禀赋感觉能力的存在者拥有记忆。记得某样事物,意味着拥有关于该物的某种或多或少持续[110]不断的影像,就像它过去发生过、出现过一样,好比一幅画(ζωγϱάφημα,450a32)或印章指环盖下的一戳印记(τύπος,参 450a32,b16)。按照《王制》卷六、卷七中的术语,①记忆的能力带来一个特殊的影像(εἰϰασία)实例。尽管没有使用这个词,亚里士多德动用这一章中大约四分之一的篇幅来描述、讨论其含义(450b12 以下)。拥有关于某事物的记忆,相当于将不再在场之事物的"印记"——某幻像(φάντασμα)——感知为某影像(ὡς εἰϰών)(451a15)。有些动物看起来也拥有这种能力(450a15 – 16)。

另一方面,回忆某事物(τὸ ἀναμιμνήσϰεσϑηναι 或 ἡ ἀνάμνησις)完全不意味着"在其记忆中"拥有该事物;也完全不意味着重获(λῆψις)关于该事物的同样的记忆(451a20 – 21)。

> 当一个人初次[积极地]学习(μάϑη)或[消极地]经历(πάϑη)[某事物]时,他既不是在重获[关于该事物的]记忆(因为之前没有),又不是从头获得它;但是,[对所学之物的][牢靠的]占有(ἕξις)或②[充分的]经验一经获得,便有了记忆:记忆并不在经验还在进行时产生。(451a21 – 25)

形成记忆需要时间,"在我们的记忆中"拥有某物或——按照我们的说法——"记得",往往不在我们的能力范围之内。能够轻而易举地"在记忆中"保留某事物,拥有一份"好记性",这些往往不被赋

---

① 511e1 以下,534a。
② 参 Freudenthal,前揭,页 404。

予那些敏于、善于(quick and good at)学习以及回忆的人,而是被赋予木讷(slow)之人(449b7-8;453a4-5),①只要他们不是木讷得过分(450b8)。

  另一方面,当一个人[有意地]重获(ἀναλαμβάνῃ)之前拥有过的其他东西的某种知识或感官知觉,那种[牢靠的]占有我们称之为记忆,则回忆[行为]发生,这就是回忆[所提到的那些东西]的含义。记得的过程本身是附带发生的,记忆因而产生。(451b2-6)

在大多数情况下,回忆行为是一种积极的探究(ζήτησίς τις)(451b22-23;30以下;452a7以下;22-24;452a15;22),亚里士多德指出了支配或应该支配回忆行为且最使其成功的诸规则。在这一前后关系中,[111]亚里士多德区分发生在回忆过程中的两类次序,一类出于必然(ἐξ ἀνάγκης),另一类出于习惯(ἔθει)(451b11-14)。由于所牵涉的"诸运动"之间的连锁关系或相应而生的"联系",回忆有可能不经积极探究就发生(451b23以下)。亚里士多德明确提到,数学诸题(τὰ μαθήματα)——由于使其被掌握的、井然有序的次序(τάξις τις)——尤其适合于被回忆、被记得(εὐμνημόνευτα)(452a3-4②)。

  值得注意,在整个这一章中,能被重获的事物的主要例证是"知识"(ἐπιστήμη)。这里特别小心地将对知识的重获限制于回忆行为,并阐明知道的过程与记忆无关。知识的对象只能间接地、"意外地"(κατὰ συμβεβηκός)成为记忆的对象,因为该对象可以碰巧作为"已知"对象而被记住(参451a28-31)。在这个意义上,我们的确有可能(οὐδὲν κωλύει)记得我们曾经知道的东西。这里还特别小心

---

① 对参《泰阿泰德》,194e3-4。
② 对参《斐多》,73a/b。

地不将学习与回忆相等同。学习或再次重新发现某事物——即重新 - 获得"失去的"知识——不需要意味着回忆(451b7 - 9),因为回忆行为的特征是与之相伴的这样一种意识,即正在被回忆的、包括之前"已知"的东西已然被遗忘,而这样的意识不见于学习。① 因此,我们能够"靠自己"($δι'αὐτοῦ$)回忆,而学习的进展要"靠别人"($δι'ἄλλου$),即要求一位教师(452a4 - 8)。无论最终是什么使我们的学习成为可能,我们之能够回忆都要求某种额外的、内在的根源($ἐνούσης\ πλείονος\ ἀρχῆς\ ἢ\ ἐξ\ ἧς\ μανθάνουσιν$)。这一根源看起来正是某种神秘的意识,意识到我们过去知道的东西已被遗忘。

从上述阐述中我们可推知:第一,使回忆显得贯通于记忆的,正是回忆和记忆的对象的过去状态;第二,这就是"回忆""回想""记住""记忆"如此频繁而不严格地被当作同义词使用的原因;②第三,[112]与影像相关的能力(the faculty of eikasia)看起来同时扮演着回忆和记忆的角色;第四,最为重要的是,要探讨"回忆"现象,就不能不解释其"反面",即"遗忘"现象,而"在记忆中有某事物"并没有"健忘"作为其"反面":我们要么拥有要么不拥有记忆,我们要么保有要么丢失记忆,但是我们丢失记忆却意识不到我们对它们的丢失,意识不到我们的遗忘。意识到我们已然遗忘某样事物,意味着开始回忆。③

问题出现:苏格拉底——或柏拉图——是否可能意识到"回忆"与"学习"之间的区分?不用说,这一区分与其说是亚里士多德的创新,不如说它自己呈现给任何反思"回忆"与"学习"现象之人。苏格拉底——或柏拉图——仅仅否认了二者之间有某种区别?或

---

① 参 G. R. T. Ross 版亚里士多德《〈论感觉及其对象〉与〈论记忆与回忆〉》(De sensu and De memoria),1906,页 263,451b7 注。

② 参 Freudenthal,前揭,页 402。

③ 参亚里士多德,《动物志》,I,1,488b25 - 26:"记忆以及领受教的能力共有于许多存在者,但只有人才能回忆($καὶ\ μνήμης\ καὶ\ διδαχῆς\ πολλὰ\ κοινωνεῖ,\ ἀναμιμνήσκεσθαι\ δὲ\ οὐδὲν\ ἄλλο\ δύναται\ πλὴν\ ἄνθρωπος$)。"

者苏格拉底——或柏拉图——改变了回忆的含义？或者,在将"回忆"与"学习"视为同一、进而将"遗忘"与"无知"视为同一的做法中,有其他东西牵涉进来？

欲能处理上述问题,我们须探讨:第一,《王制》卷六、卷七中影像的含义;第二,《王制》所暗示的该含义的某种外延;第三,《斐多》中影像、理智、回忆之间的关系;第四,《斐德若》《斐勒布》中的回忆与记忆主题;第五,其余对话中对回忆论题的回避以及《泰阿泰德》中对记忆的强调;第六、围绕着回忆论题的神话框架的重要意义。

第二节 影像的含义

在《王制》卷六中(511e2),影像(εἰκασία)一词用来描述一种可能的"灵魂状态"(παθήματα ἐν τῇ ψυχῇ,511d7)。该状态用来对应一条与想象有关的线上的一段,苏格拉底提出这条线以供格劳孔参考。后来,在卷七中(534a),影像一词直接用来指称这一线段。

[113] 这条线只有两个主要的线段(509 d 6 以下):一段对应可知领域(τὸ νοητόν 或 τὸ νοούμενον),由善领导;另一段对应可见领域(τὸ ὁρατόν 或 τὸ ὁρώμενον),由日领导。我们熟悉可见领域,但我们的确可以通达可知领域。这条线的两个线段在长度上并不相等。① 苏格拉底请格劳孔根据两条线段的长短比率将它们各自再细分为两段分线。这样一来,在可知领域,从事思考的两种方式将得到区分,可见领域将被理解为包含着两类可见对象,与之相应有两种不同的"灵魂状态"。

苏格拉底首先处理(509e-510a)后一种细分,从"末尾"或"最低"②的分线开始。所有自然的"影像"(εἰκόνες),③所有阴影,一切

---

① 在某份似不可信的抄件中,语境为 ἄν, ἴσα [和……一样]。
② 参 τῷ ἀνωτάτω—τῷ τελευταίῳ [最高-最末]。
③ 下文称之为 φαντάσματα θεῖα [神创幻影] (532c1)。

可能浮现于液体表面或紧致、平滑、闪亮物体表面的东西,诸如此类,都属于这一部分。可见领域的另一分线包含的对象,是末部对象所仿($ἔοικεν$,510a5)之物。也就是说,该分线包含各种影像的"原物",那些影像构成末尾线段所"反映"或映照出的对象。由此可见,末尾线段的对象,因其在我们眼前显现为影像,依存于我们身边首要的、可见的一切对象,诸如动物、植物、人造物。这种依存关系决定着我们感知可见领域两种对象时的清晰($σαφήνεια$)或不清晰($ἀσάφεια$)程度:影像与原物($τὸ\ ὁμοιωθέν-τὸ\ ᾧ\ ὡμοιώθη$)相关的方式,相同于仅仅推测性的或"所想象的"或所形成意见的东西($τὸ\ δοξαστόν$)与实际上被认知的($τὸ\ γνωστόν$)东西相关的方式。① "影像"与"原物"之间的依存关系决定[114]它们各自的真实程度、"真理"($ἀλήθεια$)程度。它们各自对真理的分有之间的关系,反映在那两段分线的大小之间的比率中,这条线的两个主要线段之间也是同样的比率。

可见领域的两段分线亦对应于可见对象影响我们的两种方式。

我们与周围一切有生命、无生命之物的关系具有一种深不可测的熟悉性。即便我们碰巧(如我们所言)"不熟悉"的东西和环境,上面也有熟悉的标识,使我们不难处理、回应它们。在可见世界的一切熟悉和不熟悉的事物和表面中,我们的确"自如"(at home)。我们对它们的基本态度是一种不容置疑的信念($πίστις$),这种信念远远超越我们有时会感到的不信或怀疑。我们不可抗拒地相信:可见世界一切熟悉的特征都会在此留驻,事物正如我们所看到的那样。常见的与不常见的,所期待的与未期待的,常规与创新,都是贴在事物和事件——这些事物和事件限定在我们无所不包、无所不熟的共通经验之内——上的标签。

---

① 这些术语讨论的是《王制》卷四 476d5 以下尤其 478a10 以下做出的区分,预兆着卷七 534a3 – 8 要讲的关于这条线的两个主要线段的话。

所形成意见的东西($τὸ\ δοξαστόν$)这一说法本身有反讽式的含混:它也可以意味着"以之为荣的东西"(参$δεδοξασμένοις$,511a8)。

第二种可见对象,即第一种可见对象的各种"影像",对我们来说并非不熟悉,①但它们通过一种独特的方式影响我们。尽管我们有时会在它们与首要的可见对象之间不加区分,但是,一般说来,我们不会混淆"影像"与"原物"。相反,我们能看到、会看到影像之为影像。苏格拉底称之为想象($εἰκασία$)的,正是灵魂将影像看影像的这种经验,正是我们将影像看影像的这种能力。②

有某种诱惑,会使人忽视苏格拉底说法中想象的关键性,因为想象被分配给这条线中最低的那段。③ 苏格拉底告诫我们,他的说辞留下了很多东西没说出口(509c5–11;亦参534a5–8)。但是,在苏格拉底对分线的描述中,至少下面这些很清楚:处于最低一级的想象的样本预示着这条线中更高的诸层次的相似的样本。能够运用关于影像的能力,这难道不是[115]人类的特权?尽管有些动物也许拥有关于某种特殊的影像的能力,这种特殊的影像暗中与他们记忆的能力相联系,④但是,就我们所观察到的而言,没有动物能够将外在的影像看作影像。

称作想象的那种"灵魂状态"必然以另一种状态为前提,后者在于我们对周围熟悉的可见事物带着信念的反应。因为我们"通过"影像可以说看到了他们值得相信的原物。看到影像之为影像,是一种"双重的看"。我们对影像的反应禁不住会复制我们名之为"影像"($εἰκών$)的那种东西的存在样式:"影像"独特地是不是其所是的东西。⑤

---

① 并非不 $δοξαστά$[形成意见](参534a1–2;6–7)。
② "能力"或"力量"($δύναμις$)在477c–d处有解释。
③ H. J. Paton("Plato's Theory of ΕΙΚΑΣΙΑ"[《柏拉图论想象》],见 Proceedings of the Aristotelian Society [1922],页69–104)看到想象的重要性,但很难讲他恰当地处理了这一主题。
④ 参页[110],以及页[112],注10[译注]本书页128注③。
⑤ 参《智术师》,240b12–c2(亦参《王制》,卷五,477a–b,478e 及其语境)。

尽管没有想象也可以有信念，但是，没有信念，想象就无法发挥作用。《王制》卷七所描述的洞穴中的囚徒们，在转过头之前，并未表现出任何想象。想象有双重性，信念则无。与"影像"、"想象"对应的分线无法承担自身：该分线的特征是它对另一分线的依赖、与另一分线的关系，后者对应于首要的可见对象以及我们对它们的信念。

第三节　影像的理智外延

可知领域的两段分线对应于我们进行思想的两种可能的方式。苏格拉底称较低的那种为"理智"（$διάνοια$），称另一种为"理性"（$νόησις$）（511d8 以下），后者后来在卷七中更名为"知识"（$ἐπιστήμη$），[①]整个可知部分则改称为理性（534a2）。苏格拉底再次首先处理较低的线段。在探讨苏格拉底所讲的话之前，让我们先转向下文中的一个段落（523a – 525a），在该段落中，我们的思想的"自然"机能、我们的理性的首要而"单纯"的本分得到了细致的描述。这一本分在于比较，即分离与关联（seperating and relating）。

第一、我们毫无保留地相信的共通经验的织体，经各种各样的感知编织而来。如果我们[116]试着在它们的初生状态中观看它们，可以说，我们就能够跟上苏格拉底的说明。

有对可见事物的诸感知，苏格拉底说，这些感知使我们对所感知的事物足够清晰（例如对各个手指的感知），因此我们中的大多数都不会感到被迫要就它们提问题（尤其不会提"什么是手指？"这样的问题）；还有一些感知，它们初看上去令人困惑、糊涂（一根手指显得既大又小、既粗又细、既硬又软），因在它们中"混合"

[①] 更确切地说：$ἡ\ τοῦ\ διαλέγεσθαι\ ἐπιστήμη$［辩证的知识］（511c5）；对参 $ἡ\ διαλεκτικὴ\ ἐπιστήμη$［辩证法的知识］（253d2 以下）。

(συγκεχυμένα)了"相反的"特质(τἀναντία)——正如对这种"混合"一下子进行的毫不费力的反思会告诉我们的那样。其实,我们由这些感知而感到困惑这一事实表明理智在场于它们的"内在"。因为,对"相反"或"矛盾"的领会,是理智——而非感知——范围内的事情。在这些困惑的实例中,我们禁不住在自己的思想中衡量感觉呈献给我们什么,以便获得更进一步的、关于感觉的明晰认识:我们振奋自己昏昏欲睡的思想,以拯救、勘察我们所感知的东西。通过区别某根手指相对于(πρός)与它相邻的手指的各种关系,这种勘察会除掉在我们的感知中产生的困惑、矛盾或障碍(ἐναντίωμα)。一根手指可以同时比左边相邻的那根显得大,同时比右边相邻的那根显得小。或者,正如我们在《斐多》中读到的那样(102b – c),西米阿斯(Simmias)之高,不是凭他是西米阿斯,而是凭他比苏格拉底高;同样,西米阿斯之矮不是凭他是西米阿斯,而是凭他比斐多矮。从不同的角度看,西米阿斯又高又矮。①

在区别那些角度时,我们的思想,我们的理智,既辨别、又关联所探讨的诸事物。在手指实例中,理智首先不得不探察,手指既大又小究竟意味着我们面对的是某种是"一"的东西,还是某种比方说是"二"的东西。结论不可避免地是:大与小分别是一,合起来是二(ἓν ἑκάτερον ἀμφότερα δὲ δύο②)。我们的视觉能力,若凭其本身而不靠我们的理智相助,[117]看起来则不能做出这种区分。我们的思想活动,苏格拉底在此处(524c7)将其统称为理性,可以完成这一任务。它之所以能这样做,是因为其基本功能恰在于辨别和关联,也就是说,在于计算或数数。因为,在计算活动中,我们既区分、又

---

① 对参《泰阿泰德》,154c1 – 155c5;186b2 – 10;《治邦者》283d11 – e2。
② 524b10。对参《泰阿泰德》,185b2;《希琵阿斯前篇》,301d5 – 302b3(亦参《泰阿泰德》,203d4 – 10;《王制》475e9 – 476a8;479a5 – b8;602d6 – 603a9;《斐多》97a2 – 5;《帕默尼德》143c1 – d5;《智术师》243d8 – e2;250a – d)。

合并我们所计算的对象。因此,可以正确地说,计算活动($λογισμός$)构成任何理智活动的基础。此外,无论何时我们从事计算,我们都用"纯粹的"、不可见的单位($μονάδες$)替代——势必如此,即便我们没有意识到自己在做什么——待算的各种往往"不相等"的可见之物,这些单位之间没有差别,且构成唯一合适的计算媒介。①

对计算活动的持续反思,导致某些技艺的建立,这种技艺为提供给我们一种关于一切可数之物(只要它们可数)及其属性、相互关系(这些属性和关系根植于它们的可数性)的精确知识。这些技艺就是算术和逻辑。它们带给我们关于数字及其相互关系的知识,无论所数的东西可能是什么。②

在通过区分与关联所感知的事物,从而除去我们的某些感知中固有的迷惑和矛盾之后,在继而区别同一事物所处的与其他事物——尤其在大小上——的各种相异、"相反"的关系之后,我们的理智更进一步处理这些关系本身,即"大于""小于""高于""矮于"。理智面对的是衡量问题。理智解决这一问题,靠的是发现某种媒介,在这种媒介中,那些关系获得了某种精确的含义。这种媒介属于另一种技艺,即几何技艺。正是在这里,在各个几何实体中,才能找到诸如严格的相等,只要某些条件得到满足。

第二、我们现在回到苏格拉底关于可知领域较低的分线要说的话(510b – 511b)。

处理数字和几何实体的"专家们",在看可见之物时,无论它们是自然之物还是人造模型、图表,运用这些可见之物时,仿佛它们都是"影像"($ὡς εἰκόσι$,510b4;e3;511a6),[118]也就是说,那些专家们在思想中将这些可见之物转化为那些不可见对象——即数字和几何实体——的"影像",那些不可见对象通常称作"数

---

① 对参《斐勒布》,56d – e。
② 参 Jacob Klein,前揭,Part I,Section 3 – 7。

学"($\mu\alpha\vartheta\eta\mu\alpha\tau\alpha$),因为它们的结构可以得到精确的研究、理解、学习,从而也容易记住。①

开始思想意味着——在任何可以设想的实例中、为了任何可以设想的目的——开始以及我们正在处理的东西的明晰性。鉴于可见事物就其被感知到的而言或许缺乏明晰性($\sigma\alpha\varphi\eta\nu\varepsilon\iota\alpha$),我们对它们的反应缺乏精确性($\dot\alpha\varkappa\varrho\iota\beta\varepsilon\iota\alpha$),我们的思想就不得不寻求不受缺乏明晰性之苦、有助于人更精确地领会它们的对象。我们的思想在其思想活动中发现,这样的对象就是思想本身。它们是"思想对象"、"可知对象"。正是这些可知对象,以其更真的明晰性,在可见事物的晦暗性上投下光芒,那是一种太阳的光芒所无法驱除的晦暗性。这些可知对象以其明晰性使自己呈现为可见事物的模型或原物。明晰化的过程——在对相关联的可见事物的分辨中达成——是思想的合适、普通、"自然"的本分。在这种明晰化过程中、通过这种明晰化过程,我们得以持续通达可见领域。我们的日常语言可作见证。

由这种普通、理所当然的思考活动产生出一切学科,一切技艺和科学,其间我们的理智的"自然"方式获得了有技巧、"有方法"的程序。对于那些处理数字的、几何的实体和关系的技艺而言,这一点尤其为真。这些基础(亦是同宗的)学问的方法也能充当我们的理智时常践行之事的典范,独立于且优先于其科学的、"专门的"表现。因此,在我们所探讨的这段《王制》中,那些学问被挑出,用来描述我们的理智的运作方式,尽管理智活动的范围远远超越那些学问的限度。

在我们的思想中,无论它是"专门的"还是"自然的",我们所处理的可见世界的一切事物和属性,都被用来"仿照"($\check\varepsilon o\iota\varkappa\varepsilon$,510d7)

---

① 我们必须注意,这段文本故意回避使用$\mu\dot\alpha\vartheta\eta\mu\alpha$([译注]$\mu\dot\alpha\vartheta\eta\mu\alpha$是单数,一般统称"学问";$\mu\alpha\vartheta\dot\eta\mu\alpha\tau\alpha$是复数,一般统称"数学")一词,之前关于"善"(504d以下)却用过该词,之后(521c以下)在勾勒护卫者的教育时也广泛使用该词。

不可见之物，更精确地说，[119]就是思想对象。显然，苏格拉底所持的论点是，我们的理智使我们将这些东西与属性解释为不可见的可知之物的影像。该论点最好的论据，正是算术家和几何家们的典型方式，他们为证明而使用石珠以及可见的图表或模型，当时他们"头脑中"(διανοούμενοι)并没有——也不想让我们有——这些可见的形体。他们的推理的合适对象，是"纯粹的"思想对象，"奇"与"偶"，"正方形"以及其他图形，"对角线"，"三类角"，诸如此类，可见图表或模型只是这些东西的巧妙"影像"(510d5 – 511a2)。

由此看来，在我们的思想中，我们运用的是某种想象，它不同于我们在可见之物及其影像的领域中运用的想象。这种新的想象可以恰当地称作理智想象(dianoetic eikasia)。我们切勿忽视，后来在卷七中(534a1 – 2)，影像领域和信念领域合称"意见"领域，该领域对应于整个可见部分。按照卷五所讲的(477a – b;478e)，"意见"对象处于所是与所不是之间(lies *between* what *is* and what *is not*)，带有双方的特征，因此展示出我们名之为"影像"的那种东西的特性。① 因此，我们的理智禁不住将一切可见之物解释为具备"影像"的特性。理智的工作其实显得基于理智想象。

第三、我们的理智的这种工作意在补救我们感知的不足。因此，理智必然被转向可见事物。理智的地盘与可见世界的领地重合(coextensive[译注]也可译为"外延相同")。② 为完成其[120]明晰

---

① 参页[115]。
② 其几何证明——按照希腊方式——如下：

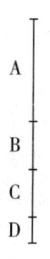

```
    |
    A
    |
    B
    |
    C
    D
    |
```

化任务,我们的理智,按照苏格拉底的说法,被迫($ἀναγκάζεται$,510b5;对参511a4,c7)将可知对象——即可见事物的"原物"——用($χρῆσθαι$,511a4)作"根据"或"前－提"($ὑποθέσεις$,510b5,c3,6;511a3):理智并不从这些根据上升($τῶν ὑποθέσεων ἀνωτέρω ἐκβαίνειν$,511a5以下),朝向其"本原"($ἐπ'ἀρχήν$),而是下行,朝向最终结果($ἐπὶ τελευτήν$,510b6),也就是说,朝向可见事物。

毫不奇怪,①柏拉图在玩味$ὑπόθεσις$[地基、基础、根据、假定、原则、前提]一词的含义。这个词有为人接受的"专门"用法,尤其显见于归于希波克拉底(Hippocrates)名下的论《古代医学》(*Ancient Medicine* [I, XIII, XV])的著述,显见于由《美诺》下文间接提到的"分析性"数学程序,②显见于《帕默尼德》中的讨论,亦显见于其在亚里士多德作品中频繁而有变化的出现。③ 无论$ὑπόθεσις$一词各种含义的范围是什么,那些含义都暗示着某些事物,没有这些事物,其

设一已知线段,分为四小段。
设四小段分别命名为A,B,C,D。
设其划分符合如下规定:
(A+B):(C+D)::A:B::C:D。
由(A+B):(C+D)=C:D得出更比定理(*alternando*)(欧几里得,《几何原本》,V,16)
(1)(A+B):C::(C+D):D。
由A:B::C:D得出合比定理(*componendo*)(欧几里得,《几何原本》,V,18)
(2)(A+B):B::(C+D):D。
因此(欧几里得,《几何原本》,V,11)
(3)(A+B):C::(A+B):B
得证(欧几里得,几何原本,V,9)
(4)C=B。

① 参页[49]以下。
② 参页[83],[207]。
③ 参R. Robinson《柏拉图早期辩证法》(*Plato's Earlier Dialectic*,1941,页97－117)中关于$ὑπόθεσις$和$ὑποτίθεσθαι$(多数在其口语用法中)的讨论。

他事物就不可能存在或不可设想。与——在存在或被领会方面——有赖于根据或"前提"(并不必然仅仅是推测性的前提)的东西相比,根据具有优先性。这种优先性的本性正在探讨中。

在我们所讨论的这段文本中,苏格拉底有一次含混地强调与介词(以及前缀)ἀπό([译注]"从……来",相当于英语中的 from)相对立的介词(以及前缀)ὑπό([译注]"在……之下",相当于英语中的 under)。根据位于以它为基础的东西之下。我们的理智在区分、关联各种可见事物时,其实在不断地从事这样的职责:为不得不明晰化的东西提供"前提"或根据,此时,我们的理智是在不断地从事理解(understanding)的职责。理智所运用的理智想象在于凭借可见事物的可知根据理解可见事物。正是因此,我们的理智使可见事物依存于可知的"原物"。但是,为揭示这一依赖性,各种技艺必须展示出,所求的有关可见事物的明晰性可以从前提中推导出来(ἐξ ὑποθέσεων,510b5)。也就是说,各种技艺要出来证明或推证(ἀποδεικνύναι)[121]可见世界的各种属性的确得自属于更高层次的可知事物。① 这一直是可见世界中出现的各种技艺和科学的努力。古代数学中严格的推导过程,是这种努力的一种纯化的、极为令人入神的形式,因为,在古代数学中,推证的结论中得出的最终结果(τελευτή)本身属于可知领域。② 所以,数学学科——以其纯粹性——对于城邦的护卫者的教育而言不可或缺。但是,数学推证的"下行"运动仍然重复着一切"专门的"以及一切"自然的"思想过程的样本。

各种技艺的"下行"之路,尤其数学之路,必然倾向于将"诸前提"(ὑποθέσεις)转换(511b5;c7)为"诸本原"(ἀρχαί)。然而,这些本原,这些理智从中获得其"推证"的可知实体,本身需要[或"缺乏"]更大的明晰性。

---

① 并非不重要的是,要看到,ἀπόδειξις 与 ἀποδεικνύναι 二词并未用于这段文本中。

② 参《王制》,533b3 – 7。

专家们进行推导时,仿佛由于表示那些前提的术语或名称的一致性,上述明晰性便已然得到保证。在《智术师》中(218c4-5),那位既不居住在雅典、也不在可见世界的异乡人,关于这种"一致性"有话要说:"往往必然如此,在一切事物上,通过论证就某事物本身达成一致,比不通过论证仅仅就其名称达成一致更可取($δεῖ\ δὲ\ ἀεὶ\ παντὸς\ πέρι\ τὸ\ πρᾶγμα\ αὐτὸ\ μᾶλλον\ διὰ\ λόγων\ ἢ\ τοὔνομα\ μόνον\ συνωμολογῆσθαι\ χωρὶς\ λόγου$)。"一个专门名称——例如关于几何中"定义"的实体的名称——不是一种"关于事物本身"的一致。① 在《王制》中(533b6-d7),苏格拉底在这一点上相当明确。遵循我们的理智的各种普通路径、平常关切的各种技艺,仍然一直被转向我们周围可见世界所呈现的那片"混乱的丛林"($βόρβορος\ βαρβαρικός\ τις$)的泥沼。② 因此,这些技艺仅凭其自身无法对付其自身的"本原"(beginning)的含混性。这些技艺不足以清醒到赋予[122]其自身的本原一个合理解释($λόγον\ διδόναι$)的程度。因此,在苏格拉底看来,这些技艺不配"知识"($ἐπιστῆμαι$)之名,而我们却如此频繁、完全出于习惯地将此名赐予它们。

这些技艺所能触及的那种明晰性,居于知识的显然的明晰性与纯属意见的伪装的明晰性之间(533d5-6;511d4-5)。这种有限的明晰性源于我们自然的、专门的理智特别有限的活动,这种活动在于使可见世界广阔、四散的丛林依赖于更为"精确"的可知之物($νοητά$)的多样性,然而,这种活动不能赋予这些可知之物本身一种理性解释。有鉴于此,我们的理智所能拥有的明晰性和严格性堪比我们有时在梦中实现的明晰性和严格性,在梦中,或许某种多少有

---

① 参页[63],[66](亦参《王制》,卷五,454a6-7,$κατ'εἴδη$[关于理念]与$κατ'αὐτὸ\ τὸ\ ὄνομα$[关于名称本身]之间的对立;以及《欧蒂得谟》,278b5-7,$τὰ\ πράγματα\ πῇ\ ἔχει$[在某种意义上拥有这些东西]与$ἡ\ τῶν\ ὀνομάτων\ διαφορά$[名称的不同]之间的对立)。

② 对参《斐多》69c5-7。

些相似的[设定]"前提"的行为也会发生,随之而来的是最终使"影像"与"原物"同一。① 将我们的理性的假定充分明晰化的能力,或许无法赐予有死的人们。② 但是,即便尚有一试——我们的思想行为本身也要求我们做出这一尝试——也只能通过颠转我们的探究方向来试,通过将我们的注意力从可见事物上移开,转向某个或某些本原——我们的理智从这个或这些本原那里得到其明晰化的功能。③

第四、做出这一尝试——按照格劳孔的评价,相当于一项长期而艰巨的任务($συχνὸν\ ἔργον$,511c3 以下)——是为了相称于分线中最高的那段(511b3 – c2)。在此处,我们的理智、我们的思想能力,处理可知之物时既无须借助可见之物,亦无需将可见之物的"前提"转化为"本原":诸前提在较低的那个层次上,是推证($ἀποδείξεις$)由之出发并开始下行运动的东西,在这里却是真正的前提($τῷ\ ὄντι\ ὑποθέσεις$),可以说,正是基于这些前提,理智开始逐步反弹上行($οἷον\ ἐπιβάσεις\ τε\ καὶ\ ὁρμαί$ ④),以便[123]一步步尝试($ἐξ\ ὑποθέσεως\ ἰοῦσα$,510b7)达至"[第]一[事物]"。"一"本身是自足的:它并不依赖"更高"的本原,也不需要任何"支持";它在任何意义上讲都"免于前提"($ἀρχὴ\ ἀνυπόθετος$,510b7; $τὸ\ ἀνυπόθετον$,511b6);它

---

① 参 476c5 – 8。

② 参《斐多》,107b1:$ἡ\ ἀνθρωπίνη\ ἀσθένεια$[人的虚弱],及其语境(亦参页[146]以下)。

③ 在这一点上引用亚里士多德(《尼各马可伦理学》,I,4,1095a30 – 33)颇为切题:"我们切勿疏于看到两种论证之间的区别,一种是从本原出发的论证,另一种是引向本原的论证。的确,柏拉图也正确地[带着论证展示过]提出过这个问题,对道路应该是从本原来还是到本原去进行探究……"($μὴ\ λανθανέτω\ δ'\ ἡμᾶς\ ὅτι\ διαφέρουσιν\ οἱ\ ἀπὸ\ τῶν\ ἀρχῶν\ λόγοι\ καὶ\ οἱ\ ἐπὶ\ τὰς\ ἀρχάς.\ εὖ\ γὰρ\ καὶ\ ὁ\ Πλάτων\ ἠπόρει\ τοῦτο\ καὶ\ ἐζήτει,\ πότερον\ ἀπὸ\ τῶν\ ἀρχῶν\ ἢ\ ἐπὶ\ τὰς\ ἀρχάς\ ἐστιν\ ἡ\ ὁδός$)。

④ 参 532a7:$ὁρμᾶν$[开始运动]。

就是无所不包的"整体"本身(*ἡ τοῦ παντὸς ἀρχή*①,511b7)。

这一部分中为理智设置的任务其实相当巨大,远远超出格劳孔看起来所意识到的。它考验的是我们的言说能力、"辩证"能力(*ἡ τοῦ διαλέγεσθαι δύναμις*,②511b4;532d8;533a8)——在严密的论证中、在问答中③探讨自现为具备真正的存在和可知性的东西(511c5 以下;比较 533a3:*αὐτὸ τὸ ἀληθές*[真理本身])的技艺——的最大极限,而无须借助来自可见世界的任何"解说"(510b7 – 9;511c1)。但是,即便在这里,在理智活动的最高层次上,在理智的"辩证征程"(*διαλεκτικὴ πορεία*,532b4④),理智注定由前提出发,走向前提,其途径是:辨别、关联它所处理的可知对象,将它们分延为"各个部分",只要它们容许被这样分延,又将它们聚集为"各个整体",只要它们容许被这样聚集。辩证技艺恰恰在于这样的分延(*διαιρέσεις*)与聚集(*συναγωγαί*)。⑤ 因此,辩证技艺不仅要求上行运动,从杂多走向更高、更综合的统一,还要求下行运动,从统一走向较低、较分散的杂多,下行至"末端"的可知对象(511b7 – c2)。

可知之物的两段分线之间的差别,并不简单地在于理智所采取的方向。其差别再次——这次挑战我们的共通经验——在于"原物"与"影像"之间。在较低的层面上,我们的理智在我们所熟悉、相信的世界的可见方面(*τὰ ὁρώμενα εἴδη*)的自然活动可以简化为计算和数数,而计算和数数也可以理解为对[124]理智在更高层次上所从事的"辩证式"分延与聚集的"摹仿"。更高层次上的对象是可

---

① "*τοῦ παντός*"[整体]看起来既是一个属格宾语、又是一个内容属格,相较而言更似后者——比较*ἡ τοῦ ἀγαθοῦ ἰδέα*[善的理念](508e3)——"整体的本原"或"作为整体的本原"。

② 参页[114],注 16[译注]本书页 131 注②。

③ 参《克拉底鲁》,390c10 – 12。

④ 正如《王制》中经常出现的那样,苏格拉底在对格劳孔说话时经常使用带有军事意味的术语。

⑤ 参《斐德若》,266b3 – c1;《智术师》,253c6 – e7;《治邦者》,285a7 – b6。

知单位的聚集或集合;然而,这些单位并非能数、能不加区别地"堆在一起"($συμβληταί$①)的"没有不同"的数学单位($μονάδες$),而是不可见、不可数的理念(511c1-2)。② 那些理念的集合构成可知领域。其可知的"阴影"是数学和逻辑技艺细究、处理的纯粹数字,这些技艺不仅为其他学科提供根据,而且在最基本的样式上反思我们的自然理智活动。

这意味着,在可知部分中,较低分线的标志是其对较高分线的依赖以及与较高分线的关系。即便或许主宰着较低分线的精确性看起来只不过是产生于在较高分线中的精确性的"阴影"。③ 因此,其实,正如苏格拉底所言(534a4-5),对相类似的两条主要分线进行比较,辩证的理性(或知识)之于信任,恰如自然、专门的理智之于想象。在其上行的奔涌中,理智想象的能力——我们的自然理智在可见世界方面运用这种能力——被改变为辩证洞见的能力。④ 这是一次根本性的改变,牵涉一次转向、整个灵魂的($σὺν\ ὅλῃ\ τῇ\ ψυχῇ$,518c8)一次完全的转变($περιαγωγή$, 518c8-9, d4; 521c6; $μεταστροφή$, 518d5; 525c5; 532b7)。它标志着开始一种新生活、一种哲学生活(比较521c6-8; 527b10),只有少数人才能经受(494a4-7)。哲学持续不断、不可避免地抵触我们自然、专门的理智的倾向,理智倾向于转向熟悉的可见世界并沉浸其中。然而,我们切勿疏于看到,辩证之旅恢复了理智最初的冲动,多亏这种冲动我们才得以进入可知领域。为其自身的专门性所强化的各种技艺[125]倾向于阻

---

① 参亚里士多德,《形而上学》,XIII, 7, 1081a5-7。
② 参 Jacob Klein,前揭,Section 7 C。
③ 参《治邦者》,284d1-2及其语境。
④ 因为(参页[119],注27[译注]本书页136注②)C=B,所以,"可知"与"可见"分线之间在长度上的不相等仅仅依赖于A与D的长度。

那么,设 A:B::B:D 或 A:C::C:D,

则 A:D 是 A:B 或 C:D 的二次比(*duplicate ratio*)(欧几里得,《几何原本》,V, Def. 9)。这是用数学术语表达"辩证"能力与"想象"能力的关系。

碍这种冲动。激活这种冲动需要某种巨大的努力。只有出于某种要踏上、要留在新的道路上的强烈的欲望，才有可能做出这种努力。

在看分线时，无论是画在沙土上还是"想象"出来的，通过关于分线的交谈和推理，苏格拉底与格劳孔二人本身展示出两种可以为我们的理智所接受的双重可能性。

首先，有这样一条线，苏格拉底请格劳孔在苏格拉底方才所说的、格劳孔所理解的东西方面加以思考（509d6－8）。这条线的画出和划分都很专业，就像熟练的数学家做出假定以便能够从中得出某些结论。① 然而，这并非苏格拉底想要格劳孔——以及我们——去做的。

因为，其次，这条线的可知的几何特征作为基础、作为严格意义上的"前提"（$τῷ\ ὄντι\ ὑποθέσεις$）为苏格拉底服务，以便引导格劳孔——以及我们——理解可知与可见之间的差别，及其各自内部的不同层次。苏格拉底对几何模型的运用，完全是非几何式的。

紧接着（$μετὰ\ ταῦτα\ δή...$，514a1），伪几何遭到摒弃，一种奇特的、关于一个洞穴的"影像"（$εἰκών$）在言辞中展现给格劳孔，也展现给我们。这一"影像"给予我们一次机会去运用自己基本的想象能力（比较 $ἀπείκασον$，②514a1），以便使我们能够将"想象中的"洞穴看作一个"真实的"洞穴。但是，与此同时，我们的理智想象能力使我们理解，这一"真实的"洞穴作为影像，反映的正是我们周围熟悉的世界中自然的、邦民的生活。

我们注意到，在洞穴故事以及在分线故事中，苏格拉底将我们带上一条显著上行之路（$ἀνάβασις$，515e7；517b4；$ἄνοδος$，517b5；$ἐπάνοδος$，521c7）。

---

① 正如页[119]，注27[译注：本书页136注②]以及页[124]，注47[译注：本书页142注④]中所做的那样。

② [译注] $ἀπείκασον$ 是 $ἀπό$ 和 $εἰκασία$ 的结合，意为"从影像而来"——"临摹"、"比拟"。另，the image of a cave 通译为"洞喻"，在这里为保持文脉通畅，我们将其译为"洞穴影像"。

第四节 《斐多》中的回忆、影像与理智

将对分线的探讨孤立于《王制》其余部分的做法,还有其合理理由。然而,我们没有理由在处理《斐多》的某些部分时忽视对话整体。

[126]我们至少可以牢记,题为《斐多》的那篇苏格拉底对话,从头至尾是一部神话论式的摹仿剧(mythological mime)。① 这篇对话中呈现的核心事件是苏格拉底之死。展现给我们的,是下面两方面的斗争:对死亡的畏惧、老而真的人身牛头怪(Minotaurus),以及苏格拉底、新而真的忒修斯(Theseus)。要不是斐多将这个故事讲给埃凯克拉

---

① 参页[18]。
施莱尔马赫在为其《斐多》译本所作导言中说道(前揭,II,3,页9):"……可能人人都注意到,没有其他哪篇对话——至少在所有最早期的对话中,在《斐德若》和《普罗塔戈拉》中——像《斐多》这样多地将带有其主题的摹仿元素同其各个部分熔于一炉。"(…zieht wol Jeder, dass das mimische auch in keinem anderen Gespr? che, am wenigsten in den frühesten, dem Phaidros und dem Protagoras, so ganz in den Gegenstand verwachsen und inning mit ihm eines ist als hier [im Phaidon], und es also auch nirgends ein gr? sseres Recht hatte, sich in vollem Glanze zu zeigen.)

Friedländer, *Platon*(《柏拉图》), II, *Die platonischen Schriften*(《柏拉图集》),1930,页321,曾引施莱尔马赫的讲法并说道:"在这篇对话[《斐多》]中,比其他地方更不容许分离该事件(Event)和该定理(Theorem)(如果我们可以在这里的语境下使用这一术语),将事件当作画框、定理当作画像。"

Robin,在其为《柏拉图全集》(*Platon*, *Œuvres completes*, Coll. D. Univ. de France,页 XXI – XXII,1933)中的《斐多》所作短评中提到——参考亚里士多德《论诗术》,残篇61(参页3,注1),以及《修辞学》,1417a18 – 21——"genre littéraire auquel appartient le dialogue philosophique[哲学对话所属的文学样式]",并将《斐多》描述为一部"摹仿剧",最后却说"……我们要从《斐多》中学的终归是柏拉图的思想"(ce que nous avons à étudier dans le Phédon, c'est avant tout la pensée de Platon)。

底(Echecrates)及其友人们,我们便无从得知这一事件。斐多的叙述线索追溯全部迷宫般的言辞($λόγοι$),这些言辞导致苏格拉底重生。

斐多讲述弗里乌斯(Phlius)的故事,该城邦同毕达哥拉斯及其追随者之名联系在一起。① 埃凯克拉底是其中之一。菲洛劳斯(Philolaos)以"毕达哥拉斯派"为人所知,克贝和西米阿斯这两位年轻的忒拜人和他有私交。② 归于毕达哥拉斯派教诲的学说一再浮现于整篇对话。③ 哲学($φιλοσοφία$)一词[127]回溯到毕达哥拉斯派——以及弗里乌斯。④ 斐多的报告首先表达的是这样一幅影

---

① 拉尔修,《名哲言行录》,I(Prooem.),12;VIII,46;,Iamblichus, *De vita Pythagorica*(《毕达哥拉斯生平》),267(Diels-Kranz,第七版,I,53,2,页443,或58,A,页447–448)。

② 61d6–e9。

③ 尤其是重生($παλιγγενεσία$)学说(70c–72d;80d–84b;112e7–113a5)。参 Servius, *In Vergilii carmina commentarii*,(Thilo-Hagen), *ad Aen*. III,68(Liddell-Scott, $μετεμψύχωσις$ 词条下),以及拉尔修,《名哲言行录》,VIII,36 中的克塞诺芬尼(Diels-Kranz,第七版,I,21b,7,页131,亦参恩培多克勒,I,31B,129,页363–364)。此外,关于入门秘仪和"净化"($κάθαρσις$,67a,69b 及各处——参 Robin,前揭,页17,注2;Hackforth, *Plato's Phaedo*,1955,页5,注1)的学说,球形大地学说(参 Hackforth,前揭,页5,注1),"音乐"论题(60e–61a;85b–86d;88d),从 Arithmetic 的技艺得来的例子(101b–106c;参页139,注98,页145,注115),以及将伦理性术语和用来指称各种"大小"及其关系的术语相配(参页[141]以下,注104,105,106[译注,本书页162注②开始往下的三个注释],Diels-Kranz,第七版,I,58B,4、5,页452,及 B,21,页456)。亦参 Olympiodorus *in Phaedonem*(Norvin),页205,15–20;页244,9 以下,Iamblichus, *De vita pythag*.,257–Robin,前揭,页102,117e1–2($ἐν εὐφημίᾳ χρὴ τελευτᾶν$)注1。上述各种学说和论题到底是不是"毕达哥拉斯式的",这个问题无关这篇对话的文脉。至少,这些学说和论题——直接或间接地——相关于毕达哥拉斯派的传说。同这些学说、论题中的某些几乎不可分割的,是那些位于"俄耳甫斯"典仪、奥秘之下的东西。玩笑元素亦不可脱离严肃性,各种论证皆凭严肃性得到发展或遭到反驳。

④ 拉尔修,《名哲言行录》,I(Prooem),12;VIII,8;西塞罗, *Tusc. Disp*.(《图斯库鲁姆清谈录》),V,3(Hackforth,前揭,页29)中的 Heraclides of Pontus。

像,友人于特别适合此情此景之处聚谈,此处:雅典狱中,苏格拉底濒死。恰于此处,"毕达哥拉斯派的生活方式"($ὁ\ Πυθαγόρειος\ τρόπος\ τοῦ\ βίου$)①在一小段时间内活灵活现,标志着一个至关重要的时刻。

这篇对话中的某些言辞涉及"回忆"论题。

第一、回忆论题首先由克贝带来(72e3),克贝小心地提及苏格拉底本人的一种习惯说法:"按照同一种说法,苏格拉底,若这种你习惯于一再重复的说法为真,即我们的学习除回忆外什么都不是($κατ'\ ἐκεῖνόν\ γε\ τὸν\ λόγον,\ ὦ\ Σώκρατες,\ εἰ\ ἀληθής\ ἐστιν,\ ὃν\ σὺ\ εἴωθας\ θαμὰ\ λέγειν,\ ὅτι\ ἡμῖν\ ἡ\ μάθησις\ οὐκ\ ἄλλο\ τι\ ἢ\ ἀνάμνησις\ τυγχάνει\ οὖσα$, 72e3-6)。"西米阿斯插话,称自己不记得这种断言——及其关于灵魂的潜在本性的推论——如何得到"推证"($ποῖαι\ τούτων\ αἱ\ ἀποδείξεις$,73a4 以下)。克贝提醒西米阿斯想想提问和回答——就像我们之前目睹的苏格拉底与小奴隶之间的交谈②——问答会为苏格拉底的论题提供绝佳的证明。在苏格拉底点拨下,西米阿斯宣称,自己并非不信苏格拉底的说法,但是,自己[128]迫切需要学到③该说法之所言,迫切需要学习"回忆"。克贝就此问题对西米阿斯进行解释的尝试本身,已然在某种程度上振奋西米阿斯的记忆并说服他。但是,西米阿斯仍想听苏格拉底本人如何就其进行解释(73b6-10)。于是,苏格拉底进行如下(73c1 以下)。

"我们同意,难道不吗,如果任何一个人要回忆某物,他必须在之前某个时候知道该物($δεῖν\ αὐτὸν\ τοῦτο\ πρότερόν\ ποτε\ ἐπίστασθαι$)。"西米阿斯同意。苏格拉底玩笑般地给出如何通过因果联系得出回

---

① 柏拉图,《王制》,卷十,600b3-4。
② 但是,克贝的话(73a7-b2)为什么会暗指《美诺》中的那一幕呢?
③ Heindorf 将 $μαθεῖν$[学习]校订为 $παθεῖν$[经历](73b7),这一校订多么有独创性,就多么不必要(除了 $πάθη$,73e2)。这一校订无视西米阿斯的评论中有意为之的玩笑性(参本书页[97],及《王制》,卷三,392d7,以及 413a3)。

忆的几个简单例子(里拉琴或斗篷→被爱的年轻人;西米阿斯→克贝),让西米阿斯确认,"那种东西是某种回忆"($τὸ\ τοιοῦτον\ ἀνάμνησίς\ τίς\ ἐστι$),"尤其当某人体验($πάϑη$)回忆,而所回忆的东西已经在时间和疏忽中遗忘之时"(73e1–4)。至此为止,强调的一直是不相像的事物的序列,这些事物可以通过我们的感官被感知,要么在某个时刻被感知,要么曾在某个时刻被感知。苏格拉底于此时(73e5)轻微但意味深长地改变了这些序列的样本,方式是引入事物的"影像":一匹马的画像或者一张里拉琴的画像→人;克贝的画像→西米阿斯。这些例子暗示出——并且在下文中很快彰显出——这样的序列:"某物的影像→该影像之为影像所由出的事物"(西米阿斯的画像→西米阿斯)。这种序列,包括可见事物的可见影像,统统属于可见领域,在该领域中,我们基本的想象能力得到发挥。我们必须留意,在苏格拉底提及的序列中,原物(西米阿斯,里拉琴,马)在各个情况下都被认定已然被遇见。关于那些序列,我们的确可以说,我们被影像"提醒"起原物,回忆一词十分适用。

接下来(74a 以下),苏格拉底带来一种新的序列,尽管"影像→原物"的样本看上去仍未改变。此处给出的作为例子的序列是"相等的事物→相等本身"($αὐτὸ\ τὸ\ ἴσον$)。该序列的用词,无法在可见领域的限度内得到领会:"相等的事物"[129]通过我们的感官感知,"相等本身"或"相等性"($ἰσότης$)则不然。只有关于后者的知识($ἐπιστήμη$),得到这种知识,凭靠的是我们的各种感官,这些感官"出自"($ἐκ$)我们对相等的可见事物的感知,此外别无他途($μὴ\ ἄλλοϑεν$)。①

这种对知识的获得何以称为"回忆"?在《斐多》中,该问题的答案取决于我们意识到,表面上相等的可见事物的相等性,是不充分的相等性,受"不相等性"的沾染:我们意识到,两种在可见层面

---

① 参75e3:$ταῖς\ αἰσϑήσεσι\ χρώμενοι$[运用诸感官],76d9:$ἐκ\ τῶν\ αἰσϑήσεων$[出于诸感官]……

相等的事物并不完全相等,鉴于它们有时在一个人面前显得相等,在另一个人面前却显得不相等,尽管这些事物中的每一个都保持不变。① 能够承认这一不充分性,根据该论证,意味着我们以前必定知道(προσεοικέναι,74e3,9)完美的相等性,这永远不可能在可见事物中觅得。我们回忆的,正是这种以前的、却已然遗忘的知识,在感知可见层面上相等的事物时,我们意识到,其相等性仅仅是某种近似性,是完美的相等性、"相等本身"的摹本或"影像"。

于是,"回忆"行为使我们能够将表面上相等的可见事物"关联"(ἀνοίσειν,75b7,ἀναφέρομεν,76d – e)于某种可知的"原物"。这种关联行为由我们的理智②在对其理智想象力(dianoetic eikasia)的运用中得以完成:正如在许多其他情况下,我们把这里的可见事物的性质"比作"(ἀπεικάζομεν,76e2)不可见、然而更精确的思想对象。

在呈现给西米阿斯的说辞中,苏格拉底用遗忘与回忆的熟悉经验描述我们的理智的运作。但是,这些经验的运用被无限放大。

苏格拉底承认(75c4 – 5),我们必定在生前(πρὶν γενέσθαι)已然获得(εἰληφέναι③)那种关于完美的相等性的知识。西米阿斯赞成。这一点不仅适用于相等性,而且适用于任何可知对象——在我们提问、回答时,我们给这些对象盖上"它是[130]其所是"(αὐτὸ ὃ ἔστι,75d2;参65d13 以下,78d3 – 9,92d9)的封印。④ "而且,

---

① 且不论 τότε...τότε[这时……那时]的说法(74b8 – 9)。参 R. S. Bluck, *Plato's Phaedo*(《柏拉图〈斐多〉》),1955,页 178,注 1;Robin, *Platon, Oeuvres completes*(Pléiade)I,790。

② 频繁用于这段文本中的是动词 ἐννοεῖν(也用到一次其名词形式 ἔννοια):73c8,9,74a6,b6,c8,d1,9,e2,75a1,5 以下,11,76a3。(参西塞罗,《图斯库鲁姆清谈录》,I,24)。参 73d7 以下:ἐν τῇ διανοίᾳ[在理智中],66a2:τῇ διανοίᾳ[对于理智],65e7:αὐτῇ τῇ διανοίᾳ[对于理智本身]。

③ 75b5,c2,4 以下,d5,76b2 用的是完成时,75c7,d7,9,e2 用的是不定过去时分词。

④ 参《王制》,卷六,507b7;卷七,532a7。

如果在获得($λαβόντες$)[这种知识]之后,我们其实并未在各种情况下($ἑκάστοτε$)①忘掉它们,我们必定生而有知,且毕生有知($εἰδέναι$)。因为'知道'($εἰδέναι$)仅仅意味着:拥有关于某物的知识后,保有它($ἔχειν$),不丢掉它。'丢掉知识'($ἐπιστήμης ἀποβολή$),就是我们所说的遗忘($λήθη$),不是吗,西米阿斯?"西米阿斯完全同意(75d7-e1)。

苏格拉底总结到,然而,②看来当我们出生时,我们的确已丢掉之前获得过的那些知识,后来,通过使用我们的感官感知,我们重获($ἀναλαμβάνομεν$,75e4)它们,即我们在以前某些时候($ποτε$)拥有过的同样的知识。因此,我们称作学习的,就是重获已经属于我们的知识($ἆρ' οὐχ ὃ καλοῦμεν μανθάνειν οἰκείαν ἂν ἐπιστήμην ἀναλαμβάνειν εἴη$)。"我们称此为'回忆',难道不对吗?"(75e6-7)③西米阿斯看起来满意了。但是,彻底说服西米阿斯学习是回忆(76a1-c5)、我们在生前没有身体时灵魂也存在(76c6-77a5),还需要一些补充论证。关于我们灵魂的先在(pre-existence),对于西米阿斯来说最有说服力的是:必然地(76e2),即便在我们生前,灵魂已然存在($εἶναι$,76c6-77a5),正如可知对象已然存在($ἔστι$,76d7;e3;77a1-2)。论点得到强调:我们的灵魂在我们生前就存在,一切可知对象已然存在,实有"相等的必然性""同样的必然性"($ἴση ἀνάγκη$,76e5;$ἡ αὐτὴ ἀνάγκη$,e8-9)。然而,断言灵魂先在,这种做法的必然性被认为取决于可知对象的假定存在。如果它们不存在,苏格拉底说,就无从论证我们灵魂的先在(76e4;参 e7)。对于西米阿斯而言,没什么比这一点更清楚:所有那些对象都在可能的最严格的意义上存在($πάντα τὰ τοιαῦτ' εἶναι ὡς οἷόν τε μάλιστα$,77a3 以下)。处于未生

---

① 参 Robin,《斐多》,前揭,页 31,注 2,及其 *Platon*(Pléiade)I,1327,注 57,按其理解,$ἑκάστοτε$指的不是获得各种特定知识,而是我们的每次重生。

② 参 Hackforth,前揭,页 71,注 1。

③ 上句看来直接回溯西米阿斯于 73b6-10 做出的请求。

状态的灵魂——该状态的特征是审慎（φρόνησις）——［131］（76c12；对参79d6以下）①显得是从可知之物的被抬高的地位得出的。正是这一依存关系，为西米阿斯，也为克贝（87a3-4），提供了关于灵魂先在的一个充分论证（ἱκανῶς ἀποδέδεικται，77a5）。

在之前所有说辞中，强调的是灵魂在时间中的存在，无论灵魂是结合于还是分离于身体。与之相应，此处正如在《美诺》的神话中一样，灵魂拥有的那种知识是在时间的某些瞬间中获得的知识。我们中有些人，于此生从无知状态步入有知状态，这些人据说"回忆"起自己"曾经学到的"（Ἀναμιμνήσκονται...ἅ ποτε ἔμαθον，76c4）。②尽管有回忆说，灵魂本身还是被认为有能力——在某些时间段实际上从事于——学习。

紧随其后的说辞——处理克贝对灵魂死后状态的关切——有一个非常不同的样本。灵魂在时间中的先在，在提及时仅与某些秘仪相联系（81a8-9）。强调的是灵魂的不变本性，它暗示某种不受时间影响的存在次序（尤其79d-e）。

第二、紧随着克贝和西米阿斯在灵魂不灭方面的最终反对，回忆说再次出现，这是在对话正中，此时他们正在认真地与死亡的恐惧作战。苏格拉底以发问开始讨论，问西米阿斯和克贝如何看待那个论证，即认为学习是回忆、因此（τούτου οὕτως ἔχοντος），在束缚于身体之前（91e5-92a1），灵魂必定存在于"其他某处"（ἄλλοθι）。此二人，西米阿斯和克贝，极力赞同该论证（92a2-5）。

苏格拉底接下来首先着手排除西米阿斯的反对。他的反对立足于提出广为接受的（参92d2以及86b6-c2）——很可能也是"毕

---

① Φρόνησις［审慎］从篇首至篇尾都得到强调：65a9；66a6；c5；e3；68a2，7；b4；69a4；b3，6；c2；70b4；79d6；80d7；81a5；94b5；118a17。

② 参72e6-7（克贝说）：ἀνάγκη που ἡμᾶς ἐν προτέρῳ τινὶ χρόνῳ μεμαθηκέναι ἃ νῦν ἀναμιμνησκόμεθα［我们必然在以前的某个时候学习过现在回忆起的东西］，以及页［129］，注60［译注］本书页148注③。

达哥拉斯式的"——论题,即灵魂很可能是与身体诸特性的恰当安排或和谐(ἁρμονία)相近的某种东西。① 苏格拉底使西米阿斯看到,和谐说[132]无法与回忆说调和。于是,西米阿斯决定抛弃前者、支持后者。什么促使西米阿斯这样做? 和谐说在他看来——西米阿斯"不加论证地"(ἄνευ ἀποδείξεως)说道(92c11-e3)——在一定程度上比较可信、雅致,而回忆说在一个值得接受的假定(δι' ὑποθέσεως ἀξίας ἀποδέξασθαι)基础上已得到论证。② 西米阿斯追溯下述两方面的依存关系,一方面是灵魂的存在,这在灵魂进入身体前就属于我们,③另一方面是灵魂本身像对其专属④领域关注的、以"是者"(ὅ ἐστιν, that what is)的名号为其标示的那种存在(οὐσία)。这就是西米阿斯自信地接受的起点;这就是为什么西米阿斯感到被迫要放弃和谐说(92e1-3)。

我们注意到,西米阿斯并不完全跟随苏格拉底:西米阿斯并不使灵魂先在基于回忆说。恰恰相反:西米阿斯接受回忆说,是因为回忆说看上去得自灵魂先在,而反过来灵魂先在看起来得自灵魂及其可知对象之间的贯通。⑤

第三、现在轮到克贝(95a4)。克贝的反对很关键。在抵御该反对时,苏格拉底丝毫未动用回忆说。然而,在此情景下,苏格拉底不

---

① 参 Hackforth,前揭,页 97,注 1,及页 98,注 1,亦参 Robin,《斐多》,前揭,页 49,注 2,及其 Platon(Pléiade) I,1328,注 76。亦参奥古斯丁,De trubutate (《论三位一体》),IV,2,及 De civitate Dei(《上帝之城》),XXII,24,奥古斯丁将 ἁρμονία[和谐]译为 coaptatio[恰当地使之结合在一起]。

② 相反于 διὰ τῶν εἰκότων[基于相似]。

③ 参 ἡμητέραν,76e1,3;ἡμῶν,77a1。

④ 保留 αὐτῆς(92d8),对比 Mudge, Hirschig, Wohlrab, Schanz, Archer-Hind (页 117),及 Hackforth,前揭,页 114,注 2。参 Heindorf(关于 76e):ad menten nostram pertinere;Robin,《斐多》,前揭,页 60,注 3;Bluck,前揭,页 99,注 2。Αὐτῆς(d8)和 ἡμῶν(d7)并列。

⑤ 参 79d3;80b1-3;亦参《王制》,卷六,490b1-4。

得不说的,与学习问题关系极大。

按照克贝的说法,苏格拉底至此并未推出任何有说服力的论证,以表明灵魂在死后会持续存在。我们当然无法仅仅从灵魂先在推断出灵魂会永远保持其存在。这一说法强调灵魂和可知之物的不变特征之间的贯通($συγγένεια$)(78b4 – 80c1),最终得出这样一个结论:对于灵魂来说恰当的是,要么完全不灭,要么几乎如此($ἢ\ ἐγγύς\ τι\ τούτου$)。克贝进一步详述这一"几乎如此":灵魂很可能比身体活得久一些,然而终会停止存在(86e6 – 88b8)。我们注意到,克贝的反对假定,永远持续的灵魂决不会在时间中停止存在。

[133] 为应对这一反对,苏格拉底——在回看自己内心好一会儿之后[①]——远远地追溯自己的青年时期。苏格拉底叙述说,自己曾非常想要探究,在任何一样东西或事件方面($ἕκαστον$),什么为其产生、消灭、是其所是负责(96a9 – 10;对参 97c6 – 7)。然而,苏格拉底无法探得任何满意的答案。他也不能从其他任何人、甚至不能从阿那克萨哥拉那里获得答案。主要困难在于苏格拉底和其他许多人所问问题的含义。

提出"责任"问题、追问某物的原因($αἰτίας$),意味着什么? 追问"为什么这是这样"意味着什么? 无论何时,只要我们不能够理解在我们的直接经验中呈现的东西,"为什么"和"为何"($διὰ\ τί$)[②] 的问题就会出现。这种问题的提出表明,我们的理智被激发、被号召去解除这一困难。产生于这种自然提问的,尤其值得一提的,是一种特殊的智慧,这种智慧以"关于自然的探究"($περὶ\ φύσεως\ ἱστορίαν$, 96a8)之名为人所知。这个讲法各异的探究,坚持回答这一问题,却不区分其可能的各种含义。

这就是苏格拉底如何决定——正如他进一步叙述的那样——

---

① 参页[92]以下。

② Cur, pourquoi, perchè, warum(参《吕西斯》218d – 221d,尤其 220d4 – e6 处关于 $ἕνεκά\ του$ [何故]与 $διά\ τι$ [为何]的辩证游戏)。

第五章　题外话：回忆与记忆　**153**

进行一次不同的游历、"再次尽力尝试",①去探究"为什么"事物是其所是($δεύτερον\ πλοῦν\ ἐπὶ\ τὴν\ τῆς\ αἰτίας\ ζήτησιν$)。这是苏格拉底所做的关于其新的尝试的陈述($ἐπίδειξιν$,99d2;参100b3,8)。

在直视将其自身呈现于我们所熟悉的世界中的任何东西、直视事物及其性质、直视人的事务及其行动时,我们冒着变盲的危险,就像不通过看太阳在水面上的影像来观看日食中的太阳的人所冒的危险一样。这样的情况也会发生在那些自然的探究者身上。为避免变"盲",苏格拉底认为,自己不得不"求助于口说之言"($εἰς\ τοὺς\ λόγους\ καταφυγόντα$,99e5),求助于跟自己和别人交换问题和答案,②求助于它们以便探究事物之真理。

任何言说($λέγειν$)都仅仅是我们理智活动的可听显示。在《智术师》中(263e3 – 5),异乡人问道:"好,那么,难道理智($διάνοια$)[134]和言辞($λόγος$)不是同一样东西,只不过前者——灵魂同其自身沉默、内在的谈话($ἣν\ ὁ\ μὲν\ ἐντὸς\ τῆς\ ψυχῆς\ πρὸς\ αὑτὴν\ διάλογος\ ἄνευ\ φωνῆς\ γιγνόμενος\ ἑκάστοτε$)——被赋予'理智'之名?"泰阿泰德回答:"的确如此。"③理智以及言辞中的阶石是单纯的寂静或可听之词($ὀνόματα$),④这些语词看起来多半指的是诸可见事物及其性质和关系。但是,事实上,这些语词所表示的,是由理智制作、帮我们理解所感知的东西的假定。也就是说,它们表示可知对象($νοητά$),以及这些对象之间占主导地位或必定占主导地位的关联。⑤ 苏格拉底

---

① 对参亚里士多德,《尼各马可伦理学》,II,9,1109a34 以下。
② 参100d9 – e2:$καὶ\ ἐμαυτῷ\ ἀποκρίνασθαι\ καὶ\ ἄλλῳ$[给自己或别人做出回答],以及$καὶ\ ἐμοὶ\ καὶ\ ὁτῳοῦν\ ἄλλῳ\ ἀποκρίνασθαι$[给不论是我还是别人做出回答]。
③ 参264a9,以及《泰阿泰德》189e4 – 190a2,亦参《斐勒布》38e1 – 8。
④ 参页[57],以及页[136],注88[译注]本书页157 注①。
⑤ 参《泰阿泰德》,147a1 - c2;《法义》,卷十,895d – 896a。
在洞见的最终层面,在知识层面,言辞有可能失败,因为根本的思想对象,即理念,可能不像相应的可听之词那样在数字上相关联:可听之词的计数可能

的"再次尽力尝试"在于跟随理智所追踪的路径:事物是其所是的原因以及关于这些事物的真理,要到口说——或寂静——的语词及其所指的思想对象中去找。苏格拉底提醒到,这不等于说太阳的例子——我们看太阳时只能看其影像——适用于此:若将如下二人进行比较,一人在探究语词中的事物,另一人直接探究事物,前者很难说比后者更关涉影像(100a1-3)。相反,我们推测,前者在对理智想象的运用中,将事物看作其可知原物的影像,尽管普遍意见认为,"纯粹的"语词及其含义除反思——可能还歪曲——"实存"(reality)外什么都不做。①

苏格拉底为自己所采取的方式给出如下概述。在各种情况下(ἑκάστοτε),苏格拉底都选取最靠得住的讲法②为假定,据苏格拉底判断,那种讲法会使我们理解依然含混并隐匿于我们直接经验中的东西。这样一种讲法、一连串语词,会彰显作为直接经验的基础的思想对象之间的关联。无论什么东西,只要它和这种[135]道理一致,就会被断定的确为真,无论它是否关涉某物或他物的原因;无论什么东西,只要它不符合这种道理,就会被当作非真(100a3-7)。

克贝不怎么跟得上。苏格拉底解释说,自己并没有在讲任何新东西,所讲的只不过是自己一直在讲的东西,无论在别的时候还是在正在进行的讨论中。③ 苏格拉底现在要再次提起那些念叨已久的话,使那些话成为自己的起点、自己的初步假定:被命名为"美"

是误导。参《智术师》217a-237c-254c-257a;亦参《治邦者》257a-b,261e(亦参 Jacob Klein,前揭,Sect. 7 C)。不可忽视的是投诸可听之词的"真实性"的怀疑,见《克拉底鲁》439a-b 及其语境;亦参上文,页[121],注 33[译注]本书页 139 注①。

① 参《蒂迈欧》,51c4 以下:...μάτην ἑκάστοτε εἶναί τί φαμεν εἶδος ἑκάστου νοητόν, τὸ δ' οὐδὲν ἄρ' ἦν πλὴν λόγος [我们是否可以说,理智理念在各种情况下什么也不是,只不过一个词而已]。

② 对参《克力同》,46b4-6。

③ 65d 以下,74a7 以下,75c-d,76d-77a,78d 以下。

本身（αὐτὸ καθ' αὑτό）、"好"本身、"大"本身诸如此类的东西存在。① 这三种思想对象被理解为严格地是其所是，且除此之外什么都不是。苏格拉底在各种情况下所选定的最可靠的道理，指向任一思想对象与存在本身之间的必然关联（100a7 – b7）。

同上述道理相一致的是下面这类观点：若除美本身外还存在其他美的东西，则其他东西之为美，惟因其分享或分有（μετέχει，100c5）美本身。导致事物之为美的正是这种原因（τῆς αἰτίας τὸ εἶδος，100b4），它将事物"制作"（ποιεῖ）②为美的。这类道理为下面这个问题提供了最可靠（ἀσφαλέστατον，100d8）的答案："为什么"事物是其所是？

鉴于苏格拉底的"再次努力尝试"在于穷究我们理性的普通、"自然"之路，苏格拉底可以反讽而真实地将自己对为什么事物是其所是的理解方式描述为"简单的"（ἁπλῶς）、"没什么技巧的"（ἀτέχνως）、"或许愚蠢的"（ἴσως εὐήθως）。苏格拉底的回答，尽管很可靠，却很简单，"没学问"（ἀμαθής），正如苏格拉底后来（105c1）——再次反讽而真实地——补充的那样。这个答案的可靠性完全基于这一作为其基础的道理的可靠性，即，可知对象存在。苏格拉底"到目前为止"（100d6）并没有准备好自信地阐述如何理解一个可知对象的"分有"：由于美"在场"[136]（παρουσία）于事物中，美的分有将事物"制作"为美的？或者，由于它建立了一个这些事物的"共同体"（κοινωνία）？还是由于其他什么东西？在对理智想象的运用中，我们至少理解，美的事物看起来像不可见的、可知的

---

① 在这三种被命名的东西中，下文选取美和大进行深入阐发，忽略善。
② 对参《斐勒布》，26e6 – 9：ΣΩ. Οὐκοῦν ἡ τοῦ ποιοῦντος φύσις οὐδὲν πλὴν ὀνόματι τῆς αἰτίας διαφέρει, τὸ δὲ ποιοῦν καὶ τὸ αἴτιον ὀρθῶς ἂν εἴη λεγόμενον ἕν; ΠΡΩ. Ὀρθῶς [苏格拉底：制作者的本性和原因的本性之间除用词外没有什么区别，以至于制作者和原因可以说是一回事，不对吗？普罗塔库斯：对]。亦参《会饮》，205b8 – c3。

美本身。此处亦然，"看"有双重性。① 也就是说，在日常语言中适用于可见事物的样子或"外观"的理念一词（εἶδος 或 ἰδέα），究竟如何可能——悖论式地——用来指不可见的理智对象。② 在《帕默尼德》中（132d1-4），柏拉图让那位非常年轻的苏格拉底以极大的自信宣称："这些理念［εἴδη］凭其自身③像［不变的］样本（ὥσπερ παραδείγματα）一样树立，而其他［可见且可变］的事物摹仿它们（τούτοις ἐοικέναι），是［它们的］摹本（ὁμοιώματα）；至于理念的分有，即其他那些东西的份儿，只不过是照着那些理念的影像造的。"那位非常年长的帕默尼德，像普里阿摩司（Priam）一样④"庄严而令人敬畏地"指出这一理解所造成的一些严重困难，这些困难的解决要求一种有良好性情的灵魂以及无限勤勉的努力。但是，帕默尼德也总结到（135b-c），有人若要否认那些理念（εἴδη），"他的理智将无处落脚"，"从而将彻底摧毁辩证的力量（τὴν τοῦ διαλέγεσθαι δύναμιν）"。

为应对克贝的反对，苏格拉底不得不表明为什么灵魂永不会"死"。这是苏格拉底所希望达成的（100b7-9），这也对"为什么？"这一问题本身的意义的探讨成为必要。

苏格拉底提供的"证明"其实很像一座极为错综复杂的迷宫。他的论证最终基于如下几方面：一、作为基础的、最可靠的那个道理，即诸理念中的每一个都是某种存在的东西（εἶναί τι ἕκαστον τῶν εἰδῶν，102b1）；二、其推论，即其他一切事物凭"分有"那些理念从而于那些理念中获得其名称（τούτων [sc. τῶν εἰδῶν] τἆλλα μεταλαμ

---

① 参页［115］。亦参阿那克萨哥拉，fr. 21a（Diels-Kranz，第七版，II, 59B, 21a，页 43：ὄψις γὰρ τῶν ἀδήλων τὰ φαινόμενα［所见是不可见的显现］）

② 参页［49］以下，页［65］-［66］（体［στερεόν］的实例）。对参《会饮》210b2-3。

③ ἐν τῇ φύσει，参《斐多》103b5。

④ 对参《泰阿泰德》，183e5 以下，以及《伊利亚特》，卷三，172（亦参《智术师》，217c4-7）。

βάνοντα αὐτῶν τούτων τὴν ἐπωνυμίαν ἴσχειν, 102b1－2①);三、类似的推论,即各种理念的[137]这种分有可以可靠地理解为各个事物是其所是的原因(αἰτία)。

但是,此外,还有两条规定必定引导理智迈上新行程,从而也指导理性完成苏格拉底为自己设定的新任务。

第一条是:在特定情况下,从那些可靠的、关于事物是其所是的原因的假定得出的推论,必须仔细检查它们之间的相容性或不相容性(101d4－5)。第二条是:可靠的前提本身必须在所探讨的实例中以相同的方式(ὡσαύτωςανωθεν)得到说明,即通过诉诸另一个——"更高的"(ἄνωθεν)——选定为最好的(βελτίστη)假定得到说明,这一过程必须一直进行下去,直到最终达至某种充分的东西(τι ἱκανὸν)(101d5－e1)。

苏格拉底小心地评论道,②这两条进路,一条朝向由可靠的假定得出的推论(τὰ ἀπ' ἐκείνης [ὑποθέσεως] ὁρμηθέντα, d4;τὰ ἐξ ἐκείνης ὡρμημένων, e1－3),③另一条关乎其本原(περὶ τῆς ἀρχῆς),若想找到的确为真的东西,便不可混淆二者。④ 无论如何,我们不可疏于看到,苏格拉底在措辞上(ὁρμᾶσθαι ἀπό 或 ἐκ...——ὑπόθεσιν ὑποθ-έμενος...τῶν ἄνωθεν...)并未明确区分理智的下行、上行运动,且将"假定"与"本原"的含义融于对ὑπόθεσις[前提、基础]一词的使用中。⑤ 这些含混之处受利于整个对话的神话品质。在通篇对话中,可知对象的不可见性凭一个双关语同冥府(Hades,τὸ ἀιδές-ὁ

---

① 对参 103b7 以下:...περὶ ἐκείνων αὐτῶν ὧν ἐνόντων ἔχει τὴν ἐπωνυμίαν τὰ ὀνομαζόμενα [凭它们在事物中的在场,事物得到自己的名称](亦参《王制》,卷十,596a6－7;《蒂迈欧》,52a4－5)。
② 参页[122],注37[译注]本书页140注③。
③ 对参 ὁρμαί [跳板]——《王制》,卷六,511b6。
④ 参 101e1－3。
⑤ 参页[121]－[123]。

Ἅιδης）关联起来，①但是，这一双关语不仅仅是文字游戏。冥府作为死后灵魂的寓所的一切熟悉含义得到召唤。但是，前往"彼"处，即"真正的冥府"（εἰς Ἅιδου ὡς ἀληϑῶς，[138]80d5 - 7），究竟意味着"下行"还是"上行"，这一点必定还晦暗不明。②

关于上述进路，苏格拉底引证了两个主要例子。其一是身体或热或冷的实例（103c10 - e5）。其二是事物之数或奇或偶的实例（103e5 - 104c10；104c11 - 105a5）。

支持第一个例子的，是关于人或大或小的实例的讨论（102b3 - 103a3），该讨论只不过是之前关于相同主题的论证的延伸（100e5 - 101b3）。

同第二个例子相关的，是关于一和二的讨论（101b9 - c9）。

此外，还有一些看似微末的例子，关乎"多少""大小"（101b4 - 8），关乎"病"（105c2 - 4），以及关乎作为分数的"部分"以及相应的"整体"（105a6 - b4）。

在上述各个实例中，可以推出关乎原因（αἰτία）的"可靠"而简单的假定：一个人大，于是被称为大而非小，因为他分有"大"，或者我们可以说，因为"大"存在于他"里面"；一个物体热，于是被称为热，而非冷，因为它包含"热"（105b8 - c2）；一个人身体有病，于是

---

① 尤其79a - 85b；107a1。对参《高尔吉亚》，493b4 - 5，《克拉底鲁》403a404b4。在《克拉底鲁》中，苏格拉底玩笑式地将此双关置换为另一个。但是，在将Ἅιδης［冥府］归源于πάντα τὰ καλὰ εἰδέναι［知道/看到一切美的事物］衍生出时（404b3）——或者像Hermann提出的那样，归源于ἀεὶ εἰδέναι［永远知道/看见］（ἀϊειδέναι，Robin，Plato [Pléiade]，I，640 及 1305，注 47）——苏格拉底实际上将前者合并入后者。

这一柏拉图式双关只不过是荷马Ἅϊδος κυνέη［冥王之（隐身）帽］（《伊利亚特》，卷五，845）这一说法的变体——对参《王制》，卷十，612b5。亦参 Diels-Kranz，第七版，I，28B，页 243，14 - 15（Simplicius about Parmenides）。

② 参《伊利亚特》，卷二十三，103 - 104：Ὢ πόποι ἦ ῥά τίς ἐστι καὶ εἰν Ἀΐδαο δόμοισι ψυχὴ καὶ εἴδωλον, ἀτὰρ φρένες οὐκ ἔνι πάμπαν［啊，这是说在冥王的宫殿里还有某种灵魂和幽影，只是没有生命］。

被称为有病(而非健康),因为"疾病"固有在他"里面";一些东西的数目为奇,于是被称为奇而非偶,因为它分有"奇"。

第一个主要例子和第二个主要例子之间有重要差别。

某物之热冷仅仅是相较于(πρός)其他某物而言:因此一个物体既热又冷,热是相较于较冷的物体而言,冷是相较于较热的物体而言。通过举出西米阿斯既大又小的实例,苏格拉底点明这一情况(102b以下)。而且,正如我们从《王制》中了解到的,① 我们对大与小的感知的表面矛盾,被理智解决,理智将大与小作为两种包含在我们诸感官的困惑中的可知对象进行区分和关联。其实,热(θερμότης,105c2,106b6,7)与冷,正如大与小,也是可知对象,领会这些对象要通过我们理智的基本活动(τῷ τῆς διανοίας λογισμῷ,79a3)。但是,它们是特[139]殊的一类不可见的理念:它们是无限延伸的可感范围的理念性极点;这些范围本身由"较多与较少"的滑动带结合在一起。②

另一方面,事物之数决不会同时既奇且偶:它或奇或偶。它是奇数,并不仅仅相较于一个偶数而言,而是主要在于其自身。在这里,理智并未被召去澄清任何困惑,而是基于其自身立场本身,在一切可计算、可计数的东西面前,将所要给出的假定发展至"更高"、"更专门"的层面。③ "奇""偶"之别产生出计算技艺所要处理的第一系列理念。这两种理念将一切可数之物的领域划分为清晰可辨的两"半"(104a7 – b4)。④ "较多与较少"无从影响

---

① 参页[116] – [117]。
② 参《斐勒布》,24b4 – 5(及其语境)。
③ 参页[188] – [222]。
④ 参 Philolaos, Diels-Kranz,第七版, I, 44B, 5,页408,亦参 Jacob Klein,前揭,页56以下。在"毕达哥拉斯派"对反表中(参亚里士多德,《形而上学》, I, 5, 986a22 – 26),"奇"出现在"积极"的一边,"偶"出现在"消极"的一边。这种对 περιττός[奇数]口语含义[超凡、卓越的]翻转,可以贴上"毕达哥拉斯式革命"的标签。参普鲁塔克,*De animae procreatione in Timaeo*[《论〈蒂迈欧〉中的

该领域。① 因此,第二个例子比第一个更明晰($\sigma\alpha\varphi\acute{\varepsilon}\sigma\tau\varepsilon\varrho o\nu$,103e6)。

无论如何,第一条规定,关乎诸推论的相容性或不相容性的那条,对两个例子都适用。

一个热的物体可以冷掉,再重新变热,但在它"里面"的热本身决不会变冷,在它"里面"的冷本身也绝不会变热(参103a4－c9)。因为热与冷,正如大与小,本身($\dot{\varepsilon}\nu\ \tau\tilde{\eta}\ \varphi\acute{v}\sigma\varepsilon\iota$)互不相容。

奇数数量的事物可以通过相似的方式或增或减,以便变成偶数数量的事物,但是,在给定奇数例如三个苹果"里面"的奇不能与偶共存,因为奇自身不相容于偶本身。

起因于却非常不同于"热－冷"这一对反的是另一对反:"火－雪"。"火"和"热"必然相容,因为火是热的,[140]但是,"火"与"冷"——既在"事实"上也在"思想"中——不可能共存。"雪"也不可能与"热"共存(103c10－e5)。

通过对应的方式,任意三物的三－性(three-ness)必然相容于奇,因为三物是奇数之物,它们之为"三"排除了它们里面的"偶"(104d5－e6)。四物也不可能是奇数之物。

到目前为止,上述两个例子表明以下对应关系:和"热－冷"对反对应的是"奇－偶"对反;和"火－雪"对反对应的是"某已知奇数－某已知偶数"对反(例如,三物－两物,五物－四物,依此类推)。

我们注意到,苏格拉底强调"三"物和"二"物并不相反(104c5;对参b8),尽管"火"与"雪"的关系悬而未决。然而,可以说,正如某奇数与偶性、某偶数与奇性并不相反一样,火与冷、雪与热也不相反

创生与灵魂》],*Moralia*(《伦语》),VI,155以下(Bernardakis)——见Diels－Kranz,第七版,I,14,11,页102,6,以及页489,27－34,以及II,217,5,以及218,9,以及J. Bidez et F. Cumont,*Les mages hellénisés*[《希腊星相学家》],193,I,37以下,II,35,63－66,80(对比《克里提阿》,119d2－4)。

① 参亚里士多德,《范畴篇》,6,6a19－25。

(104e7 – 105a5)。一方面是火与雪,另一方面是冷与热,它们属于不容的存在层次。

在关于事物本原的、可靠而简单的答案之外或之上($παρά$),另一种可靠的回答方式进入我们的视线。苏格拉底给出如下例子:某物体会热,不仅因为热($θερμότης$)进入它,我们可以说,还因为"火"($πῦρ$);某个身体会病,不仅因为病入其身,也许还因为发烧;事物之数会是奇数,不仅因为奇性($περιττότης$)进入它,还因为"一"($μονάς$)!① 恰恰从这个答案中,一个"更机巧"($κομψοτέραν$,105c2)的答案——灵魂的不死性——得以推出(105b5 以下):② 灵魂($ψυχή$)会加入解释生命的新实体行列。③

我们仔细看看新旧答案之间的相似与相异。

[141] 一、在各个新答案中,新引入的实体(火、发烧、一、灵魂)都没有提供所探讨的东西的名称(热、病、奇、生命)。

二、在新旧答案中,热的物体以及病的身体——还有大的人——呈现于我们的感官时,即呈现于我们的视觉和触觉时,它们所处的层次当然是同一个层次。任何奇数事物,比如三个苹果,也是这样,因为可见事物的数目拥有"可见或可触的形体",④ 即所数事物的形体。

---

① [译注]亦译"单位"(unit)。莱布尼茨的"单子"(Monad)亦源于该词。

② 参 101c8:$τὰς τοιαύτας κομψείας$ [这样的]及其语境(亦参《王制》,卷六,499a6 以下:$τὰ δὲ κομψά τε καὶ ἐριστικά$ ...[机巧和诡辩......];《高尔吉亚》,521e1 以下:$κομψὰ ταῦτα$ [那些机巧],这一说法反用卡里克勒斯对欧里庇德斯的引用,见 486c6)。

③ 并非不重要的是,要注意,生命与死亡的对反与其说更像热与冷、不如说更像奇与偶(参页[138]以下)。

④ 《王制》,卷七,525d 以下;参《厄庇诺米斯》,990c6;亦参 Jacob Klein,前揭,页 23,46 – 49,91。

三、在旧答案中,"热""病"和"大"皆属于可知层次,然而,"奇"属于更高层次。苏格拉底一度(104d5)所称的"三的理念"(ἡ τῶν τριῶν ἰδέα)也可能属于"热"和"病"的层次。但是,奇与偶比三或四更广泛。

四、但是,我们应将火、发烧、一以及灵魂归于何种层次?

这可不是一个微末的问题。苏格拉底本人指出,"还有些别的事物"(ἄλλο τι,103e4,9 以下;ἀλλ' ἄττα,104c8),那些事物并不接纳(δέχεται)相反者的某一方,尽管如此,那些事物本身并不相反于相反者中的某一方;在指出这一点之后,苏格拉底两次向克贝提议,他们应该划定(ὁρίσασθαι)那些新事物是哪种实体(ὁποῖα,104c11;ποῖα,e7)。他们最终以一个错格(anacoluthon)的形式划定出来(104e7 - 105a5)。它以一种意味深长的描述方式重申之前说过的话:新实体,尽管不"接纳"相反者的某一方,却"带来"另一方,并将这另一方加诸它们所应对的东西上。① 但是,什么是它们的存在样式这一问题仍悬而未决。让我们尝试做出某些澄清。

火与雪可以由我们的感官感知。火与雪可能有点难以捉摸,但是它们比热与冷更具备"物"的品性:"热"与"冷"是形容词,至于它们的实质性基础,我们不得不去理念领域找;"火"与"雪"本身就是名词。但是,火与雪不是理念。② 火与雪[142]也不像热与冷或大

---

① 参 Hackforth,前揭,页 152,注 4,5。

② 《斐多》通篇给出的可知对象(νοητά)诸例,正如往往已经充分论述的那样,极为意味深长:δίκαιον[正义]、καλόν[美]、ἀγαθόν[善](65d4 - 8),καλόν, ἀγαθόν, δίκαιον, καὶ ὅσιον[美、善、正义以及虔敬](75c、d),καλόν[美]、ἀγαθόν[善](76d8;77a4;100b6)。在每一个实例中,都有一个类似于καὶ τἆλλα πάντα[以及其他所有]的补充,这依循的是 μέγα[大]的例子(100b6 - 7),65d12 以下:...περὶ πάντων, οἷον μεγέθους πέρι, ὑγιείας, ἰσχύος, καὶ τῶν ἄλλων...ἁπάντων[关于这一切,例如大、健康、强壮,以及其他所有……](μέγεθος[大],ὑγίεια[健康],ἰσχύς[强壮]为 μέγα[大的],ὑγιής[健康的],ἰσχυρός[强壮的]东西的ἐπωνυμία[名称]负责,参《美诺》72d - e);75c9 - 10:

与小那样是可感品性。火与雪是可见世界的显而易见的居民。火与雪如其所是的那样一再相遇。它们的各个部分都像其他任何部分。它们具备元素的特性。

贯通于火的发烧仍受制于"较多或较少":发烧(being feverish)就像发热(being hot)。发烧并不能直接感知,只能通过症状表明。发烧发生时,看起来基于某种元素紊乱。①

苏格拉底在列举"更机巧的"答案时,最后相当随意地提到的"一",又是如何(105c6)?

一是这样的一个东西吗,当一个人试图对任何奇数的事物进行二分时,它拒绝分割,从而作为奇数的一个部分,为奇数之奇负责?②

或者,正如苏格拉底之前暗示的那样(101c2-7),这个一是一个可知对象,对它的分有使任何事物成为一、称为一?③ 对它的分

οὐ μόνον τὸ ἴσον καὶ τὸ μεῖζον καὶ τὸ ἔλαττον ἀλλὰ καὶ σύμπαντα[不仅有相等、大于、小于,以及所有这样的……];76d8-9:καὶ πᾶσα ἡ τοιαύτη οὐσία[以及其他这样的实体];77a4:καὶ τἆλλα πάντα[诸如此类];在78d3处,αὐτὸ τὸ ἴσον[相等本身]与αὐτὸ τὸ καλόν[美本身]联系在一起。"以及其他所有""以及所有这样的""以及其他所有这样的实体"这样的说法的含义,究竟可以延伸至多远,这在克贝的反对所激起的最后的论证中成为一个关键问题。至于火与雪,尤其是我们究竟是否必须假定一个火的理念和一个雪的理念这一问题(比这更高的是,是否必须假定一个形体的理念和一个运动的理念)——若的确如此,那么它们的存在方式应该如何理解——无论如何都是我们的理智所面对的最困难的问题之一。参《帕默尼德》,130c2及其语境,《蒂迈欧》,51b6-e6,《智术师》,248d10以下。

① 参《蒂迈欧》,86a2-8。

② 参亚里士多德,《论题篇》,VI,4,142b8;《形而上学》,XIII,8,1083b29以下;Nicomachus, I,7,2(亦参 Jacob Klein,前揭,页39以下,页57)。

③ 参欧几里得,《几何原本》,卷七,定义一:Μονάς ἐστιν, καθ' ἣν ἕκαστον τῶν ὄντων ἓν λέγεται[每一个事物都是由于它是一个单位而存在的,这个单位叫做一]。

有也要为某"奇数"之物的一－性负责,该一－性限制对任何奇数进行二分。因此,对它的分有是奇数的奇性的终极原因。

也许这个一是"万物之本原",正如菲洛劳斯(Philolaos)所教的那样,①是使"无定形"保持定形的本原?② 倘若如此,那么一难道不近似于理智($νοῦς$),[143]按照阿那克萨哥拉的说法,理智"安排万物且是万物之本原"($διακοσμῶν\ τε\ καὶ\ πάντων\ αἴτιος$, 97c2),③也许着眼于对每个单独的实例来说什么是最好的(97c4－98b6)?

那么,克贝如何——我们又如何——按照苏格拉底所呈现的顺序理解一这个词所代表的东西? 一从属于奇,就像火从属于热、发烧从属于病,还是一"高于"奇、比奇更综合? 我们在从奇走向一时,受第一条规定还是第二条规定引导? $παρά$[之上](105b6)一词的含义,是否和苏格拉底所引述的所有例子中的相同?

最后,灵魂如何? 是克贝回答了这样一个问题:什么东西进入身体会使其成为活体($ζῶν$)? 克贝并没有通过指出生命($ζωή$)可靠而简单地回答这一问题,而是以一种机巧的方式,通过诉诸"灵魂"作答(105c9－11)。克贝这样做,是在苏格拉底的刺激和告诫下,苏格拉底让克贝不要回答他(苏格拉底)的问题,除非④通过摹仿苏格

---

① 参 Diels－Kranz,第七版,I,44b,8,410(辑自 Iamblichus)。

② 参《斐勒布》,16c7－10;亚里士多德,《论自然》,III,4,203a10－15;《形而上学》,XIV,3,1091a13－18(亦参普鲁塔克,《对比列传》[*Lives, Numa XI*],那里将火等同于灶神,也等同于一)。

③ 参 Diels－Kranz,第七版,II59b,页 37－39(辑自 Simplicius)。

④ 关于在 $πλήν$[除非]的含义上使用 $ἀλλά$[但是]一词,参看《法义》,卷四,710c7－8,《会饮》,181d1－2,见 Ast,*Lexic. Platon*(《柏拉图辞典》),$ἀλλά$ 词条下,I,102。Ast 本人在解释 $ᾦ\ ἂν\ ἐρωτῶ...ἀλλὰ\ ἄλλῳ$ 时,将其意译为(见 $ἀποκρίνω$ 词条下):cave ita respondeas ut eo utare quod nunc interrogans posui[警惕你的回答,因为现在是我在询问](斐奇诺译为:nec tamen per id quod nunc interrogo, sed per aliud quiddam mihi respondeas, me imitans[不要那样,因为现在是我在问,而是要回答我,跟随我])。[译注]感谢梁中和博士帮忙解决本注中的拉丁文。

拉底本人"更机巧"的答案（καὶ μή μοι ὃ ἂν ἐρωτῶ ἀποκρίνου, ἀλλὰ μιμούμενος ἐμέ, 105b5–6）。的确，克贝的答案依循苏格拉底设定的样本：生命的反面是死亡（105d6–9）；灵魂本身并不"相反"于死亡，却"带来"死亡的反面，即生命（105d10–11），将生命带给灵魂"占据"的任何东西（ὅτι ἂν αὐτὴ κατάσχῃ）（d3–5）；①同苏格拉底的例子相类似，既然灵魂并不"接纳"生命的反面，并不"接纳"死亡，那么，死亡便无法触及"灵魂"：因此，灵魂永远不"死"。该证明看起来已经到达终点（105e8–9）。

我们不得不问：克贝在摹仿苏格拉底的答案时，是否将灵魂[144]置于火和发烧的层次？以及一的层次？但是，难道一不会属于某个"更高"的层次吗？从生命到灵魂的运动，是下行还是上行？关于这一点，在克贝或苏格拉底所讲的话中没有任何解释。对这一问题做出决断，要靠这场对话的其他见证者——多亏斐多，我们如今也在见证者之列，还有埃凯克拉底及其友人们（参102a8）。这个决断取决于我们归给灵魂一词的含义。

苏格拉底本人以一种困难、间接、"更机巧"的方式提出这一问题。

有一些实体，对它们的分有是可见世界的某些特征——以及那些可感特征本身——的原因（按照旧答案或新答案）——这些实体凭其不接纳所探讨的对反中的某一方面，带上了某种否定的名称，

亦参 Denniston, *The Greek Particles*（《希腊语虚词》），第二版，页3–4，他声称自己发现，在亚里士多德之外，除索福克勒斯《僭主俄狄浦斯》1332之外，没有在 πλήν［除非］的含义上使用 ἀλλά［但是］一词这样的做法。Jebb 在其对该行的笺注中，提到《奥德赛》，卷八，311–312，以及《伊利亚特》，21, 275–276。Denniston 看到，在这些实例中，"ἄλλος 使 ἀλλά 变得正常，'没有别人，但是'"。是吗？亦参 Kühner-Gerth, *Ausführliche Grammatik der griechischen Sprache*（《希腊语详解辞典》），1904, II 2, 页283以下（感谢 Seth Benardete 在这个问题上的协助）。

① 参 Hackforth, 前揭, 页156。

例如"非 – 奇"($ἀνάρτιον$,105d15；参 104e5)，"不 – 义"，"没 – [音乐]修养"($ἄδικον$,$ἄμουσον$,105e1)，"不死"($ἀθάνατον$,105e6 以下)。但是，这些否定并未讲出，当被否定的对立面到来时，它们所表示的东西会不会"离开"或消失。在最后结论之前，①非此即彼的选择被一再提及："在[145]我们里面"($ἐν ἡμῖν$,102d7)②的"大"，要么 溜走、撤退、离开($φεύγειν καὶ ὑπεκχωρεῖν$,102d9；$ἀπέρχεται$,103a)，要么消亡于小到来之时；雪要么让位于热($ὑπεκχωρήσειν αὐτῷ$

---

① 这已然在 88c5 – 6 以及 95b,c 处得到预示。

在更广泛的意义上，非此即彼的选择在下面两处也有预示，一是在很早的报偿($ἀνταπόδοσις$)中，二是在最后断言对反之间互不相容时(102d 以下)。一位匿名的听者的介入强调了这种对比，这位听者吃惊于发现后一种断言看起来与之前发展的论证相矛盾(103a4 – 10)。

苏格拉底小心地解开这一困难(103b2 – c2)：在我们日常经验的层次上——这种经验甚至会延伸至仅凭听闻或想象的区域——我们处理事物以及关于事物的说法，这些事物和说法彼此相反、且能够逐渐变成对方(一个热的物体会变成一个冷的物体，反之亦然，一个活的东西会变成一个死的东西——可以想到——反之亦然)；但是，当我们将自身注意力转向相反的原因——以其"纯粹性"为我们的理智所理解的各种对反的分有——时，我们也理解，在各对中，这样的对反不可能逐渐"变成"对方，各自都仅仅是其所是(热 – 冷，生命 – 死亡)。这样的对反不服从于变化，无论将它们理解为被事物"分有"、从而决定那些事物的特性和名称，还是"凭其自身被理解"(参 103b5：$οὔτε τὸ [ἐναντίον] ἐν ἡμῖν οὔτε τὸ ἐν τῇ φύσει$[无论这些对反之于我们还是之于其自身])。

无论如何，可以想到，针对对反的某一方面的"分有"会停止，并被针对对反的另一方面的"分有""取代"：这就是报偿($ἀνταπόδοσις$)(72a12；b8；以及71e8)可能到来的方式(参 106b7 – c1，尤其"$ἀντ' ἐκείνου$"[反对某人]这一表达)。参 Hackforth，前揭，页 153 – 154。

② $ἐν ἡμῖν$[在我们里面]，102e6；103b5；$ἐνόντων$[它们里面]，103b8；$τῇ ἐν αὐτοῖς οὔσῃ$[在自己里面的实体/包含自身的实体]，104b10；$ἐγγένηται$[产生于……里面]，105b9；c3；5；$ἡ ἐν τῷ πυρὶ θερμότης$[在火里面的热]，106b6。介词(或词头)$ἐν$[在……里面]体现"分有"问题，苏格拉底将这个问题"未解决"地留下来(参页[135]以下，以及页[138])。

[即τῷ τεϱμῷ],103d8)要么消亡;火要么在冷到来前撤退(ὑπεξιέναι,103d11)要么消亡;依此类推(104b6 - c1)。

那么,若有三物,鉴于它们是三,则它们为奇数之物,那么,这些事物的集合"里面"的"非偶性",可以说就是它们合起来为奇的原因。这些事物的数目中的"非偶性"不可毁灭,它们之为奇不可毁灭。但是,情况并非如此,因为三物可以通过加减变成四物或两物。在奇数之物"里面"的"非偶性",并非"不可毁灭"(106c3)。① 若其可以毁灭,我们便可以毫无困难地主张,当"偶"到来时,"奇"和"三"只会离开(οἴχεται ἀπιόντα,106c5)。

与此相似,如果某一冷的物体里或某一冷的媒介里面的"非-热"完全不可毁灭,那么,雪在热来临之际就会"安全而不融地"(106a3 - 6)撤退。但是,正如我们知道的那样,情况并非如此。热的物体中的火也不能在冷来临之际安全地"离开"(ἀπελθὸν ᾤχετο,a10)。某一热的物体中的"非-冷"或某一冷的物体中的"非-热"也都并非不灭。

这对"灵魂"也同样为真吗?这是苏格拉底的疑问。作为"不死"[146](ἀθάνατον)这一名称适用的东西,灵魂仍然可能分有"三"和"奇"、雪与火的命运。灵魂也可能被"消灭"(ἀπεσβέννυτο,

---

① 给一些事物的集合加一物(或减一物),并非该集合变成奇数之物或偶数之物的"原因"(96e6 - 97b7);该集合要么变成奇数要么变成偶数的原因在于,它要么"分有""奇性"、要么"分有""偶性"(参见[135])。奇性或偶性的所谓可毁灭性,并不与该对反之间相容的不可能性相矛盾(参本章,注113[译注:本书页166注①])。但是,难道奇性或偶性的所谓可毁灭性不与其理念特性所暗示的东西相矛盾,即,奇性和偶性内在的不变性和不可毁灭性?
该问题的答案看起来是:理念之具备不变、不灭的存在,在于"凭其自身"(ἐν τῇ φύσει),而不是在它们被属于可见世界的东西"分有"时。亚里士多德攻击、抹杀的正是这一区分。在《斐多》的语境中,该区分显得直接依赖于"毕达哥拉斯派"对数的理解(参亚里士多德,《论自然》,III,4,203a6 - 7;《形而上学》,XIII,6,1080b16 - 20;XIV,3,1090a22 - 23;I,6,987b27 - 29)。亦参 Hackforth,前揭,页162 - 163。

106a9)、在死来临之际消亡。当且仅当存在于某个身体里面之时，灵魂才是一个"活着的"灵魂(参 103e5: ὅτανπερ ᾖ [当(灵魂存在)时]①)。一旦考虑到这种可能性，令克贝如此满意的那个证明(105e9)便等于什么都不是。看来需要另一种道理(106c9)。

排除这种可能性的再次是克贝。难道"不死"不是意味着永不会死的东西？难道永远不会死的东西不必然永远存在(ἀίδιον ὄν,106d3)？如果"不死"服从于毁灭(φθορά)，克贝以"俄耳甫斯"式的格调说道，还会有其他什么东西(τι ἄλλο)逃得脱吗！于是苏格拉底说道："至少，神，以及生命本身(αὐτὸ τὸ τῆς ζωῆς εἶδος)，如果还有其他什么东西(τι ἄλλο)'不死'的话——这些永不毁灭，依我看，所有人都会同意(παρὰ πάντων ἂν ὁμολογηθείη②)。"这些话有多庄严，就有多含混。克贝捕捉到其中的反讽之处，插言道："人人都会同意，而且宙斯当然更会同意，依我看。"(106d5-9)但是，苏格拉底和克贝的确同意(106e1-107a1)：既然"灵魂"并不"接纳"死亡，正如已然表明的那样，而且，如果因此灵魂不死，那么，灵魂的不灭就没有其他可能性，只要这一点为实(ὁπότε δή...ἐστιν)——"不死"即不灭(ἀδιάφθορον)。由此看来，在死亡降临于人之际，其有朽的东西死去，"不死"的东西在死亡之前撤退，安全无损地离开(σῶν καὶ ἀδιάφθορον οἴχεται ἀπιόν, ὑπεκχωρῆσαν τῷ θανάτῳ, 106e7)。"那么灵魂，克贝啊，"苏格拉底总结道，"肯定(παντὸς μᾶλλον)是某种不死、不灭的东西，我们自己的灵魂真实地(τῷ ὄντι)存在于冥府。"但是，同样肯定的是，什么是人的"不死"部分，"冥府"是何种

---

① 参 Strato of Lampsacus 在 Olympiodorus,页183(Norvin)中的评论，转引自 Hackforth,前揭,页163,以及页196(m),Strato 并未给苏格拉底在对话中所说的话补充任何东西。对柏拉图对话的误解早已开始(亦参 Hackforth,《柏拉图〈斐多〉》,页68)。

② 对参《会饮》,202b6: ...ὁμολογεῖταί γε παρὰ πάντων...[......所有人都同意......]及其语境。

地方,仍未阐明。

　　克贝和西米阿斯都宣称,自己对上面所讲的东西很满意。但是,西米阿斯觉得一定要作一项保留:考虑到[147]在所讨论的主题的分量面前人的弱小,比如他自己,就不能完全相信($ἀπιστία$)这个论证。苏格拉底完全赞成西米阿斯的立场,甚至将这种不信延伸至作为整个论证之基础的最初假定($τάς\ γε\ ὑποθέσεις\ τὰς\ πρώτας$):无论这些假定显得如何值得相信,它们都应该被更彻底地审视。苏格拉底暗示,有一个最终阶段,在该阶段不需要进行任何进一步探究。要达到这个阶段,最初的假定必须得到充分($ἱκανῶς$)表述,从而在论证中尽人之所能地遵循从那些假定中得出的推论(107b6-9)。凭着这一相当模糊地表述的前景,苏格拉底看起来回到要指导其行程的诸规定,并颠倒其原本得到表述的次序(101d3-102a2①),不难看出,在开端和现在到达的结尾之间发生的东西缺乏明晰性。

　　该证明的无结论性,取决于克贝对苏格拉底"更机巧的"答案的摹仿。身体里面的生命的原因是分有灵魂、灵魂"带来生命",这一断言根植于一种常见的等同,即将"有生命的存在"($ζῷον$)与"有生气的存在"($ἔμψυχον$[译注]直译为"有灵魂在里面的")相等同。之前的讨论强调的是灵魂和可知事物的贯通。灵魂($ψυχή$)的特质是审慎($φρόνησις$)。② 克贝"摹仿来的"答案赋予灵魂一种根本不同的含义,使灵魂相关于"生命"而非"审慎"。此外,克贝的答案还暗示,分有灵魂等于灵魂存在于具备有生气的存在的一个身体"里面":这样的灵魂要理解为"占据"③那个身体、住在那个身体"里面"。④ 灵魂的不灭性,正如克贝和苏格拉底之间的交谈表明的、西

---

① 参页[137]。
② 参页[131],注65[译注]本书页150注①。
③ 参页[143]。
④ 参页[145],注114[译注]本书页166注②。

米阿斯肯定的那样,远未确定。

　　这一切是否意味着,旨在对付克贝的决定性反对意见以及如此小心谨慎地构建的道理,并未中的?就其自身而言,这个道理的确失败了:尽管克贝看起来对这个道理满意,但它并不能完全驱散"我们内心的孩童"怀有且禁不住怀有的恐惧,对那个"怪物"（ $τὰ\ μορμολύκεια$ ）——死亡——的恐惧（77e4-7）。但是,难道苏格拉底没有既玩笑又真实地说过（77e8-9）,要每天都给[148]那个孩童念咒语,①直到治愈那种恐惧?难道这篇对话中的各种道理——包括最后的故事（114d6-7）——不是一连串那样的"咒语"?但是,难道这些咒语并不——且必然不——一直无效,除非得到比那些道理本身所能提供的证据更强有力的证据支持?

　　这种支持性的证据就在那儿,就在《斐多》呈现的戏剧中。② 我们见证苏格拉底在饮毒酒前几个时辰的举止。因为,标志着对死亡的恐惧的抗争的,不仅在于诸道理的内容及其说服力和不充分性,还在于——尤其在于——成熟的清醒、庄重与玩笑中的宁静,正如苏格拉底加诸对话的那样。哲学在场。我们见证哲学的行动（ $ἔργον$ ）。正是这最后一幕阐明了——我们所关心的,也是克贝最严肃的反对所激起的——那个道理的措辞和失败。

　　苏格拉底身边的友人们被迫直接领会死亡逐渐而缓慢的降临,③随后带来冷和僵硬:他们看着④行刑者的双手上下试探着死亡

---

① 参《卡尔米德》,157b。
② 对参《王制》,卷十,604e。
③ 动词 $ἐπιέναι$ [降临]（含有敌对的弦外之意）一直用于该说法（ $λόγος$ ）:104b10, c7, 106a9, b8, c4（ $ἐπελθόντος$ ）,以及最后 e5: $ἐπιόντος...θανάτου ἐπὶ τὸν ἄνθρωπον...$ [……（当）死亡降临于某人（时）……]（ $προσιέναι$ [到来、来临用于 103d7, d10; 106a4: $ὁπότε\ τις\ ἐπὶ\ χιόνα\ θερμὸν\ ἐπάγοι...$ [就像某人把热带给雪……]）。
④ Burnet 对 $αὐτός$（118a3）的解读（见其《斐多》译本,页 117 以下,118a2 笺注）可能完全正确（亦参 Bluck,前揭,页 142,注 2）。

的进程,我们也在看着。当那种冷和僵硬接近心脏时,那人说,"他就要离开了"(οἰχήσεται,118a4)。

这句常见的委婉之言附和着充盈于那个道理中的措辞。①"降临"与"离开"的比喻从可见、有形事物的世界获得其力量。这个比喻无法恰当处理必定保持不可见、无形的东西。它因被苏格拉底抬高地位的地形学而变得有力,后者将地上、地面、地下的各种住所(οἰκήσεις)指派给人们的各种灵魂(107c1–115a8)。与这最后的故事和咒语竞争的是关于自然的故事。在讲自己的故事时,苏格拉底回到自称在年轻时走过的行程。[149]但是,苏格拉底要说的,不是对自然的探究(περὶ φύσεως ἱστορία)的新讲法,而是对灵魂的探究(ἱστορία περὶ ψυχῆς)的一部分:是灵魂的地形学,或者更严格地讲,是灵魂的生态学(oecography)。

不是说,苏格拉底的第一次启航(πρῶτος πλοῦς)——第一次也是最后一次航行——比其他航行更安全:它无助于一个通情达理的人自信地断言事物恰如故事所描绘的那样(114d1–2)。但是,一旦接受苏格拉底构建的道理所总结出的灵魂的不灭性,那么,接受这样一个故事或者像这样的一个故事的内容也是合宜的:一个人值得冒险接受这样的东西,因为这是一种高贵的冒险(καλὸς γὰρ ὁ κίνδυνος,114d6)。② 那个道理的结论并不确定。这个道理不成立,因为它的运动出乎意料地采取下行,朝向死亡甚至可以被领会为"降临"一个人的层次。在这个层次上,关于灵魂"离开"的勇敢断言就变成

---

① 115d9 以下:οἰχήσεσθαι ἀπιόντα [离去];115d4: οἰχήσομαι ἀπιών...[离去];106e7: οἴχεται ἀπιών, ὑπεκχωρῆσαν τῷ θανάτῳ [安全地、不灭地离去];106c5: οἴχεται ἀπιόντα [离去];106a10: ἀπελθὸν ᾤχετο [离去]。再往前(102d9–106a4),该表达以惊人的相反变成(参本书,页145)动词ἀπόλλυσθαι [毁灭](除106a9外: ἀπεσβέννυτο [消亡])。在对话较早处,苏格拉底用过ἀπιέναι [不在](61a8),ἐκεῖσε ἀποδημεῖν [前往彼世](e1), τοῦ βίου ἀπαλλάττεσθαι [被释放/解脱](85b7)。

② 参ἀκινδυνότερον (85d3)及其语境。

了人的德性的显现。那就是对话中所展示的情节。①

但是,问题不能停留于此。人的德性本身要求坚持进行理智的努力,要求道理继续下去。就在西米阿斯和克贝提出至为严重的反对之后(89c11 – 91c5),②苏格拉底强有力地盼咐自己的听众永远放弃任何"厌辩症"。在对"充分"答案的探求过程中,苏格拉底立下的这条规定必须作为导航灯被保留下来。苏格拉底身边的人很好地理解了这一点,埃凯克拉底及其友人们同样如此(102a2 – 8)。苏格拉底的不灭"部分",无论作何伪装(78a1 – 9),只要进行探究都会"在场"。这种"在场"甚至可能完全不要求任何可见的显现。难道使苏格拉底所构建的道理一直鲜活下去的努力不能确保这种"在场"?

第四、使道理继续下去,意味着对学习($τὸ\ μανϑάνειν$,114e4 及其语境)的快乐热忱。这种学习——只要遵循苏格拉底的规定——要求我们自身方面的坚决努力,要求漫长而艰苦的温习。③ 我们仍须问:"回忆"主题为这种努力提供了何种助益?

回忆主题开始发挥作用,是在讨论处理灵魂先在之时:当时,"回忆"被神话式地、"自然地"理解为,在我们日常经验的暂存织体中拥有一席之地。与此相应,要消除克贝关于一个人死后灵魂的地位的怀疑,[150]不可能单凭对已然遗忘的过去的回忆。也许颇有意味的是,在和克贝的谈话正中,苏格拉底寻机评论道(105a5 – 6):"再回忆一次吧,因为我们最好多听几遍[同样的论证]。"这段评论请克贝回忆自己本应在之前给出的例子中已然学到的东西。但是,苏格拉底并未暗示,克贝之前的学习是回忆行为。

应该论证的是,学习这项事业必然预设某种有知状态,在这种状态中,事物的真理显现。回忆说由此指向这一点:真理的"先在"

---

① 参《王制》,卷四,486a1 – b5。
② 参 Hackforth,前揭,页 109。
③ 参《泰阿泰德》,186c2 – 5。

或许无法在一个人的一生中得到掌握,却使一个人能够探究它。"回忆"过程仅仅意味着受苏格拉底诸规定引导的学习过程。在《美诺》下文中,苏格拉底亲自以这种方式解释"回忆"。① 但是,正如回忆说本身所暗示、且为回忆说所由出的神话框架支持的那样,对"回忆"的这种理解改变了某种回忆的含义。

毫无疑问,在"自然的"回忆现象(即便我们将其扩大至某种神话程度)与理智的工作(其目标是理解和学习)之间有深刻的差异。回忆的努力,当旨在恢复某种洞见时,倾向于到达过去某个初获此洞见的时刻;②而学习,即获得知识,决不牵涉之前的任何时刻,唯独对要获得的知识的内容感兴趣。就此而论,知识的对象不依赖任何时间。试图恢复已然失去的洞见,意味着试图重复过去至少发生过一次的东西。学习某物的努力,是一种掌握永远为真的东西的努力。

一方面是理智所进行的学习的努力,另一方面是回忆某种已然遗忘的洞见的努力,无论如何,若将两方面都看作我们的理智想象力的持续运用,③两方面之间的鸿沟看起来便不那么深。苏格拉底或柏拉图并未做出继续谈论这一点的任何明显尝试。恰恰相反,回忆被单独挑出来,用以照亮学习的含义。我们为何需要这种神话之光?

第五节 《斐德若》《斐勒布》《会饮》中的回忆与记忆

[151]第一、《斐德若》翻案诗中的狂热言辞两次提到(249b5-6;e4-250a1),没有任何灵魂能够变成人的灵魂,除非它见过"天外的"(247c3)地方的真理。由此推知,我们都曾拥有知识,因此我们

---

① 参 Hackforth,前揭,页 75。
② 参页[109]-[111]。
③ 参页[119],页[129]。

现在能够试着回忆(249d6;250a1)那种知识。而且也提到(248a2－6),人的灵魂不同于诸神的灵魂,前者并不完全能够看到所有真理:无论人的灵魂获得、重新获得什么知识,那些知识都必定不完整,因此必定总是沾染无知。没人能够是智慧的(参 278d3－6),仅有少数人能够充分回忆曾经看见过的东西(250a5)。

要变成人的灵魂,灵魂必须获得言辞的能力,以及感知灵魂所说之言的含义的能力。感知可能说出的任何话的含义,意味着掌握所说之言的可知内容,意味着掌握其理念、其关联,掌握那些言辞表示的东西、"所指"的东西。可能说出的任何东西,其被说出,皆据于那些理念,那些理念被描述为"位于"天"外"的乌有之乡(247c2248a2－3)。可能说出的任何东西,其"所指"都是可知之物的不可见领域。因此,人之为人,禁不住要遵循其理智的引导:"因为人必定需要感知所说的任何东西的含义($συνιέναι$),即[必然]基于可知之物[所说的话]($κατ'\ εἴδος\ λεγόμενον$①),通过[在每一个实例中]从诸多感知($ἐκ$②$πολλῶν\ ἰόντ'$③$αἰσθήσεων$)走向一($εἰς\ ἕν$),这个一要经过理性的统摄($λογισμῷ\ συναιρούμενον$)。对那些[理念]的回忆就在于此,我们的灵魂在朝向真正存在的东西上行涌动时,曾经见过那些[理念],当时我们正与某神同游,俯瞰[152]我们现在断言拥有'存在'($εἶναι$)的东西。"(249b6－c4)这种断言之所以可能,是因为下面这里的东西看起来"像"天"外"的不可见的理念(参

---

① Stallbaum, Ast, Robin 对 $συνιέναι\ κατ'\ εἴδος\ λεγόμενον$ 的解读,看起来很难站得住脚。另一方面,像 Heindorf, von Armim, Hackforth 那样,同日常用法一致地,给 $κατ'\ εἴδος$ 之前插入 $τό$,意味着——至少可能意味着——将 $κατ'\ εἴδος$ 理解为具有限定性含义,好像还有其他某种或多种 $λεγόμενον$ 似的。难道那不正是该冠词多少有些令人不解地——甚至繁冗地——插在 $λεγόμενον$ 之前的原因吗?

② 参 250a1,以及《斐多》74b4,6,c7,75a5－7(页[129])。

③ 将此处读作 $ἰόντ'$ 而非 $ἰόν$——参 Badham 和 H. W. Thompson——看起来的确必要(参 Hackforth,《柏拉图〈斐多〉》,前揭,页86,注1)。

ὁμοίωμα[相似物]，250a6，b3；εἰκόνας[影像、画像]和εἰκασθέντος[造像、临摹]，b4，5)。对一个理念的"领会"，是对理智想象的运用。

在对话下文中(275a2–5)，在远离"秘仪颂诗"(265b6–c1)之"神圣疯狂"(256b6)、却仍受缚于"埃及式的"关于发明写作的故事的语境中，圣王塔穆斯(Thamus)被用来批评该发明。写作远非对记忆和工艺(μνήμης τε...καὶ σοφίας φάρμακον ，274e6)的帮助，写作会促进从事学习(τῶν μαθόντων)之人的遗忘，方式是让他们疏于使用自己的记忆(μνήμης ἀμελετησία)：出于对写下的东西的信赖，他们会被导致从外在、从并非由他们自己获得的印记(ὑπ᾽ ἀλλοτρίων τύπων)得出回忆，而非靠自己、从"内在"进行回忆。[①]写作无助于记忆：写作只能使那些"已经知道"的人想起成文之言所讲的东西(275a5；d1；278a1)。成文之言可以恰当地称作有生命的(ζῶν καὶ ἔμψυχος)、真实的(γνήσιος)言辞的某种影像(εἴδωλόν τι)，称作"用知识写在学习者灵魂中的"(ὃ μετ᾽ ἐπιστήμης γράφεται ἐν τῇ τοῦ μανθάνοντος ψυχῇ)言辞的某种影像，而检查和教授(ἀνάκρισις καὶ διδαχή)何者为真(276a；277e9；276c9)的过程还要继续。

由此，学习再次等同于回忆。然而，我们猜想，学习可以说在于复苏留在我们灵魂"里面"的记忆上的印记，这些印记在我们的天外(ὑπερουράνιος τόπος)之旅后——多半(250a1–b1)——已经"遗忘"。这样一来，在《斐德若》中，不仅回忆活动而且记忆也获得了神话维度。"哲人"的灵魂凭其记忆(μνήμη ，249c5–6；参252e5–253a5，亦参254b5)接近——尽其所能地接近——至高的处所，即神圣的处所。在自己的颂诗中，苏格拉底看起来几乎有些申辩式地更多赞美记忆，而非回忆。

第二、在《斐勒布》中，苏格拉底通过阐明"感性知觉"(sense perception)的含义引入(33c8以下)回忆和记忆论题。苏格拉底这一论题的引入，是在更大的、探究快乐(ἡδονή)的语境之下。

[①] 相关文本参看 Hackforth，前揭，页157，注1。

我们的身体暴露在各种外来侵蚀之下,[153]这些侵蚀或多或少地"动摇"我们的身体。有时,或者时时,这种"动摇"($\sigma\varepsilon\iota\sigma\mu\acute{o}\varsigma$)在触及灵魂之前就被身体吸收、"扑灭",也就是说,这种动摇仍然"不可感知"。但是,当这种"动摇"触及灵魂、从而使灵魂也动摇(尽管那是以一种独特的方式)时,我们说,我们有所"感知"。那么,"感性知觉"($\alpha\check{\iota}\sigma\vartheta\eta\sigma\iota\varsigma$)就是我们并非不恰当地赋予身体和灵魂的同步摇动的名称,身体和灵魂一起被激发(参34a3-5)。

这样一来,"记住"就意味着"保有某种感性知觉"($\sigma\omega\tau\varepsilon\varrho\acute{\iota}\alpha$ $\alpha\acute{\iota}\sigma\vartheta\acute{\eta}\sigma\varepsilon\omega\varsigma$,34a10),即保有某种激动身体和灵魂的摇动。我们将这种"保持"的能力——看起来灵魂需要协同身体一起运用这种能力——称为记忆($\mu\nu\acute{\eta}\mu\eta$)。但是,保持的能力也有可能有所松懈:记忆会褪色、"结束"。"记忆的结束"($\mu\nu\acute{\eta}\mu\eta\varsigma$ $\check{\varepsilon}\xi o\delta o\varsigma$)就是我们所说的(33e3)遗忘($\lambda\acute{\eta}\vartheta\eta$)。

身体独自经受的、在身体中被"扑灭"的"不可感知"的动摇,不能说是已然"遗忘"。因为,正如苏格拉底小心地向普罗塔库斯评论的那样,"说不存在或者尚未存在的东西能够在某种程度上被'丢掉',这话真荒谬"(33e4-7)。如果没有什么东西被"保留"或"保存",那就没有什么东西可以被"丢掉"。"遗忘"一词完全不适用于该实例。

苏格拉底继续描述"回忆",他将回忆与"记忆"进行对比(34b2)。通过这样做(34b6-c3),苏格拉底得以极大地扩展"记忆"含义的范围。

灵魂曾经协同身体一起($\mu\varepsilon\tau\grave{\alpha}$ $\tau o\widetilde{\upsilon}$ $\sigma\acute{\omega}\mu\alpha\tau o\varsigma$)经历过的东西,可能丢掉或遗忘。但是,灵魂有能力凭其自身、"不靠身体"($\check{\alpha}\nu\varepsilon\upsilon$ $\tau o\widetilde{\upsilon}$ $\sigma\acute{\omega}\mu\alpha\tau o\varsigma$)——尽管不完整地——恢复($\grave{\alpha}\nu\alpha\lambda\alpha\mu\beta\acute{\alpha}\nu\varepsilon\iota\nu$)这一损失。当灵魂——尽其所能地($\ddot{o}\tau\iota$ $\mu\acute{\alpha}\lambda\iota\sigma\tau\alpha$)——进行这种恢复时,当灵魂"自己在自己里面"($\alpha\grave{\upsilon}\tau\grave{\eta}$ $\grave{\varepsilon}\nu$ $\grave{\varepsilon}\alpha\upsilon\tau\widetilde{\eta}$)进行这种恢复时,可以说,灵魂在进行"回忆"($\grave{\alpha}\nu\alpha\mu\iota\mu\nu\acute{\eta}\sigma\kappa\varepsilon\sigma\vartheta\alpha\iota$)。

灵魂这样恢复的是什么?不是原本的身体的摇动($\kappa\acute{\iota}\nu\eta\sigma\iota\nu$),因为身体不参与回忆活动。灵魂恢复的是灵魂本身在和身体一起"动摇"时所处的独特($\check{\iota}\delta\iota o\nu$,33d5)状态。那种灵魂状态一经恢复,便可供"保留":对那种状态的"记忆"可以重新建立。

[154]这种"记忆"完全属于灵魂。① 当一个人考虑到回忆行为不仅需要适用于之前的感性知觉时,这一点会变得尤其明晰。回忆行为还要适用于之前的学习,学习导致知识,且并不需要身体参与其过程。这种知识可以"保留"相当长一段时间,但是它也服从于遗忘。这种知识也能恢复并再次保留或保持在我们的记忆中。于是,苏格拉底"补充"道(34b10 – c2):

……当[灵魂]已丢掉($\mathit{\dot{a}\pi o\lambda\acute{e}\sigma a\sigma a}$)关于感性知觉或就此而言($a\mathring{v}$)[曾经]学到($\mu a\vartheta\acute{\eta}\mu a\tau o\varsigma$)的东西的记忆时,灵魂再次开启它[即记忆]($a\mathring{v}\vartheta\iota\varsigma\ \tau a\acute{v}\tau\eta\nu\ [\text{即}\ \mu\nu\acute{\eta}\mu\eta\nu]\ \mathit{\dot{a}\nu a\pi o\lambda\acute{\eta}\sigma\eta}$② $\pi\acute{a}\lambda\iota\nu$),[在这样做时]凭借自身中的自身,我们的确称这样的事情为回忆③和记忆,不是吗?④

回忆所保持的,是我们已然遗失的记忆的内容,但是,重组的记忆本身是新的记忆。正如亚里士多德所言,⑤回忆($\mathit{\dot{a}\nu\acute{a}\mu\nu\eta\sigma\iota\varsigma}$)不是对遗

---

① 亦参《王制》,卷十,604d8 – 11。
② 参 R. G. Bury 版《斐勒布》,1897,页 68。
值得注意的是,柏拉图并未在 $\mu\nu\acute{\eta}\mu\eta$[记忆]方面使用 $\mathit{\dot{a}\nu a\lambda a\mu\beta\acute{a}\nu\omega}$[拿住、勒住、恢复]一词。
③ 对参《法义》,卷五,732b8 以下:$\mathit{\dot{a}\nu\acute{a}\mu\nu\eta\sigma\iota\varsigma\ \delta^{\prime}\ \dot{\varepsilon}\sigma\tau\iota\nu\ \dot{\varepsilon}\pi\iota\rho\rho o\grave{\eta}\ \varphi\rho o\nu\acute{\eta}\sigma\varepsilon\omega\varsigma}$ $\mathit{\dot{a}\pi o\lambda\varepsilon\iota\pi o\acute{v}\sigma\eta\varsigma}$[回忆是保持审慎的好通道]。
④ 没有理由像 Gloël,Burnet,Hackforth 那样删除"和记忆",或者对该短语进行改动(参 Bury,见前引文)。亦参《卡尔米德》,159e9,176b1 – 4。
⑤ 《论记忆与回忆》,451a20 – 21(参页[110]);Freudenthal,前揭,页 404;H. -G. Gadamer, *Plato's dialektische Ethik*, *Phänomenologische Interpretationen zum 'Philebos'*(《柏拉图的辩证伦理学,〈斐勒布〉的现象学解读》),1931,页 125(在"回忆"中,我们意识到自己"已然遗忘"——参页[112]。这种意识是回忆现象的本质性要素。Gadamer 的分析看起来忽视了这一要素)。

失的记忆本身的修复($ἀνάληψις$)。《会饮》中的第俄提玛(Diotima)确认这一点。

于是,我们的记忆不仅保存感性知觉,还保留曾经学到的东西,像知识的载体一样运作。与此相应,"遗忘"不仅可以描述为"记忆的结束"($μνήμης\ ἔξοδος$),还可以描述为"知识的流逝"($ἐπιστήμης\ ἀποβολή$)——这是《斐多》中的苏格拉底的措辞(75d10 – 11);①或者描述为"知识的结束"($ἐπιστήμης\ ἔξοδος$)——这是《会饮》中的第俄提玛的措辞(208a5)。

至此,我们的记忆的运作看起来已经限于一个人的此生。但是,苏格拉底仍然进一步推进扩大记忆的含义。在《斐德若》中,记忆最终位于神话的视域内。

引出最综合的回忆含义的例子,[155]是一个特殊的、关乎欲望($ἐπιθυμία$)的实例,即人渴时体验到的欲望(34e9 – 35d7)。渴的经验本身是一种双重经验:它包含两方面,一方面痛苦地感到缺乏($κένωσις$),同时另一方面渴望补充($πλήρωσις$)、渴望伴随着被再次"充满"的感觉的满足。② 苏格拉底提出一个带有戏谑意味的问题(35a6 – 9):一个初次($τὸ\ πρῶτον$)遭受渴的人,也就是说,一个初次"空乏"的人,如何察觉($ἐφάπτεσθαι$)相反的过程,即如何察觉补充? 此人如何能够渴望某物,既然此物从未通过直接感觉($αἰσθήσει$)或通过记忆($μνήμη$)成为自身经验的一部分? 初看上去,在这样的情况下,对补充的渴望的不可能性看起来十分明确。但是,我们不应忘记:在任何情况下,感受渴的状态都需要造成这种痛苦的东西的反面。如果重新被补充的直接经验从未发生过,那么,以下结论便不可避免:人身上必定有其他某种东西,使人欲求补充。同样明确的是,这种欲望的渊源不可能和人的身体有任何关系,因为人的身体仅仅在经历变空的过程,它必然属于人的灵魂,是人指望从自己

---

① 参页[130]。
② 对参《吕西斯》,221d6 – e5;《会饮》,204a6 – 7。

再次被补充中获得满足的原因。苏格拉底称,显然,这种并非无知而是充满希望的(35e9－36b7;32b9－c6)、对人的灵魂的指望必然是由于仅属于灵魂本身的记忆(35b11－c2)。

苏格拉底此时谈论的记忆(35c1;c13;d2;对勘33c5－6),并非之前提到的记忆(33c8以下,包括33c5－6),后者源自感觉甚或来自某人此生的学习。前者具有某种神话品性。它暗示着某种并非于此生经历和重获的东西。它不是某种可以由回忆一再恢复的东西,就像通常受我们支配的记忆那样;而是某种永远驻留的东西,就像《斐德若》中哲人的记忆。①

在对话稍后处(38b12－39c6),苏格拉底回到自己以之为起点的那种对回忆的理解。我们对达至、阐述有关各种事情的确切意见的努力,以及我们拥有任何意见的能力,皆根植于记忆和感性知觉。仿佛[156]我们对所感知和记住的东西的感知、记忆、感觉($τὰ\ παθήματα$)共同作用于我们的灵魂,②就像一位抄写者使卷轴上布满写下的文字,时真时伪。但是此外,当我们脱离任何直接感觉和感触时,我们能够在自己内心看到曾经写入我们灵魂的摹本,宛如一位画家($ζωγράφος$,39b6),③继抄写者之后,为我们提供画像($εἰκόνες$,39c1,4),画的是之前在口说或静默的言辞中④所以为、所阐述过的东西。相应地,这些画像或真实或虚假。他们是可以一再恢复的记忆的印记。在"读"他们时,我们运用自己的理智想象力。⑤

---

① 参页[152]。

② 参 Hackforth, *Plato's Examination of Pleasure, A translation of the Philebus, with Introduction and Commentary*(《柏拉图对快乐的审查:〈斐勒布〉译文,附导言、笺注》),1945,页75,注1;Robin, *Platon*(Pléiade),II,1490,注108。

③ 参页[110]。

④ 参《泰阿泰德》,190a4－6;c5;《智术师》264a(亦参本书,页[104]以下[第四点],以及页[133]以下)。

⑤ 参页[109]以下。

第三、就《斐勒布》和《斐德若》中所讲的而言,记忆有三方面。记忆可以理解为:一、能够保留我们的直接经验,这是基于我们外在和内在的感觉;二、我们于此生甚至于前生——在偕诸神同游"天外"之所时——获得的知识的载体;三、我们欲望的来源,这些欲望再次取决于某种神秘地设想的、先前的满足和洞见。就前两方面而言,我们的记忆并不持续,而是通过"自然的"或神话式的回忆过程一再重新建立。就第三方面而言,记忆持续,且无需任何一种回忆相助:这种回忆看起来在《斐勒布》中使自己扮演着别处分派给记忆的角色。

记忆的这些不同方面之间有某种真正的张力。《会饮》中的第俄提玛揭示了这一张力的主根所在。

第俄提玛刚刚列举完人身上奇怪地经常改变的各种东西。她继续说道(207e5 - 208a7):"[比前面提到的]更奇怪的是发生在我们的知识上的事情:不是说在我们身上有的知识生有的知识灭,即便在知识方面我们拥有的也从来不是同样的东西,而是说各个知识也遭受同样的[困境]。其实,所谓[157]学习($μελετᾶν$)也暗示着知识已经流逝($ὡς\ ἐξιούσης\ ἐστὶ\ τῆς\ ἐπιστήμης$),因为遗忘($λήϑη$)就是知识的流逝($ἐπιστήμης\ ἔξοδος$),而温习($μελετᾶν$)就是通过再度制作一个新的记忆($πάλιν\ καινὴν\ ἐμποιοῦσα$)取代流逝的[关于曾经学到过的东西的]记忆($ἀπιούσῃ\ μνήμῃ$)从而葆有($σώζει$)知识,使它显得保持原样($ὥστε\ τὴν\ αὐτὴν\ δοκεῖν\ εἶναι$)。"这里的温习($μελέτη$)指的是在学习方面用心的努力,同时显然与$μη$-$λήϑη$[非 - 忘]双关:学习方面的这种努力被解读为消除遗忘。① 所遗失、恢复的是记忆,是记忆的"印记"。第俄提玛像谈及新旧"知识"——托付给记忆的知识——一样谈及新旧记忆。"已知"的某物的一幅消失的画像、

---

① 这样一来,不仅真理($ἀλήϑεια$)而且温习($μελέτη$)也显得带有"非 - 忘"含义。这种兼具戏谑性与严肃性的双关很难说是词源学要探讨的问题(参 P. Friedländer, *Plato I*,英文版,1958,页 221 以下)。在《王制》,卷十,621 处,Ἀμελής[粗心大意]河与Λήϑη[遗忘]平原相邻。

一个记忆印记,被代之以同一东西(而且还是"已知"的东西)的一幅新画像、一个新的记忆印记。两幅画像、两种记忆是两种被记起来的、由此服从于流转的时间的知识,但它们呈现为作为同一个知识的表象,因为它们的内容相同,不变化、不受时间影响。① 因此,这种"知识"与"知识"的交换,远比其他任何发生于人的改变或交换"更奇怪"($\dot{\alpha}\tau o\pi\dot{\omega}\tau\varepsilon\rho o\nu$)。

第六节　其他对话中对回忆说的发展,尤其《泰阿泰德》

在《会饮》中,第俄提玛完全没有回到回忆说这一主题。《王制》卷六、卷七以及《泰阿泰德》或别处亦未提及。然而,在这些对话中,学习主题要么的确要么似乎明显在场。

《王制》卷六的"分线"指出一条可知领域的上行之路,并暗示出一条真正的学习途径。② 卷七初始的"洞"喻亦然。但是,此二者皆未提及回忆论题。

[158]《王制》卷七主体处理的是城邦未来护卫者的教育问题。苏格拉底明言他们要学——以便受引导上行向光——的东西,"正如有些人据说曾从冥府升向诸神"(521c2 – 3)。那些护卫者所要掌握的各种学问,统统得到审视(521c 以下),但是学习本身在任何地方都不与回忆联系。

过去的注疏者对如下一点多有论及,在苏格拉底开始谈论未来护卫者所要遵循的学习过程之前,苏格拉底看起来间接提到回忆说。在反对一个时时存在的、关乎教育本性的观点时,苏格拉底批评某些人,他们声称能把知识"放进"原来没有知识的灵魂中(518b6 – c2)。按照格劳孔所附议的苏格拉底的观点,我们每个人

---

① 参《斐德若》,247d6 – e2。
② 参页[117] – [125]。

灵魂中都有学习能力以及某种"工具",靠这种工具,我们每个人都可以靠自己获得知识,从而得以通达最高存在层次、承受最明亮的景象(518c4-d2)。然而,这段文本亦未提及"回忆"。

相反,《王制》卷七再次将学习($μάθησις$)和温习($μελέτη$)结合在一起(526c1-2,535c3)。①

《泰阿泰德》同样如此。苏格拉底问(153b9-c1):"难道灵魂的状况($ἡ...ἐν τῇ ψυχῇ ἕξις$)不是[类似于身体的状况(b5-8)]这样:灵魂通过某些运动,即通过学习和温习($ὑπὸ μαθήσεως...καὶ μελέτης$),获得且保持所学到的东西($μαθήματα$),[从而]成长得更好;而灵魂如果保持不动,即不温习②也不学习($ὑπὸ δ' ἡσυχίας, ἀμελετησίας τε καὶ ἀμαθίας οὔσης$),就学不到任何东西而且会忘记或许已经学到的东西?""当然",泰阿泰德说。

尽管《泰阿泰德》并未提及回忆,但是,这篇对话第二部分对回忆的强调非常值得注意。

问题在于:某物如何会被"误认"为他物?——"误认"是我们的理智所能犯的一种基本错误($ἀλλοδοξία$[误认],189b12;$ἀλλοδοξεῖν$[误认],189d5,190e1;$ἑτεροδοξεῖν$[有歧见],190e2;$ἑτεροδοξία$[有歧见],193d2)。③ 该问题从属于一个更普遍的问题:[159]"心里有"某种虚假的东西和非真地"形成意见"($τὸ δοξάζειν τινὰ ψευδῆ$)意味着什么?背后隐约可见一个甚至更为综合的问题:什么是 $δοξάζειν$[形成意见、以为]?④ 对这一连串问题的讨论,由苏格拉底的这番话引入:"依我看,完成一件小任务($σμικρόν$),胜过蹩脚地承担一件大任

---

① 比较《蒂迈欧》,88a2-3:$μαθήσεις καὶ ζητήσεις$[学习和探究],以及《泰阿泰德》144b4。

② 比较《斐德若》,275a3:$μνήμης ἀμελετησία$[不再温习回忆]。

③ 参页[28]。

④ 这最终的问题以其全部的综合性于《王制》卷六(尤其476e4以下)提出并于卷七得到处理(参页[112]-[125])。

务。"(187e2-3)为了完成其"小"①任务,苏格拉底和泰阿泰德免不了要解释记忆,这一来自众缪斯之母记忆女神(Mnemosyne)的不可思议——在某些情景下还会带来危险——的礼物(191d3-4)。因为意见和记忆显得密不可分地相互关联。②《泰阿泰德》第二部分中强调的正是这一关联。此处将记忆看作其日常的、普遍存在的角色,不带有任何神话性的夸大。

我们必须将在意见学式的摹仿(doxological mime)③中进行的讨论放回恰如其分的视角。

该讨论基于泰阿泰德对这样一个问题的第二个试探性答案:"什么是知识?"已经遭到反驳的第一个答案是:知道就是感知(To know is to perceive)。第二个答案是(187b5-6):持有"真实意见($ἀληθὴς\ δόξα$)意味着处于'知道'状态"。

第二个答案和第一个答案一样具有试探性。事实上,泰阿泰德的贡献的试探特征已经由泰阿泰德本人强调、由苏格拉底认可(151e1-5;187b5-c6;亦参201c8-d3)。每一次,泰阿泰德的试探性答案都推出为他人所拥护的某种 $δόγμα$ [意见、学说]。④ 讨论表明,所有这些意见都是有缺陷的意见。

至于其第二个答案,泰阿泰德从一开始(187b4-5)就不仅调用"真实意见",而且调用"虚假意见"($ψευδὴς\ δόξα$):因为整个意见领域($πᾶσα\ δόξα$,187b4)——苏格拉底和泰阿泰德一致同意——可以分为两个区域,一个"真实",另一个"虚假"($δυοῖν\ ὄντοιν\ ἰδέαιν\ δόξης,\ τοῦ\ μὲν\ ἀληθινοῦ,\ ψευδοῦς\ δὲ\ τοῦ\ ἑτέρου$,c3-4)。泰阿泰德和苏格拉底并没有直接将注意力放在"真实意见"的特性上,正如泰阿泰德的答案看起来[160]要求的那样,恰恰相反,他们二人——苏格拉底带

---

① 参145d6。
② 参Gadamer,前揭,页135。
③ 参页[18]。
④ 参157c9-d2。

路(187c7-e2)——看起来转换了话题,专注于"虚假"区域。这等于重启(ἀναλαβεῖν πάλιν, c7)之前触及过的某个问题(167a-d;179c1-2),等于重走老路(187e1-2)。正是因此,泰阿泰德和苏格拉底在穷究"知识"与"真实意见"的同一性时,碰巧主要谈的是"虚假意见"带来的问题。

我们不可忽视,泰阿泰德和苏格拉底在讨论将某物误认为他物这一现象时,他们自身也上演着这种错误。他们之所以能够这样,是由于所探讨的答案的试探性。因为,一个试探性地给出、接受的答案,很难避免成为一个伪答案。这样一来,泰阿泰德和苏格拉底就上演着某种误认(ἀλλοδοξία),呈献出一个形成虚假意见(ψευδῆ δοξάζειν)的实例,将真实意见(ἀληθὴς δόξα)误认为知识(ἐπιστήμη):他们所进行的论证显然将知识处理为某种"已知"的东西,作为真实意见被知道的东西,而该论证明显诉诸知识的某种其他——尽管未知的——含义,该含义不同于"真实意见"的含义。恰当地为苏格拉底所记录(196d2-197a7)①的这样一种论证不可避免的"不纯粹性",恰恰源于这种隐含的诉求。

正是在这一(行动上[ἔργῳ])将知识"误认"为真实意见、(言辞上[λόγῳ])对虚假意见的可能性进行解释的语境中,记忆取得了某种独特的重要意义。

"误认"某物为他物的可能性,根植于我们——从表面看来——"难以置信"(参188c4)不知道自己知道的东西、知道自己不知道的东西的能力(188a10-11;c2以下-191a8-b1;b7-8;196c1-2;198c7-8;199c5-6)。这一点"难以置信",是因为,正如已经重点阐明的那样(188a10-b2),下面的情况显得完全不可能:一个知道的人会不知道,一个不知道的人会知道。但是,一旦我们区分两种"知道"方式(197a8-198a4),这种能力就会变得可信:我们可以在自己的记忆中存储知识,在这个意义上"持有"(κεκτῆσθαι,

---

① 参页[84]以下。

197b8）知识，却并没有已知的东西在我们面前"在场"；另一方面，我们可以通过"此刻"仿佛"在手地""抓住、把握"（λαβεῖν καὶ σχεῖν，197c9；198a2；d3）某物获得对该物的直接洞见（198d3-4）。第一种意义上的"持有知识"（ἐπιστήμης κτῆσις）[161]与第二种意义上的"把握知识"（ἐπιστήμης ἕξις）①之间的差异等于"零"，正如苏格拉底并非没能注意到的那样（ἴσως...οὐδὲν [διαφέρει]，197b6），但是，这种差异看起来至少解释了我们"误认"某物为他物的原因。它看起来解释了我们"错误地"而非"正确地"形成意见的原因。

我们能以两种方式获得直接洞见。我们要么凭自身诸感觉（αἰσθάνεσθαι）足够清晰地感知某物，要么不使用自身诸感官，单凭理智（διανοεῖσθαι μόνον）把握某物（195d6-10）。两种洞见皆可记录在我们的记忆中，苏格拉底通过使用两个明喻对其进行描述。

其中一个明喻将记忆比作（191c8-1）一个"蜡块"（κήρινον ἐκμαγεῖον），②感官知觉（αἰσθήσεις）以及理智（ἔννοιαι）③都可以在上面"烙下印记"（ἀποτυποῦσθαι）。这样一来，我们的记忆的盛装便是"印记"的载体，其品质依蜡的品质而变，也就是说，依所探讨的特定记忆而变。按照这一明喻，我们据说"既记住又知道"（μνημονεύειν τε καὶ ἐπίστασθαι）那些成功地、有效地印下的东西，只要制造该印记的所印之"影像"（εἴδωλον）持存。我们据说"既已然遗忘又不会知道"（ἐπιλελῆσθαί τε καὶ μὴ ἐπίστασθαι）在其影像消失之际被抹去的东西，除非有些东西根本无法留下印记（191d7-e1）。

---

① 参亚里士多德作品中 ἐντελέχεια [隐得来希、完全实现]的双重含义，正如 ἐπιστήμην ἔχειν [持有知识]（ἐντελέχεια ἡ πρώτη [前者的完全实现]）与 τὸ θεωρεῖν [运用知识]之间的区别所例示的那样：《论灵魂》，II, 1, 412a10-11; 22-28; 412b27-413a1; II, 5, 417a22-b2. 亦参《尼各马可伦理学》, I, 8, 1098b31-33，以及《斐多》75d9 对 ἔχειν [把握]的运用（参页[130]）。对比亚里士多德，《论自然》, VIII, 4, 255a33-b5。

② 参 194c-d。

③ 参页[153]以下，亦参页[129]，注59[译注]本书页148 注②。

这里的"知道"与"不知道"分别指"占有知识"($ἐπιστήμης\ κτῆσις$)及其反面,而非"获得知识"($ἐπιστήμης\ ἕξις$)及其反面。

自始至终(192b3 – 194d4),苏格拉底都将"记忆的印记"称作"烙印"($σημεῖον$)——类似于有印之指环留下的烙印,[①]亦称作印戳($τύπος$,192a4、194b5)或印痕($ἀποτύπωμα$,194b5),还有封印($σφραγίς$,192a6)、铭刻($ἐκμαγεῖον$,194e6),以及最意味深长的一个名称:灵魂中记忆的印记($μνημεῖον\ ἐν\ τῇ\ ψυχῇ$,192a2以下、b6,对比196a3:$μνημεῖα\ ἐν\ τῷ\ ἐκμαγείῳ$[印痕中记忆的印记])。"记忆的印记"[162]($μνημεῖα$)并不属于可见、有形领域。它们属于理智在其中发挥其作用的媒质,属于由之而形成我们所谓心智的东西。当我们错误判断可感事物、误将此物认作彼物从而形成错误意见之时,我们没能将自身的感知同自身的记忆印记恰切地关联;我们没能"调适感知以适应理智"($ἐν\ τῇ\ συνάψει\ αἰσθήσεως\ πρὸς\ διάνοιαν$,195d1 – 2)。另一方面,一旦以恰当的方式做出上述调适,我们便是在正确地形成意见。

但是,我们也有可能犯下与感官感知毫不相干的"错误"。我们有可能在理智中犯错。"形成意见"($δοξάζειν$)这一论题的出现,实际上是在以下这一点变得明显之后:知识在我们所谓感知那里找不到,只能在灵魂的某种不管叫什么名称的状态中去找,当灵魂"完全靠自己($αὐτὴ\ καθ'\ αὑτήν$)从事对何物存在的思考"(187a3 – 8)时,灵魂便意识到这种状态。正是泰阿泰德勇于指出,这种状态正是我们通常所讲的"想当然"。[②]

我们的理智中也可能有错误,这使苏格拉底引入另一个关于记

---

① 参页[110]。

② 在《王制》中(477e1 – 3),意见($δόξα$)被当作灵魂的一种能力或力量($δύναμις$):意见是"我们凭之能够想当然(opine[译注]更直接的译法是'形成意见')的东西"($ᾧ...δοξάζειν\ δυνάμεθα$)。我们想当然的对象正是意见(参页[113])。

忆的明喻。苏格拉底将每个灵魂中的记忆比作鸟笼(197c以下)，豢养着各个种类、各种习性的鸟儿。鸟儿应该代表"知识"——"豢养"着的知识。"占有知识"与"获得知识"在措辞上的区别，正应了这个新的明喻。鸟儿或者说知识就在那儿，我们拥有它们，但是严格来讲，仅当我们刚刚将手伸进笼中或认真地运用理智时，我们才是再次($διττὴ...ἡ θήρα$) "抓住"($θηρεύειν$, 197c3, d1, 198a2, a7, d2, 199b5)它们。我们的确随时想做就能这样做。我们也能再放它们走再随心所欲地重复上述做法(197c7–d2;198a1–2)。但是，也可能发生另一种情况，在这样做时，我们"抓住""错误"的鸟儿，即某种并非我们所求之知识，也就是说，我们犯了一个"错误"，因此得到某种虚假意见($ψευδὴς δόξα$)(199a9–b3)。

该明喻帮助我们生动地想象出我们的理性凭其自身犯"错误"的可能性。然而，如果捉住错误的鸟儿等于获得"虚假[163]意见"，那么捉住"正确"的鸟儿必定等于获得"正确意见"。这是苏格拉底本人做出的推论(199b7–8)："另一方面，当[一个人]真正掌握自己正在努力掌握的东西时，他[可以说]没有误认($ἀψευδεῖν$)，[因此]在对真正存在的东西形成意见($τὰ ὄντα δοξάζειν$)。"这样的确显得人有可能不知道自己知道的东西(199c5)，也有可能继续重新从自身学习自己已经知道的东西($πάλιν ἔρχεται μαθησόμενος παρ' ἑαυτοῦ ἃ ἐπίσταται$, 198e4–5)，正如苏格拉底之前在一个非常相关的说法中提出的那样(198d4–8)："因此，一个人有可能重新学习某样东西($πάλιν ἔστι καταμανθάνειν$)，尽管关于这样东西的知识早就在他身上，他学到过这些东西，便知道这些东西；[他有可能重新学这些东西]凭借恢复($ἀναλαμβάνοντα τὴν ἐπιστήμην$)并牢牢掌握($ἴσχοντα$)关于其中每一样东西的知识，这正是他早就占有过、运用理智时却不在手边的知识($πρόχειρον δ' οὐκ εἶχε τῇ διανοίᾳ$)。"

在这个节骨眼上(199c7)，一个重大的难题浮现出来：如果一个人捉住一只"错误的"鸟儿，这只鸟儿无论如何代表着某种"知识"，那么,难道可以设想,这样的"捉"的结果会是"在我们手上"没有知识?① 泰阿泰德试图克服这一难题,他提出(199e1-6),在这些鸟儿当中,有些代表"知识",有些代表"无知"($ἀνεπιστημοσύναι$),这样一来,"捉"的结果有时是持有真实意见,即处于有知状态,有时是持有虚假意见,即处于不知状态。苏格拉底表扬了泰阿泰德的这个提议(199e7),同时也接着向泰阿泰德表明,这个提议会导致一个不可克服的难题。

然而在此情形下,苏格拉底对泰阿泰德的表扬看起来比对其提议的评论更有意义。因为该提议不仅相当于使"知识"与"真实意见"、"虚假意见"与"无知"相等同,而且相当于将鸟笼——即我们的记忆——说成载体,所载的除了意见什么都没有,包括真实意见和虚假意见。鸟儿分两种,只能代表意见,不能代表知识。其实,苏格拉底本人在给出鸟笼这一明喻时、在以算术为技艺之例时,关于他认为鸟儿代表着什么,并没有给我们留下疑问。苏格拉底暗示,一个精通算术技艺的人[164],"占有"着关于数的一切"知识",并能将这些知识传授($παραδιδόναι$)给别人(198a10-b2)。苏格拉底接着说道:"我们宣布②传授这些东西的人在教($διδάσκειν$),[从头]接受这些东西的人在学($μανθάνειν$),像把鸟儿关在笼子里一样拥有这些东西的人在知($ἐπίστασθαι$)。"(198b-6)我们的确如此。然而,这样的"教"与"学"只能理解为"意见"——最好不过"真实意见"、最差不过"虚假意见"——的传授与接受。这样的"教"与"学"在不断地进行着。我们无法免除这样的过程。各种技艺的获得,各类信息的搜集,支配我们生活中的行为的信念和习惯做法,皆有赖于此。从孩提时起,我们就活在——也没法不活在——公认意见的媒介之中。我们的记忆在不可抗拒的程度上就是这些意见的载体。当我们还是孩子的时候,这个载体或者说鸟笼被认定为空($κενόν$ -

---

① 比较 199d1-2,以及 189c5-d1。

② $καλοῦμεν$ [宣布] 一词非常具有强调意味(对参 189c3)。

197e2以下）。我们逐渐将它装满，自称在"学习"或"发现"、最终"知道"（比较197e2–6）。这里的意思是，我们始终在"接受"别人的意见。泰阿泰德的第二个答案及其所引发的讨论，完全取决于这一基本的人类经验，以及源于这个经验的关于教与学的共同理解。①

　　苏格拉底说（200c8–d2），这个讨论导致一个僵局，因为它在处理"知识"问题之前，首先关切到"虚假意见"问题，没有充分掌握什么是"知识"，就不可能理解"虚假意见"。既然这个区分的潜在假定是"知识"和"真实意见"的同一，那么我们便理解苏格拉底所说的，在探究虚假意见是怎么来的之前，一个人应该先探究什么是"真实意见"的真正含义。在使泰阿泰德为"什么是知识"给出的第二个试探性答案成为关于"虚假意见"的讨论的基础时，苏格拉底和泰阿泰德丢下最困难的"真实意见"问题悬而不论，并未探讨意见与真理的关系。在何种意义上，意见可以既为"真"、同时还是"意见"？

　　[165]至于我们的记忆在不可抗拒的程度上是意见的载体，我们的记忆还保留着我们一度获得过的真正知识这一点很难否认。关于这一初次的获得、最初的学习如何发生的问题，《泰阿泰德》中甚至并未提出。在《美诺》以及《斐多》中，在《斐德若》以及《斐勒布》中，神话性的记忆或神话性的回忆故事至少都在以一种或多或少精心的方式暗示或者考虑最初的学习这一问题，但是，《泰阿泰德》完全无视该问题。恰恰相反，《泰阿泰德》结合鸟笼比喻处理再学习这一论题。再学习的可能性看起来得到断言：我们的确有能力捉住正确的鸟儿。但是，与这一能力相配的，是我们捉住错误的鸟儿的能力。这样一来，我们在捉鸟儿时成功还是失败，难道不是机运问题？若是，我们如何调和学习的严肃努力与这种纯属偶然的捕

---

① 比较页[106]。亦参 Cornford, *Plato's Theory of Knowledge*（《柏拉图知识论》），1935，前揭，页135以下。

捉？"学与练"这一说法看起来阻止了除基于审慎探究外任何形式的知识获取。

其实，《泰阿泰德》并不试图解释任何一种学习。因为，尽管这篇对话提出知识问题，但是它处理的是我们犯错的方式：其直接关切在于"虚假意见"，特别是关于知识和学习的虚假意见。将这些虚假意见带到日光下，是苏格拉底"助产"术的首要意图，而这篇对话多次谈论这种助产术（尤其参看157c7 – d3, 210b4 – d1）。

下面的做法颇具诱惑：将苏格拉底对自己是年轻人"产婆"的反讽式坚持（149a1 – 151d3, 157c7 – d3, 160e2 – 161b1 – 6, 184a8 – b2, 210b4 – d1）看作是他站在帮人努力"回忆"的立场上对其回忆故事的补充。① 但是，就《泰阿泰德》所关切的而言——而且仅仅在这篇对话中柏拉图才让苏格拉底将自己的辩证记忆描述为"助产术"——泰阿泰德身上被接生出来的，不是任何洞见，而是遍布其记忆中的虚假意见。② 的确，这种助产[166]对未来的"积极"学习而言不可或缺。③ 然而，《泰阿泰德》并未展现这种学习，若除此之外别无理由的话，它也无需诉诸回忆说。主宰场面的不是知识，而是其私生姐妹意见。因此，意见的忠实保姆，即记忆，也频繁亮相。④

回忆故事表面上预设，我们"身上"有知识，"老师"的恰当提问会使知识浮现。我们"内在"的这种知识并不一定"有父亲"。然而，虚假意见即苏格拉底助产术使泰阿泰德解除的东西，皆有其"父"：它们都是"受生"的。因此，它们可以被比作婴儿，其降生需要

---

① 这是佚名注者（经 Cornford 许可转引自前揭，页28）的观点。因为该观点显得为 150d6 – e1 所强烈支持，它一直以来都是非常流行的观点。

② 比较阿里斯托芬《云》，137（及139），苏格拉底的一位学生对猛烈砸门的 Strepsiades 说道："你让一个刚刚想出来的念头流产啦。"（φροντίδ' ἐξήμβλωκας ἐξηυρημένην，转引自 Cornford，同上）

③ 参见[173]。

④ 记忆论题首次提出是在 163d1 – 164d6，那里的确暗示了最初的学习。

产婆($μαῖα$)帮助。这一关键情况看起来位于"助产术"比喻的基底。

第七节

从《斐多》《斐德若》《斐勒布》《会饮》《王制》《泰阿泰德》关于学习、遗忘、回忆、记忆的说法中,我们可以推断:

第一,灵魂不灭说与回忆说之间的联系的本质完全不清晰。这种不清晰性并非无关于灵魂——其含义包括审慎和生命——一词本身的含混用法。

第二,回忆说核心的困难在于,一切学习的非时间性目标与任何回忆的时间性之间的矛盾。

第三,记忆本身一面奇异地"触及"发生在身体上的事情,一面同样奇异地"触及"可知领域。因此可以将记忆理解为感官感知的保存者、知识的载体,以及最重要的是,可以将记忆理解为各种意见的接受者和分配者。

第四,只要将学习等同于回忆或记忆,最初的学习这一问题便悬而未决,除非灵魂对诸理念的初次掌握正如《斐德若》所描述的那样,被当作指的就是最初的学习。

[167]第五,学与"练"($μελέτη$)之间的联系得到引人注目的强调。

关于第二点和第五点,我们可以问:难道练不牵涉学,难道学本身不花费时间、不在时间中发生?难道时间性特征不为学习与回忆双方所共有?

然而,学习的努力并不以回到时间中的某一点为目标,它更指望在时间中的将来某一点上获得知识。这样一来,牵涉作相反运动的回忆与练习的重复,不也朝向同样的目标?在长期的学习之后的洞见时刻,我们对自己所学为真有所认知。这一认知莫非不是再认知?这样一来,难道学习最终不是和回忆一同浮现?与此相反,难道"未知"和"未学"不等同于"遗忘"(正如第俄提玛的双关语所暗示的那样),无知状态不等同于遗忘状态?

在《智术师》中(229b – c),异乡人区分了无知($ἄγνοια$)的不同方面。然而,有一种无知超出其他所有无知。这种无知在于认为自己知道自己并不知道的东西($τὸ\ μὴ\ κατειδότα\ τι\ δοκεῖν\ εἰδέναι$)。这种无知可以恰当地称为$ἀμαθία$[不学]。这个词指的是人们所处的这样一种状态,他们尚未学到自己本应已然学到的东西。当我们指责一个人无知时,其实我们不仅仅因为他不知道而指责他,而且因为他不运用自身的学习能力。我们因此称他不学之人(unlearned)。另一方面,忘记自己一度学到的、知道的东西之后,我们又发现自己处于无知状态,回忆的努力可以消除这种状态。如果"处于无知"和"处于不知"完全等同于"已然遗忘",①那么,任何学习过程其实都是某种回忆过程,正如回忆说所主张的那样。

但是,难道苏格拉底没有在《斐勒布》中(33e4 – 7)主张:②说某种并不存在或尚未生成的东西会不知怎么地"弄丢",岂不荒谬?也就是说:尚未获得的知识不可能"被遗忘"。再者,难道在《泰阿泰德》中(188a2 – 4),苏格拉底没有顺带提到,学习($μανθάνειν$)与遗忘($ἐπιλανθάνεσθαι$)[168]的位置居于知($εἰδέναι$)与未知($μὴ\ εἰδέναι$)"之间"($μεταξύ$),因此"无知"看上去并不等于"遗忘"。关于学习与遗忘的讨论,并不从属于自己与泰阿泰德此时所从事的论证,③苏格拉底评论道。可想而知,关于学习与遗忘的更充分的论证,会进一步阐明学习与遗忘的"居间"位置、从而进一步阐明"遗忘"与"未知"状态的关系。但是,这种探究无处可寻。无论如何,这种探究等于论证性地检查回忆说本身。

---

① 参《泰阿泰德》,191e1:$ἐπιλελῆσθαί\ τε\ καὶ\ μὴ\ ἐπίστασθαι$[我们遗忘且不知的](参页[161])。
② 参页[153]。
③ 参页[165]。

第五章　题外话:回忆与记忆

难道我们没有被导向这样一个结论:我们不得不对学习是回忆这一说法保留意见?

但是,这样一种结论难道没有丢掉极为重要的一点?

难道该理论本身并不必然排除关于其有效性的教诲性论证?难道这不是苏格拉底忍住没有把这方面更多东西讲给美诺的原因?美诺问过的、我们现在正在问的是:我们如何确定该理论所主张的东西为真?

苏格拉底引入回忆故事,说它源于对最高等级事物了若指掌、有能力对其进行言说的人。这种言说能有多精确?难道关于至高即至广层次事物的讲述,并不必定为晦涩、含混所沾染,而这并不是因为在那些层次上"事物"本身注定"幽暗",而是因为事物的完整性、明晰性会在言辞的片段性媒介中遭到破坏。即便最精确的"技术性"言说方式也无法改变这一情况,因为言辞像知识一样反映出,如果一个世界服从于"异"的统治,那么它就不可避免地具有多样性。①

言辞并不完全能够处理"整全性"问题。② 我们记得,这一"整全性"论题在这篇对话中得以触及,恰在美诺拒绝继续探究、③面临苏格拉底所讲的神话之前。在该神话中,"整全性"论题实际上为灵魂不死论题和回忆论题提供了联系。④ 但是,正如其他任何[169]言说一样,神话式言说削弱了"整全"之所是的明晰性,它无法讲出整全的真理。

有这样一种倾向,即将某篇柏拉图对话中的某个神话,尤其苏格拉底所讲的神话解读为一种比其他任何言说方式都更有力的说

---

① 参页[86]。

② 比较《书简七》:τὸ τῶν λόγων ἀσθενές [言辞的弱点](以及页[17],[122],[146]以下)。

③ 参页[80]。

④ 参页[96]。

服手段，它较少地（因此不仅仅）诉诸我们的知性，是传达不可传达者的独一无二的途径。当《会饮》中的阿尔喀比亚德说出下面这番断言时（215d3 – 6），难道他的意思不就是，"一听你［苏格拉底］说话，或是听别人转述你的话，即便转述人词不达意，我们都会被镇住、都会着迷，不论听者是女人、男人还是小孩子"？阿尔喀比亚德指的是苏格拉底有时令人恼怒的反讽、戏仿式的探究、从不加伪饰的辩证力量——而这些会使被苏格拉底提问的人被"麻翻"，也有可能带来一种不可遏制的探求真理的欲望吗？① 或者，苏格拉底心里想的是我们在柏拉图对话中发现的这种苏格拉底式神话？若是后者，难道这种神话讲述和神话制作不是的确在传达不可传达者？为恰当处理这一问题，我们忍不住要反思——正如柏拉图看起来经常在做的那样——神话的本质，这是我们尚不知道的东西，是经过无数世代的人们传下来的东西。

难道那种神话不是崇高的意见、具有极为令人印象深刻、不可忘怀的重要性的属人意见？② 难道它们不是充当对于我们活在其中、凭之而活的意见的某种不充分的或者被照得过亮的背景？

应该得到强调的是，神话不会凭其自身成立。这正是神话的弱点与力量。下述情况并非纯属偶然或仅属某种特定历史发展阶段：在一切时代、一切地方，我们都可以发现，神话转化为或体现在或上演于仪式、庆典、习俗、制度、演出、悲剧之中，若我们同这些没有利害关系、不分享这些，这些便无法存在。反之，人类散碎、无言的行动在神话中找到属于自己的语言。

在《斐德若》中（229c4 – 230a6）有一段简短的交谈，关于熟悉的神话的真实性。在这段交谈中，被苏格拉底作为某种"粗糙的智慧"（ἄγροικός τις σοφία，e3）打发掉的是这样一种尝试：将各个神话的内容简化为某种"自然的"［170］、无关紧要的、不相称地被夸大的

---

① 参页［92］–［95］，［106］以下，以及第六章第一节。
② 比较《斐德若》，274c3。

事件。苏格拉底说，无论如何，的确很难以类似的方式据其所"像"（κατὰ τὸ εἰκός）"讲明白"（ἐπανορθοῦσθαι – d6）神话中的怪物，比如坎陶（Centaurs）、喀迈拉（Chimera）、戈耳工（Gorgons）、佩加索斯（Pegasus）。苏格拉底没空玩这种猜谜游戏：他全神贯注于极为吸引人的任务，即"认识自己"，查明自己到底是比提丰（Typhon）还复杂、夸张、凶猛的野兽，还是更为温和、单纯、由命运赐予崇高而宁静之本性的生物。

苏格拉底对关于神话故事的"粗野智慧"不感兴趣，却相当明显地对那些故事本身及其所关联的一切感兴趣。斐德若问苏格拉底（229b4 – 9），所谓波瑞阿斯（Boreas）抢走俄瑞狄娅（Oreithyia），是不是就在伊利索斯（Ilissus）的某个特定地点。"不是（οὔκ）。"苏格拉底异常明确地这样回答。他同样异常精确地指出，该事件据说发生在什么地方，以及献给 Boreas 的祭坛位于什么地方（c1 – 4）。①这位苏格拉底呢，人们本以为他——至少在和平时期——不会涉足城墙之外的任何地方（230c6 – d2），②因为正如他本人所言，乡下和树林不会教给他任何东西（d4）。苏格拉底所列出的怪兽清单表明其对神话有很深的兴趣。在《王制》卷九中（588b10 – e2），苏格拉底编出一种怪兽作为灵魂的影像（εἰκὼν τῆς ψυχῆς），格劳孔始终带着一种不相信的消遣情绪在听。此处，清单里加上了斯库拉（Scylla）和克尔贝洛斯（Cerberus）。难道神话在苏格拉底的理解中不是极具启发性的镜子，能够投来反射的光线，照亮人类生活的条件和状况？难道神话中的怪兽并非一直是灵魂本身的影像？尽管反射之光的最终来源隐而不显，但是，"认识自己"除此之外还意味着，在镜中看自己以及自己的行动，那些熟悉而往往可怕的神话往往凭借这些镜子包围着我们。

---

① 参希罗多德，《原史》，卷七，189。
② 斐德若略有夸张：参《克力同》52b，以及 Robin, *Platon*（Pléiade），II, 1408, 注 22。

神话往往为我们的行动提供某种尺度。柏拉图对话着手度量这样的尺度。试图为该任务找到码尺与试图找到反射之光的来源，都意味着从事哲学。[171] 与虚假码尺的有害效果作斗争，与那些镜子制造的扭曲作斗争，就要求创制、讲述新神话。讲神话其实是一切修辞技艺的范例：它旨在发动人的灵魂中的某种努力，引发行动。正是在行动中，人的德性及其反面得以显现。

一个新神话，一个苏格拉底－柏拉图式的神话，往往谈及灵魂，往往关切未被扭曲的整全。但是，我们无法在其语词中找到该神话的真实性。

就回忆神话而论，其讲述是传达其"教诲"的一种手段，这一事实显然使其意图落空。在这一意义上，回忆神话是一切神话的原型。该神话比其他任何神话都要求转化为某种中间状态，在这种状态中，我们自己的行动或反应（action or reaction）可以体现我们自己的行动或反映的内容。

在《王制》中，就在几近勾勒出最好城邦的蓝图之际，苏格拉底面临这样一个问题（卷五，471c 以下）：这个最好城邦究竟该如何创建，它到底是不是某种可能的东西？这个问题的答案——一个"难以置信"的答案（472a6，473e4）——是"第三次浪潮"，按照苏格拉底自己的说法，这次浪潮威胁要将他淹没在笑声与蔑视中（472a4，473c6－8），而且，按照格劳孔的说法，这次浪潮威胁要使苏格拉底遭受致死的惩罚（473e6，474a4）。这个问题的答案本身"略微"偏离关于最可欲的城邦的讲述在此之前的路向，将统治的权力（$\delta\acute{\nu}\nu\alpha\mu\iota\varsigma\ \pi o\lambda\iota\tau\iota\kappa\acute{\eta}$）全然交付给了全然从事哲思的人们。政治势力和哲学的这种合并的预期结果，仅仅是真正好的状态的"样本"的"近似值"（$\pi\alpha\rho\acute{\alpha}\delta\epsilon\iota\gamma\mu\alpha\ \acute{\alpha}\gamma\alpha\vartheta\tilde{\eta}\varsigma\ \pi\acute{o}\lambda\epsilon\omega\varsigma$，472d9－10，c4），也许只存在于天上（卷九，592b2），而且直至此刻都是在言辞中以讲述神话的方式处理（$\acute{\eta}\ \pi o\lambda\iota\tau\epsilon\acute{\iota}\alpha\ \mathring{\eta}\nu\ \mu\nu\vartheta o\lambda o\gamma o\tilde{\upsilon}\mu\epsilon\nu\ \lambda\acute{o}\gamma\omega$，卷六，501e4；比较卷二，376d9）。预期结果仅仅是"近似值"，是因为人的行动至多可以近似于口说言辞所意图的。在贸然进入"第三次浪潮"之前，苏格拉底正在寻求格劳孔关于行动与言辞的这种关系的论证。苏格拉底问（473a1 – 3）："某样事情按其被言及的那样被做成，这可能吗？还是说，从本性上讲，行动总是不如言辞那样触及事物的真相，即便有人并不同意？"格劳孔并不同意。然而，不同意或许自有理由，不论其理由是否成立。

就学习而论，至少，关于学习的言辞，即对学习在于什么、也许会达成什么的讲述，[172]不可能完全符合学习的实际演练。学习的行动传达学习的真相。学习的可能性这一问题的答案，不是某种"知识论"或"认识论"，而正是学习的努力。答案在于行动（deed, ἔργον），在于练习学习（μελέτη），而这反过来会导致拥有知识（ἕξις）。苏格拉底一再指令美诺和小奴隶"做一次尝试吧"（πειρῶ），其意难道不恰在于此？① 神话末尾有个条件从句，说的是具备勇气、不懈于探究的必要性，以及苏格拉底最后一次敦促美诺和他一起探究人的德性时对同一点的强调，其重要性难道不恰在于此？② 摆在美诺面前的是这样一个机会：凭自己的行动"证实"该神话，与此相应，我们亦然。

我们将不得不看到，对美诺的学习方式的展示，会证实我们关于"回忆"——以及记忆——所一直在试图学到的东西。

---

① 参页[54]，[58]，[59]，[63]，[71]，[92]，[100] – [101]。
② 参页[94]，[96] – [97]。

第六章

第一节　82e4–13,84a3–d2

[173]在与小奴隶的对话中,苏格拉底两次转向美诺寻求评论:第一次是在小奴隶第一次尝试回答关于两倍正方形之边的问题之后;第二次是在小奴隶的第二个答案被驳倒之后。

在第一次,苏格拉底刚刚从小奴隶那里诱导出第一个虚假答案,苏格拉底想要美诺注意到,苏格拉底并没有在教小奴隶任何东西、只不过一直在提问题;他还想要美诺注意到,小奴隶认为自己知道关于两倍正方形的问题的答案,其实他显然并不知道,只不过受到"两倍"这一方面的误导。美诺表示同意(nai)。苏格拉底劝①美诺继续观察小奴隶接下来如何有序地(ephexês)进行回忆,"正如一个人应该去回忆的那样"(hôs dei anamimnêiskesthai)。②

在第二次,小奴隶刚刚强烈断言自己的无知,苏格拉底便为美诺指出,小奴隶在这个"回忆"阶段处于何其良好的情况:小奴隶现在真的陷入迷惘、困惑之中,并不自认为知道自己不知道的问题的正确答案。美诺表示同意。苏格拉底的提问带来的"麻翻感"类似于电鳐制造的效果,这种感觉显然对年轻人没有害处。"它看起来并非有害。"美诺说。苏格拉底提出,恰恰相反,这种感觉会帮年轻人找到正确答案:这位年轻人现在意识到自己的无知,由于这种意

---

① 参页[98]。
② 比较亚里士多德,《论记忆》,451b16以下。

识、出于这种意识,他也许会乐于担负探究,因为圆满完成探究会使他免除困惑。我们记得,在美诺自己为回答关于人的德性的问题所做出的第二次尝试失败之后,美诺才觉察到一丝可笑。① 美诺并未尝试[174]通过继续探究解决困难,他试图通过嘲弄甚至威胁苏格拉底以摆脱他判断自己所处的可笑境地。看起来小奴隶并非如此。苏格拉底——且不论他正在对小奴隶而且是一个年轻而没有经验的小奴隶说话这一事实——讽刺地强调小奴隶与美诺之间的对比,将这样一种能力归给小奴隶和众人(pros pollous):流利(rhaidiôs)、良好(eu)、经常(pollakis)地讲出二倍面积同时也是二倍边长的正方形的能力。苏格拉底在引述美诺本人的话,②但美诺看起来并未留意。难道美诺忘记了自己说过的话?

苏格拉底所坚持诱导的"麻翻"对小奴隶的重要性。难道小奴隶已经尝试去探究或学习(zêtein ê manthanein)自认为知道的东西了吗?难道只要坚持上述错误信念,小奴隶便已经尝试探究或学习了吗?难道在步入困境(aporia)、陷入困惑、意识到自己无知从而体验到对知识的渴望之前,就已经准备好进行探究了吗?"我不认为是这样",美诺说,他现在愿意承认小奴隶不仅未受害于,甚而受益于苏格拉底所诱导的麻翻状态。

苏格拉底请美诺注意,一旦和他——苏格拉底——(met'emou)③一起探究,小奴隶将如何出于、由于这种困惑另外④发现某种东西;与此同时,他——苏格拉底——将问而不"教"。我们注意到,苏格拉底的说法相当绝对:小奴隶将会发现(aneurêsei)一

---

① 在一个相似的情形下,在《卡尔米德》中(169c6 – d1),克里提阿觉得"羞愧"(ᾐσχύνετο),尽力隐藏自己的困惑。参页[25],以及页[29],[88],[89],[105]以下,以及《智术师》230c3 – d5。

② 参页[46],[88]。

③ 参 81e2 μετὰ σοῦ [和你]。

④ 84c10 处的 kai 等同于 84b10 处的 kai。Thmpson(前揭,页137)看起来完全忽视了这一点。

个答案。此外,苏格拉底敦促美诺要看仔细,以便在他并非仅凭提问诱发小奴隶自身的"意见",而是试图"教"导小奴隶时捉住他。我们注意到,这是全篇对话中"意见"(doxa)一词首次出现——尽管上文经常用到动词 dokein([译注]意为"……对……形成意见""在……看来""依……之见"),该动词最为意味深长的用法,也许在于苏格拉底第一次试图让美诺复述高尔吉亚关于人的德性的说法时,①还在于苏格拉底在与小奴隶的交谈中旁注式的"教学"评论中。② 自此以后,意见一词一再重现。

第二节　85b8–d8

[85b8–c8]

[175][进行完]小奴隶的学习演示之后,苏格拉底即刻再次转向美诺。现在轮到我们好好注意。因为,接下来的对话大概标志着美诺本人的演示的第三阶段得以完成。③

苏格拉底想知道美诺对自己亲眼所见、亲耳所闻的刚刚发生的事情有何意见(ti soi dokei, ô Menôn)。难道美诺会在小奴隶的答案中找到除小奴隶本人的意见之外的某种意见?

如果问的是我们,我们会说什么?难道我们不会先以一个问题回敬苏格拉底:你所讲的小奴隶的"意见"是什么意思?④

你指的是你摆在小奴隶面前的问题中含蓄地或明确地包含着的"前提"吗——那些问题要么要求小奴隶进行一些简单的计算,要么要求小奴隶表示同意或反对。如果这就是你所讲的小奴隶的

---

① 参页[43],[45]。
② 参页[102],[104]以下。
③ 参页[99]。
④ 参页[104]以下(第四点)。

意见,那么我们的回答是:它们并不是小奴隶自己的。

或者,你所讲的小奴隶的意见,是小奴隶自己对那些前提的计算、同意或反对,即小奴隶对关于那些前提的思考的完成(dianoias apoteleutêsis)？如果这就是你所讲的小奴隶的意见,那么我们的回答是:它们的确是小奴隶自己的。因为,在我们看来,小奴隶在各个情况下得出的正确算术答案以及"是"与"否",都是小奴隶对某种东西的服从的结果,那种东西就是显示于他自身的理智的必然性;因为我们在紧随你的提问的同时,不得不在各个情况下沉默地在我们自身理智的强制下,确认小奴隶的正确算术答案以及"是"与"否"。

我们不得不这样做,尽管有这样一种我们的确设想到的可能性:小奴隶的回应很可能是随意地或为取悦你而给出的。

或者,你所讲的小奴隶的意见,是小奴隶得出并讲出的错误数字答案？那样的话,我们的回答是:这些意见不是小奴隶自己的,因为在给出这些答案时,小奴隶完全没有"看自己内心"——就像我们显然通过看自己内心而看到答案那样——而仅仅是屈服于你的提问方式带来的表面上的合理性。

美诺的回应仅仅是,小奴隶的回答中所显示的意见是他自己的。

苏格拉底提醒美诺,不久前他们二人一致同意,[176]小奴隶并不知道关于二倍正方形边长这一问题的正确答案(82e8–9)。① 但是现在——苏格拉底说——原来那些意见,即我们认定最终将小奴隶引向正确答案的意见,就"在他内心"(enêsan…autôi)。美诺再一次在没有要求苏格拉底在小奴隶的意见这一问题上给出更高的精确性的情况下表示同意。美诺的回答是一个直截了当的"是"。

苏格拉底的下一个问题为美诺提供了一个概要结论:这样一来,是不是一个人若不具备关于特定东西的知识,便没有关于他所

---

① 参页[173]

不知道的那样东西的"正确意见"(alêtheis doxai)？美诺对这个结论并无反对。

我们注意到，"真实意见"这个说法也许还隐含着这样的意思：它们不受遗忘影响，是"未被遗忘"甚至"忘不了"的意见。① 所谓"真实意见"的悖论本性，苏格拉底甚至连暗示都没有。②

[85c9 – d2]

回到小奴隶实例上时，苏格拉底评论道，现在，那些真实（或未被遗忘的）意见仅仅在小奴隶内心被激起，就像在梦中一样；但是，若在同样的东西上不止一次地(pollakis)以不止一种方式(pollachêi)被提问，小奴隶最终会知道(epistêsetai)③那些东西，而且知道得和别人一样精确。苏格拉底指望美诺知道如此这般，美诺再次没有反对。

就我们自己而言，我们会毫不迟疑地同意苏格拉底对该事件的描述，认为它和我们对小奴隶意见本性的理解相一致。因为，小奴隶表示同意或反对苏格拉底为他提供的命题时具有的清晰性和精确性，实际上必定具有梦一般的特质。在受到加诸理智活动（理智将可知对象理解为潜在的可见对象）固有限度（这种限度本身使理智活动类似于做梦④）的影响之外，小奴隶仅被赋予一个转瞬即逝的机会，使自身服从于自身理智的强制性影响。小奴隶自己的理智的明晰性、精确性水平，甚至还不足以达到几何技艺通常所能提供的清晰性水平：面对着眼前沙土上画出的可见线段，小奴隶[177]并没有更进一步，以某种严格规范、显而易见的方式，从自己能够一步步推证出苏格拉底呈献给他的结构中，上

---

① 参页[157]，注150[译注]本书页180注①。
② 参页[164]。
③ 参页[178]，注19[译注]本书页204注②。
④ 参页[122]。

升至那些更为广泛的假定。我们可以说,小奴隶至多经历了一次数学中的"分析"练习。① 因此,小奴隶其实至多形成了某种不稳靠——尽管"真实"——的"意见"。只有进一步重复、变化的练习才能帮小奴隶赢得几何之为技艺所要求的明晰性和精确性,才能使小奴隶更加持续不断地看"自己的内心",更加有意识地服从其理智中固有的必然性。从这个意义上讲,小奴隶也许终会有知,正如苏格拉底说过的那样。

[85d3-8]

苏格拉底强调自己的主要论点:没人教过小奴隶,仅凭被提问、靠自己在自己内心中(autos ex hautou)恢复知识,他就将会拥有知识(epistêsetai)。"是的",美诺说。美诺并未因苏格拉底将小奴隶的"有知"状态延伸至未来而感到不安,虽然这不太可能是美诺在自己所见证的小奴隶演示中所注意到的,更别提他似乎压根没注意到,苏格拉底在描述寓于小奴隶"内心"中的东西时,依次将"意见"替换为"真实意见",现在又替换为"知识"。在对苏格拉底最后一个命题简单地表示同意之时,美诺所同意的东西远不限于此。因为,任何人都很难否认,靠自己在自己内心中恢复某样东西,正是我们通常所谓"回忆"。这也适用于对知识——一度拥有过的知识——的回忆,正如苏格拉底并未疏于通过提问所指出的那样:"难道靠自己在自己内心恢复知识——不正是回忆[知识]吗(To de analambanein auton en hautôi epistêmên ouk anamimnêiskesthai estin)?"美诺忍不住表示赞成。这样一来,苏格拉底看来已经以某种为美诺所喜欢的方式向美诺"展示"出在小奴隶"身上"所上演的演示②所要展示给美诺的东西。

---

① 参页[83]以下,页[85]。
② 参页[98]。

第三节　85d9–86b6

[85d9–86a11]

然而苏格拉底还在继续向美诺提问。他从美诺刚刚接受的这样一个假定开始:小奴隶"现在"(nyn–d9)恢复寓于自己"内心"的"知识"。[178]接下来,苏格拉底将"知识"一词替换为"意见"(e7),继而替换为"真实意见"(86a7)。

苏格拉底指出,就小奴隶"现在"拥有的那种"知识"而言,只有两个选项:①要么小奴隶"在某个时刻"(pote)获得过,要么他"永远"(aei)拥有。"是的。"美诺说。若后者为真,则小奴隶永远"有知"。若前者为真,则小奴隶获得那种知识不可能是在此生(en···tôi nyn biôi),因为,正如美诺所确认的那样,没人给小奴隶在此生教过(dedidache)几何,以及其他任何类似的可学之物(kai tôn allôn mathematôn hapantôn),苏格拉底借机指出自己的提问法的普遍适用性。但是,正如美诺所同意的那样,既然毫无疑问小奴隶现在"拥有那些意见"(自此"知识"被替换为"意见"),既然小奴隶获得这些意见不是在此生,那么,苏格拉底说,显然小奴隶拥有过、学到过(eiche kai ememathêkei)这些意见是在其他时间(en allôi tini chronôi),即小奴隶尚未成为活人时(hot' ouk ên anthrôpos)。"是的。"美诺说。

"始终"(ho pas chronos–86a9)可以划分为两个时段,一是小奴隶是活人时,二是小奴隶不是活人时。这样一来,若在全部两个时段中,"真实意见"(自此"意见"被替换为"真实意见")都存在于②

---

① 参 Thompson,页140以下。
② εἰ...ἐνέσονται[如果……成为]既不是一个"真实将来条件句",也不是归结子句(apodosis)中任何真正的将来时刻,参 Thompson,前揭,页142–143,及 Exc. IV(85c10–d1处情况有所不同;ἐπιστήσεται在两行后重现)。

"他的内心"(enesontai autôi)——这种真实(或"未被遗忘的")意见一经被提问唤醒就会变成"知识"——那么,苏格拉底问到,难道不必然推出,小奴隶的灵魂(hê psychê autou)必定始终(ton aei chronon)拥有一切能学到的东西(memathêkyia estai)?① 美诺同意。

我们看到,苏格拉底在继续向美诺提问时,一直避免在向小奴隶提问时所展示的精确性。事实上,苏格拉底仅仅是在详述自己之前讲过的回忆神话。神话式的言说方式自始至终占上风。

第一,"意见"的含义仍然很含混。苏格拉底在[179]"意见"、"真实意见"、知识等词之间互换的使用方式强化了这种含混性。

第二,苏格拉底提问的措辞看起来假定了,一个人甚至在出生前就"个别地"存在。该假定等于这样一种神话式的断言:人的灵魂在出生前就存在。

第三,小奴隶的灵魂要么在某个时刻获得过知识,要么永远拥有知识,这两种情况之间的选择其实根本不是选择,或者说,至少是一个高度含混的选择。正如之前在神话本身中一样,②"学习"(manthanein,[译注]亦意为"学到""知道")一词再次含混地用作完成时。这里明显在暗示,沉睡的真实(或"未被遗忘的")意见通过提问被唤醒这件事情,甚至可能发生在出生以前的过去——这一暗示强化了上述选择的含混。这样一来,小奴隶"在某个时刻"(pote)——在其生前某个时刻——获得知识这一假定,便含混地等同于小奴隶的灵魂"始终、永远"(ton aei chronon)拥有知识这一假定。那么,难道苏格拉底提出的不是这样一种简单化的选择:要么"始终、永远"(ton aei chronon)拥有知识,要么"永远"(aei)以一种不受任何时间尺度影响的方式拥有知识,严格来讲,即"无时间地"拥有知识?③ 但是,后一种可能性与神话中将小奴隶生前、生后的

---

① 参 Thompson,页 142:"处于已学状态。"
② 参页[95].
③ 参页[131],[150],[156],[157]。

灵魂相等同的讲法相一致吗？

[86b1-6]

接下来，苏格拉底从自己和美诺至此已经达成一致的东西中得出四条结论。其中两条结论明确地为苏格拉底所陈述，另两条含蓄地包含在他所讲的话中。后两条是：第一，既然小奴隶的灵魂永远（aei）拥有关于一切可学之物的真实（或"未被遗忘的"）意见，那么，他的灵魂便一直拥有事物的真理（hê alêtheia）；第二，既然我们可以这样说小奴隶的灵魂，那么我们同样可以对任何灵魂下此定论（hê alêtheia hêmin tôn ontôn estin en têi psychêi）——或者更恰当地说，我们中任何人的灵魂。以这两个隐含结论为前提，苏格拉底得出下述两个明确结论，其中第二个实际上是第一个的推论：第一，既然灵魂一直拥有事物的真理，那么，可以认定灵魂不死（athanatos an hê psychê eie）；第二，因此（hôste），要靠（chrê）[180]美诺自信地去尝试探究自己现在（nyn）碰巧不知道的东西，也就是说，去探究现在不在自己记忆中的东西（ho mê [tynchaneis] memnêmenos），美诺的探究（zêtein）等于回忆（anamimnêiskesthai）。

（关于灵魂的潜在本性的）第一条明确结论的表述方式标志着它是一个假设结论。它具有概括性，这同样是两条隐含结论的特性。第二条明确结论直接说给美诺听。我们尤其注意到，它清晰地区分"记得"状态与"回忆"行为；① 我们还尤其注意到，当"回忆"被等同于"探究"时，"知道"被等同于"记得"。

由此可见，美诺在被促使探究自己现在不知道的东西（这东西碰巧是德性）时，被邀请尝试着去复苏自己灵魂中对"未被遗忘"的意见之一的记忆，换言之，用他记忆中的一个崭新的印记取代残破的印记。②

---

① 参页[109]以下。
② 参页[156]以下，页[161]以下。

我们所发现的苏格拉底和美诺现在所处的立场,恰是苏格拉底刚刚讲完回忆神话,刚刚开始对其进行评论时所抵达的立场。① 然而,这里还有一个区别:尽管原来的神话将探究和学习等同于回忆的做法源于灵魂的潜在本性,但是,现在却显得后者的先决条件在于②我们的学习能力,这种能力为小奴隶所演示,被解释为"在我们内心"回忆真理的能力。但二者的最后结论相同:探究那种真理是有可能的,尤其针对美诺而言,一个人应该努力进行那样的探究。

针对苏格拉底这番话,美诺的反应是:"我认为你是对的,苏格拉底,尽管我不知道怎么会这样(eu moi dokeis legein, ô Sôkrates, ouk oid'hopôs)。"苏格拉底附议:"我也这么认为,美诺啊(kai gar egô emoi, ô Menôn)。"③

第四节　86b6–d2

我们转移一下注意力,看看美诺如何笼统地接受——如果多少称得上接受的话——苏格拉底对小[181]奴隶在提问中表现的评论,该评论等于对在原来的回忆神话本身的层面对该神话进行重述或扩展。美诺曾要求苏格拉底阐明该神话的含义。鉴于该神话的用词以及内容的晦涩和含混,美诺的要求看起来相当正当。但是现在,面对同样的——甚至更高程度的——晦涩和含混,美诺看起来得到了满足。(值得注意,在美诺与苏格拉底关于发生在小奴隶身上的事情的对话中,美诺直截了当说"是"的次数,几乎跟之前全部的、篇幅长得多的对话中说"是"的次数一样多。)美诺理解小奴隶

---

① 参页[94]以下,页[97]。
② 正如在《斐多》中(91e–92a)。
③ 我们不应忽视苏格拉底言辞中的反讽。苏格拉底的言辞针对美诺说法之第二部分的程度,不低于指向第一部分的程度。

"演示"中发生的事情吗？美诺像小奴隶一样学到教诲了吗？

我们记得，美诺对探究和学习的可能性提出过强烈的反对。为反驳他们反对，苏格拉底讲述或重述了一个神话，意在为学习的努力辩护。小奴隶在被苏格拉底提问的过程中获得几何知识，此演示旨在支持该神话，旨在表明"学习"是"回忆"、回忆实际上发生在小奴隶"内心"。如果我们同意苏格拉底关于此事的评论，接受他的解释，无视苏格拉底说法中的晦涩和含混，正如美诺所做的那样，我们将不得不同意至少如下几点：

第一，能被教和学的东西，只有以某种方式存在于学习者本人"内心中"的东西；

第二，学习过程显得像是这样的过程：恢复、重获或重复要么从前一度学到过的东西，要么一直以某种方式为我们所"知"且作为真实或"未经遗忘"的意见沉睡在我们"内心中"的东西；

第三，欲将这种沉睡中的意见提升至事实上的"知识"的层面，所要求的不仅是某种重复性的努力，还必须进行对该努力本身的重复或练习；

第四，最为紧要的一点是，学习要求我们进行某种严肃而持续的努力。

在美诺同意苏格拉底的同时，就算他没能完全理解苏格拉底，难道他不该至少理解上述"学习是回忆"这一神话性命题的一系列必然推论？难道美诺没有学到如下的教诲："教与学"并非相反于"凭天生（by nature）被赋予"，在这个问题上也并非相反与"靠练习获得"；毋宁说，只有赋予[182]我们"内心"、因此构成我们的天生（natural）财富的东西，才会被教、被学、被练习，另一方面，没有经过学与练的努力，我们的天生财富就仍然潜伏着、无法运用？我们是否有权认为，美诺的上一个说法标志着他真实而略有犹豫地愿意接受那些推论？美诺说的是："我认为你是对的，苏格拉底，尽管我不知道怎么会这样。"

看到美诺无动于衷于苏格拉底提出回忆神话的方式中所缺乏

的明晰性和一致性,我们不会吃惊。我们记得,有条有理的讨论也无法触动美诺,苏格拉底不得不退而依据习惯上为人所接受的意见,以便能够继续对话。① 无论神话式的言说方式或许包含着怎样的含混性,无论该方式或许多么远离日常言辞的直接意图,这种言说方式仍然足够贴近我们的日常经验以及习惯性地、朦朦胧胧地由之而来的各种观点。因此,如果这种言说方式曾经对美诺有些许影响,其影响程度甚至也许会使美诺愿意接受并非通常为人所持有的观点,我们也不应感到吃惊;如果苏格拉底的劝导技艺——小奴隶演示是该技艺的一部分——能结出果实,我们也不必吃惊。这种技艺不是助产术;它能使愿意听取苏格拉底之言的灵魂"受生"——也许并没有多少理由地——追随理性之路的愿望甚至渴望;它并不必然使听者学到很多东西,却可能为他预备好为学习而做出的真正努力。② 在美诺的实例中,我们现在是否正在见证这种劝导、这种"使之受生"的一个例证? 美诺也许的确"学到"了该神话命题必然包含的推论;但是,除这点微末的学习之外,也许美诺现在并不愿意积极参与探究自己并不知道的某种东西,并不愿意放弃自己的如下主张:任何这种探究、任何学习的尝试本来就不可能? 苏格拉底讲述、扩展回忆神话的目的难道不在于:诱使美诺通过自己的行动、靠自己探究和学习的努力"证实"该神话?③

[86b6 – d2]

无论如何,这就是在苏格拉底和美诺一致同意他——苏格拉底——④[183]方才说出的话看起来说得很好之后,苏格拉底相当清晰地指出的东西。因为苏格拉底接下来强有力地、毫不含混地宣

----

① 参页[52] – [53],[73],[79]。
② 参页[106]以下。
③ 参页[171]以下。
④ 参页[180],注27[译注]本书页207注③。

称，在所讲的所有话中，自己只会为一个论点（81d5 – e1;86b2 – 4）①在言辞和行动上（kai logôi kai ergôôi）全力以赴地进行斗争，无论何时，只要自己能够这样做。苏格拉底的回忆神话显然胜过美诺关于学习不可能性的论证之处，恰恰在于该论点：一个人应该探究出（dein zêtein）自己所不知道的东西，这个想法会使我们变成更好的人，更勇敢、更不懈怠，它胜过另一个想法，即我们既不可能找到自己不知道的东西、又没有必要为那些东西进行探究（dein zêtein）。至于其他，苏格拉底——断然地、若非令人吃惊地——说道，在为自己所讲的东西辩护时，他将不会带着任何信心持有其他任何观点（kai ta men ge alla ouk an pany hyper tou logou diischyrisaimên…）。

或许参与某种不懈探究的勇气和渴望（81d3 – 4）②现在并未被苏格拉底的言辞直接倾注给美诺，像在小奴隶实例中所扮演的能带来麻木和迷惑的角色一样？③ 从美诺对苏格拉底所说的话的反应来判断，这样的情况也许的确发生了。因为美诺说："我再次觉得你说的对，苏格拉底啊（kai touto men ge dokeis moi eu legein, ô Sôkrates）。"

此外，苏格拉底所说的话明显使人回忆起德性论题，在神话中，正如苏格拉底所讲的，该论题显得被学习论题"密封"着，④仅有一次多少有些无关紧要地被提及（81d6 – e1），那是在苏格拉底重新敦促美诺和他一起参与探究人的德性之时。⑤ 若回忆故事中主要而唯一的可以辩护的论点的确是，接受该故事的真理及其推论可以使我们成为更好的人，那么，德性论题便一直在场，尽管从表面上看，它已经或多或少遗忘在关于学习和回忆的诸般谈话之中。⑥ 至于苏格

---

① 参页［94］，［97］。
② 参页［96］以下（第六点）。
③ 参页［173］以下。
④ 参页［95］。
⑤ 参页［97］。
⑥ 参页［99］。

拉底公开宣布的决心,即,无论何时只要能够就要在言辞和行动上保卫如下命题:探究和学习会改善我们,也就是说,使我们接近我们应该成为的那样——难道这一决心[184]没有揭示出苏格拉底独具的德性?难道它并非或许包含着"整个"人的德性?

美诺现在准备好追随苏格拉底了吗?这个疑问由苏格拉底本人摆在美诺面前:"既然我们一致同意一个人应该探究自己不知道的东西(hoti zêtêteon peri hou mê tis oiden),那么,你会让我们一起尝试探究[这个问题的答案吗]:什么是人的德性?"

美诺之前也被要求过参与这种探究;他并未拒绝,却宁愿在回忆故事方面得到更充分的教导。这个愿望现在已然得到满足,显然很让美诺称心。看来情形发生了彻底变化:美诺放弃自己对学习之可能性的反对。苏格拉底的话显得对美诺有些影响。我们现在也许可以指望美诺着手进行苏格拉底所提议的共同探究。

的确,我们听美诺在回答苏格拉底时这样说道:"一定。"但是接下来,我们听美诺做出了这样的补充,他们补充再次暗示着另一个"宁愿":"不过,就我个人而言,我最乐意钻研我一开始问的那个问题,在那方面有所听闻[即被告知](kai skepsaimên kai akousaimi),[也就是说],我们究竟应该将人的德性当作某种可教的东西,还是当作以某种方式凭天性就产生在人身上的某种东西。"

第五节

不,美诺并没有改主意。① 美诺连续的同意是假的。美诺也许已经将苏格拉底所讲的故事像其他诸多道理(logoi)一样装进自己的记忆,②但是,美诺并未学到教诲,其失败是双重的:第一,美诺绝

---

① 参页[44]以下。
② 参页[69]–[73]。

没有准备跟随苏格拉底;第二,美诺根本没有理解自己所听到的,尽管他同意苏格拉底的话。这两重失败以一种堪与小奴隶一下子学到两条相互联系的几何定理相匹敌的方式相互关联。①

美诺仅仅回到自己最初的问题,这个问题曾以一种唐突的方式开启这篇对话。现在,若美诺理解自己所同意的是什么,该问题应该已经失去意义。美诺[185]仅仅在省略提及"学习"和"练习"的程度上改变问题的措辞。何其意味深长的省略啊!

就我们自己而言,我们无须追溯在之前的对话中美诺留给我们的印象。② 那些印象已经被美诺本人证实——甚至扩大。演示的第三阶段——美诺是主要参与者——已经结束。③ 这个结束对应于小奴隶学习演示第三阶段的结束。在那里,苏格拉底画下代表正方形对角线的线段,这些线段为苏格拉底向小奴隶提出的问题提供答案。答案无法用数字表示:这些线段中每一条的长度都是"无法言说的",是一个无理数(arrêton)。它只能被指出。但是我们可以理解,正如小奴隶可以理解一样,这个无法表达的长度是二倍正方形的边长。

在美诺学习演示中,苏格拉底的告诫与美诺的回应,相当于苏格拉底在小奴隶学习演示中通过线段所表达的沉默的教诲:美诺的无法言说的灵魂最终被揭穿。我们现在如其所是地在其灵魂的赤裸中看到美诺。④ 在与学习有关的情况下,我们理解谁是美诺:一个不愿学习、不能学习的人,尽管禀赋独特的强大记忆力。难道美诺不像一只蜜蜂?⑤ 我们现在还可以明辨出,美诺的那种记忆有什

---

① 参页[107]。

② 参页[45],[69],[71]以下,[78]以下,[80],[91],[97]。

③ 参页[99],[175]。

④ 参页[90]。亦参 R. G. Hoerber,"Plato's Meno",*Phronesis*,5(1960),页89,91。

⑤ 参页[48],注40[译注]本书页53 注③。

么毛病和"错乱"。①

美诺极为轻易地改换自己的"意见"或立场,却完全没有意识到,当这些意见或立场中的某一个取代另一个时,它也许反驳或否定另一个。② 这样的事情会发生在美诺身上,是因为,正如我们有足够的机会看到的那样,在美诺记忆中留下"印记"的,要么是某人的说法、要么是人云亦云的观点,在将这些东西转化为言辞方面,美诺毫无困难,不管那些说法和观点之间是一致还是不一致。因此,为美诺所公开承认的每个观点,逐个而论,也许的确各有些许"理由"支持,③但是,正是其"理由"——当然还有[186]他的那些意见之间也许有的关系——背叛了他。但是现在,我们终于看到,美诺同意苏格拉底对无知小奴隶何以可能学到教诲的神话式解释。正如我们还看到的那样,美诺的同意并不反映美诺的任何理解,与我们之前曾被误导一度相信的相反。那么,他的同意表示什么?

鉴于苏格拉底仅仅重述、详述——尽管是以一种多少有所修改的方式——自己之前讲过的回忆神话,苏格拉底重新给美诺一个机会对他自己和他的记忆能力沾沾自喜。④ 苏格拉底对小奴隶学习的评论,正如对恩培多克勒的不太可靠的引用,⑤实为对美诺已经听过的、但不那么清晰地记录在美诺记忆"上"的言辞的学舌。这样一来,我们实际上既见证了美诺灵魂中对苏格拉底言辞的记录,也见证了对其的附和。美诺所同意的东西,其实是他自己的记忆"印记"。他的同意无需理解和学习的努力,无需"看自己内心"。理解和学习不仅要求能够提供附和,还必然下降到那些印记的"表面"之下、触及其潜在"理由"或"假设"。美诺无法胜任这种下降。

---

① 参页[45],[73]。
② 参页[67]以下,[73]以下,[75]以下,[78]以下。
③ 参页[47],[51],[52],[54],[73]。
④ 参页[69]。
⑤ 参页[68]。

我们不得不得出结论：美诺的灵魂缺乏使学习和学习的努力成为可能的维度。① 美诺记忆的"错乱"，在于他的记忆没有得到灵魂"第三重维度"的支持。没有记忆任何学习都无法发生，但是除非使记忆关联于某种学习，否则没有记忆能够恰当发挥其作用。美诺的灵魂其实除了"记忆"什么都不是，这是一种孤立、自主的记忆，就像覆盖着无数混杂文字的纸页或卷轴，②就像某种二维的或影像般的存在物：这种记忆是意见的载体，但无法变成知识的载体。③它根本没有"深度"和"立体性"。④ 这类灵魂在柏拉图那里有个名字，即"小"或"萎缩"的灵魂——psycharion。

该词在《泰阿泰德》中出现（195a3）的语境是将我们的记忆比作[187]蜡块（191c9）。⑤ 取决于人灵魂中的蜡块的品质，我们或智慧或愚蠢，学得或快或慢，拥有良好的记忆或糟糕的记忆（194以下）。因为蜡块的品质要为烙于其上的"印记"的品性负责。因此，有些人的记忆所带有的印记暗淡而含混（asaphê）。当蜡块的纯度被某种不合需求的混合物污染时，或者当蜡块太坚硬时，或者当蜡块太湿太软时，上述情况就会发生。蜡块的坚硬尤其会导致印记不清晰，因为那样一来，"在它们上就没有深度"（bathos gar ouk eni-194e7，比较 c5、d1），印记相互冲突，变得越来越不清晰。这就是缺乏恰当"维度"⑥的灵魂的状况，即萎缩的灵魂的状况。

《王制》卷七（535a–536b）有一场关于下述问题的讨论：[什么是]拣选出的、将来也许会成为城邦统治者的年轻人的指导标准。⑦

---

① 参页[59]，[62]，[66]以下，[92]，[97]，[98]，[171]以下，[181]。
② 参页[71]。
③ 参《王制》，卷六，486c7–9。
④ 参页[65]–[66]，以及《王制》卷一 στερεώτερον["稳固"、"固体"、"立方体"]一词用法中特殊的反讽之意。
⑤ 参页[161]（亦参亚里士多德，《论记忆》，450a32–b11）。
⑥ 亦参173a3，以及175d1。
⑦ 比较《王制》卷二，374e6–9。

基于他们所必须承担的一些需要他们大量习得和练习(mathêsis kai askêsis)的学习,这里给出了一整套要求。就要学的东西而言,在心智的热情(drimytês)、学习本身的灵敏(mê chalepôs manthanein)、具备良好记忆并孜孜不倦(mnêmôn kai arrotos)这几条之后,重点强调的是勤勉(philoponos)、向学(philomathês)、惯于探究(zêtêtikos)、厌恶一切虚假(无论有意的虚假还是无意的虚假,因为他热切关心真实)的必要性。① 相反,一个厌恶勤勉努力(misoponei)、在无知中打滚的人,即处在不学(amathia)②所导致的状态中的人,不会也不能混入被拣选者之列。这种人被描绘为残废或"跛足"(chvlos)之人,其灵魂被描绘为残废的灵魂(anapêros psychê)。在拣选过程中,对这种灵魂在学习的努力方面的残废和虚假不仅必须加以考虑,[188]还应该考虑到"在德性的各个部分方面"(panta ta tês aretês merê)同一类别的残废。这个语境中明确提及或列出的各个"部分"有(535a10 - b1;536a2 - 3):坚定(bebaiotês)、勇气(andreia),以及尽可能好的相貌(eueideia),还有节制(sôphrosynê)和高尚(megaloprepeia)。③《王制》卷七上文(518e - 519a)曾提到某种特殊的灵魂类型,即所谓"卑劣然而聪明"之人的灵魂。这种灵魂对其感兴趣的东西有敏锐的目光,因此,它至少在某种程度上分有审慎这种德性(hê aretê tou phronêsai)。这一点不足为奇,因为相较于其他任何一种德性而言,这种德性看起来来自一种整体上更为神圣的渊源,此渊源的效力永远不会完全丧失。因此,即便"卑劣的聪明"(panourgia)也可以说是某种审慎(phronêsis tis)。④ 但是,"卑劣然而聪明"的灵魂滥用审慎之德、用它服务于邪恶的目的,越是如此,其目光越敏锐。此处,"萎缩的灵魂"这个名称再次加诸这种残废

---

① 比较《希琵阿斯后篇》,370e5 以下。
② 参页[167]。
③ 比较《王制》,卷六,486a - 487a;490c9 - 11。
④ 比较《希琵阿斯后篇》,365e2 - 5;《默涅克赛诺斯》246e7 - 247a2(亦参亚里士多德,《尼各马可伦理学》,卷六,12,1144a23 - 29)。

的灵魂类型(519a3)。

美诺的灵魂看起来正是这些残废而萎缩的灵魂的原型。美诺所能进行的任何有思想的判断,都是他的卑劣的聪明(panourgia)的一部分。① 最能刻画美诺的,是他不可克服地不情愿进行任何学习努力(misoponia)及其由之而来的无知(amathia)状态。在这篇对话中,美诺灵魂的这些特色同他的记忆的特性密切相关。小奴隶已经展示出一种真正的学习能力,这种能力被神话式地称作"回忆"的力量,而美诺展示出一种独特的记忆技艺,这种技艺——同对话开篇处的韵句相一致②——不妨称作"美诺式"(menonic)(难道我们不都分有着这种美诺式记忆?)。

美诺的缺陷还有另一方面。正如美诺的答案不是自己的答案和判断,而仅仅是别人的意见,③美诺的问题其实也不是问题,因为他的问题并非源于任何求知欲。美诺的问题也不是在持续探索的环境下生长出来——那样的探索也许会引发问题以及备选答案。如果说美诺的问题有某种"背景"的话,这种背景要么来自[189]美诺避免这种探索、探究的欲望,④要么来自其运用记忆力的习惯。⑤美诺的问题反映美诺的存在的"表面"特性。因此他的问题也就不可能不"唐突"。⑥

第六节

现在我们能否更精确地理解我们所见证的两重演示中为何坚决

---

① 参页[89]以下,[97]以下。
② 参页[44]以下。
③ 参页[104]以下,第四点。
④ 参页[62],[65],[66]以下。
⑤ 参页[41],[67],[69],[71]以下,[91],[97]。
⑥ 参页[38]。

主张"回忆"？考虑到该神话的主要意图是诱使美诺进行学习的努力,苏格拉底在神话中提出回忆论题的原因也许十分明显。① 但是,使回忆成为苏格拉底教导美诺和我们的过程中的显在论题,是否另有原因？无论回忆论题在《斐多》或《斐德若》中的角色是什么,《美诺》中所上演的戏剧情景看起来使回忆论题直接联系于美诺本人的特性。

无论回忆一词还暗示着别的什么东西,它当然意味着回看,不仅回看过去,而且回看自身。它意味着恢复或重获(analambanein)"在我们内心"或"内在于我们"的东西,这一点为苏格拉底在整部对话中所强调。② 在整部对话中,回忆一词所招致的重复对比与别人的口头重复——作为高尔吉亚学生的美诺相当熟练地沉溺于后一种重复。至于前一种重复,即回忆神话所讲的重复,如我们所见,其实美诺无法触及。因为,要能够回看自身,一个人"内心中"必须具备某种能够被探看的东西:必须有"深度"这一维度即"第三重维度"(tritê auxê)的在场,美诺缺乏的正是这种维度、这种"论证"。美诺的灵魂没有"内在"。美诺的灵魂是一个残废而萎缩的灵魂,我们也许应该说,这是一个类似于冥府中的幻象的"死"灵魂——当它们浮出忘川之后。③

但是,难道这一相似性不意味着,苏格拉底终究呈现给我们一个美诺的影像,以回击美诺[190]为苏格拉底勾勒的电鳐影像？④ 那绝非苏格拉底所为。⑤ 苏格拉底让我们看到美诺之为美诺,从而

---

① 参页[97],[106]以下,[172],[182]。
② 参页[96],[104],[105],[175],[179]以下。
③ 比较代表僭主的幻象式快乐的"平面"数,见《王制》,卷九,587d6 – 7 及其语境。
④ 参页[88] – [90]。
⑤ 参《王制》,卷六,487e6。阿德曼图斯的评论(Σὺ δέ γε [ὦ Σώκρατες]... οἶμαι οὐκ εἴωϑας δι' εἰκόνων λέγειν [诚然你(苏格拉底)是不习惯用影像说话的啊])意在进行温和的反讽。但是,阿德曼图斯未留意到的另一重温和的反讽是,他的评论极为真实地反映出在对话关键时刻的某种真正的苏格拉底式"习惯"(参页[90])。

使我们置身于要为美诺的灵魂画像的位置。对一个"灵魂"的"描绘"不可避免地要使用影像。苏格拉底并未描绘美诺的灵魂。对话所呈现的情节不靠任何影像地揭示出美诺灵魂的全部空虚。

然而,回忆神话暗示出灵魂(并非指美诺的灵魂)的影像。它并不像我们在其他苏格拉底对话中发现的影像那般出于精心制作,但似乎为其他一切影像提供了基础。此影像将该灵魂展示为拥有"第三重维度"——这是为灵魂的学习即成长所不可或缺的条件——的东西,展示为拥有"深度"(bathos),即在技术性的几何语言中所谓"立体"性的东西。因为,能够为我们提供影像的不仅有神话式的言说方式——技术性言辞也能做到。

我们既有必要、也有可能在柏拉图其他对话中找到支持这种隐含的灵魂比喻的证据。

第七章

第一节 《王制》中关于立体的技艺

[191]在和格劳孔一起讨论(见《王制》卷七)未来的城邦护卫者应该从事的学习的次序时，苏格拉底以一种极为独特的方式探究了关于"立体"的学问。苏格拉底自己将天文学作为要学的第三种学科引入(527d1)，列于(平面)几何和算术之后。格劳孔当即赞扬天文学，因为它对农事、航海、军事有用；苏格拉底却否定格劳孔的赞扬，让格劳孔想起所思索的这些学问还有更重要的目的。格劳孔本应在探究所讨论的事情时，不是为了其他任何人而是为了他自己($σαυτοῦ\ ἕνεκα$, 528a2)，也就是说为了他的灵魂。格劳孔对此表示同意($ἐμαυτοῦ\ ἕνεκα$, a4)。"那么后退一步吧"($Ἄναγε\ τοίνυν\ εἰς\ τοὐπίσω$, a6)，苏格拉底说，因为让探究"立体"(天体)的天文学排在几何学之后、却不首先探究"立体"本身这一主题的做法不正确：在带来二维的平面几何之后，我们应该探讨第三重维度($αὔξη\ τρίτη$, 528b2)，即深度之维($βάθους\ αὔξη$, d8)。格劳孔表示反对：这东西尚未得到充分发现。苏格拉底认可该领域的探究几乎尚未开始、尽管大有可为，他为这一事实给出两条原因。第一，没有一个政治共同体、没有一个城邦(b6)重视这一难题；第二，没有人监管、引导这种探究，就算能找到这样一个人，各种专家也不会愿意服从他的领导。然而，苏格拉底补充道，如果"整个政治共同体"($πόλις\ ὅλη$, c2)以共同的决心($συνεπιστατοῖ$)引导那些研究，情况就会发生变化。最后，在即将重新讨论天文学之前，苏格拉底再次(其实是第三次)提到(e4)

政治 [192] 共同体对探究"深度之维"即与"平面"领域 (ἡ τοῦ ἐπιπέδου πραγματεία , d3) 形成对比的"立体"领域的兴趣, 并认为这是城邦之繁荣的先决条件。

若认定这一具有奇特的双重步骤——先是在未成熟的情况下前进, 紧跟着又撤退 (ἀνάγειν εἰς τοὐπίσω , 528a6 ; ἀναχωρεῖν , d6①) ——的片断仅仅意在促进研究立体几何学, 则将忽视其所真正强调的、将"立体"论题和"城邦"论题相结合的议题。就上下文中所讨论的其他学科而言, 我们并没有找到相应的强调。对苏格拉底提到的所有主题的学习, 当然密不可分地联系于某个主要目的, 即《王制》卷二至卷七中对可能的最好城邦的构建。这种联系在讨论算术(525b11以下)、平面几何(527c1以下)、天文学(530c5)时得到明确表述, 也许还包括在与立体几何研究(528e4–5)相关的情况下对这种城邦的第三次提及。但是, 就"立体"来说, 对城邦的提及——尤其前两次——看起来更为意味深长。我们不可忘记,《王制》中的城邦论题包含着"灵魂"论题以及"整体"论题。将立体几何学——而非天文学——指定为必修学科序列上的第三位, 必然使对这些学问的列举出现回撤。这一回退难道不可以同灵魂回看自身的反身运动相提并论? 强调在学习方面对"深度之维"的疏忽, 看起来暗指在城邦和邦民对灵魂的疏忽。人所做的、城邦做的, 皆彰显其所是。城邦也会萎缩。城邦的生命也会变成平面现象:城邦的灵魂即政制会失去其"深度"。

"深度"之维通常被理解成体 (σῶμα) 的一种属性。什么构成"体"这一问题, 是《蒂迈欧》的专门论题, 蒂迈欧为该问题给出答案时的语境, 是对"整体"和"灵魂"的一种神话式解释, 这种解释两端又系于城邦论题。看上去, 蒂迈欧的答案阐明了在《王制》立体几

---

① 这些又是军事术语(参页[123], 注 42[译注]本书页 141 注④)。关于 ἀναχωρεῖν [撤退], 参《克力同》51b8,《会饮》221a2,《默涅克赛诺斯》246b5; 关于 ἀνάγειν [前进], 参 Lidd.-Scott., 前揭, II. 10:"或为航海用语。"

何插曲中仅仅有所暗示的东西。

第二节 《蒂迈欧》中的"立体性"问题

[193]《蒂迈欧》不比其他任何一篇柏拉图对话更少地结合严肃与戏谑、彻底的庄严与异想天开的戏仿,甚至结合得更多。我们不是说蒂迈欧的说法中有不少段落相当有趣或者具有讽刺意味,诸如关于传统诸神的陈述(40d – 41a;比较 27b – d)、就其与预言的关系方面对肝的描述(71a – 72c)、对鸟的提及(91d – e);毋宁说,对话作为整体,对话所涉及的角色的性情,以及蒂迈欧、克里提阿、赫谟克拉底为回请苏格拉底前一天的招待而办的宴席的本性都是既清醒而有分量又谐谑而含混。① 因此,我们必须注意到,我们再次② 冒着以一种片面的方式处理文本的巨大危险。

蒂迈欧开始神话式地描述我们周围可见世界的"创生"(generation)。为了这一目的,必须在理性上做出三重区分($Xρὴ\ γένη\ διανοηθῆναι\ τριττά$,50c7):父、母、后代。

"父"角色被赋予生成之物所仿之"本原"($τὸ...ὅθεν\ ἀφομοιούμενον\ φύεται\ τὸ\ γιγνόμενον$,50d1 以下),即一切活着或维持着生命的东西的"模型"($παράδειγμα$)。该模型包含一切存在(27d – 28a;52a1 – 4),也就是说,包含着一切永远不变地保持同一、不被产生、不被毁灭者,仅能为理性所把握($νοήσει\ μετὰ\ λόγου$)。

"母"的角色被分配给某种本性极难捕捉($δυσαλωτότατον$,

---

① A. E. Taylor(*A Commentary on Plato's Timaeus* [《柏拉图〈蒂迈欧〉疏证》],1928)和 F. M. Cornford(*Plato's Cosmology* [《柏拉图的宇宙论》],1937)(更别提其他注家)不可思议地——尽管传统地——完全忽视该对话的这一方面。

② 参页[125]。

51b1;比较 49a3 以下)的东西。它是这样一种东西:完全无法被看到(ἀνόρατον,51a7)、几乎无法相信它存在(μόγις πιστόν,52b2)、没有感官知觉的帮助就几乎无法被"某种虚假推理"(λογισμῷ τινὶ νόθῳ,52b2)"触及",因为它没有任何形状(ἄμορφον,50d7,51a7)、无法确定、从而根本无法定形。然而,我们理解,正是因为这一理由,它才能够"包容"(πανδεχές,51a7)一切可能的[194]形状或定形。它被称作一切产生与消亡(πάσης γενέσεως ὑποδοχή)的"载体",一切变化"在其中""发生"——即由样本的内容而来的一切"摹本"(μιμήματα,50c4-5,48e6 以下;比较 30c3-31a1,29b1-2)"在其中"形成——的"空间"(χώρα)(参 49e7,50c、d,52c4)。我们面前的问题的全部分量都在于"在其中"这个介词。这个"载体"本身没有任何形状或定形、不断经历改变,却仍然是万事万物不灭的母体(ἐκμαγεῖον,50c2)(参 52a、b),所以必须被说成"一直同一"(ταὐτὸν...ἀεί,50b6-7)。蒂迈欧说,因此,它能够在我们的理性中被模糊地触及,① 故而"以某种令人困惑的方式分有可知对象"(μεταλαμβάνον δὲ ἀπορώτατά πῃ τοῦ νοητοῦ),这一点也许并非完全不同于"异"之本原。

不论"样本"本身("父")还是"载体"本身("母")都没有"身体"或"灵魂"。② 灵魂和身体仅于两个"极端""之间"(μεταξύ)出现。灵魂和身体标志着"后代"(ἔκγονον,50d4)、我们周围的可见世界、不断变化的领域(27d2-28a;52d3 以下)、我们所感觉到的一切事物的领域、蒂迈欧"相似故事"的主题(29d2;30b7;48d2;53d5 以下;56a1;59c6;68d2;72d7)。大体上讲,这个故事讲的是可见诸神(恒星、行星、地球、整全)的"制作"以及具备身体、力量、能力的人,

---

① 参 Cornford,前揭,页 187 以下。
② 与"样本"有关的ζῷον ἀΐδιον[永恒的生命]和ἡ...τοῦ ζῴου φύσις[生命的本性](37d)的说法比较麻烦。但是,这两种说法无论如何都不可能暗示着蒂迈欧的故事所描述的灵魂。

包括健康的人和患病的人。这样一来,蒂迈欧这位异乡人——不同于《智术师》和《治邦者》中的异乡人,也不同于《法义》中的异乡人——有名字,在对话中扮演着——尽管仅仅"在言辞中"——"诸神和众人之父"。蒂迈欧对于苏格拉底要享用的盛宴的贡献是不断变化的"后代",是可知对象的"摹本"的总和(59c9 – d2)。何其奇怪而有争议性的招待啊!苏格拉底怎么能够享用呢?

在以"后代"的"本原"为出发点时,蒂迈欧用相互矛盾的成分构建灵魂,这些成分只能凭强迫、[195]凭暴力($βία$ – 35a8)归置在一起。在以产生过程的载体为出发点时,蒂迈欧用这样的方式构造身体:让理性无法掌控的、名为必然的东西至少被理性尽可能地"说服"去跟随朝向"最好"的方向(48a2 – 5)。说服只不过是强迫的一种较为温和的形式。① 其实探讨身体比探讨灵魂容易,身体最坏不过不受约束,然而灵魂凭其构造本身就"畸形"。

蒂迈欧从身体(31b4)开始讲,接下来(34b3)转向灵魂的构造及其遍布"整全"之中的分布,接着(47e3)又继续完成自己关于身体的说法。这样一来,灵魂故事发现自己为身体故事"密封"。② 然而,蒂迈欧注意强调(34b10 – c5),虽然讲述的顺序实际上为人的不足——我们还应该补充说,亦为该主题的特性(29c – d)——所沾染,但不应混淆的是,灵魂在天性和德性方面($καὶ\ γενέσει\ καὶ\ ἀρετῇ$)的较高品第优于身体、比身体更值得尊重($προτέρα\ καὶ\ πρεσβυτέρα$),灵魂注定要统治身体。就在对构造灵魂的描述完成之际,蒂迈欧略带强调地说道(36d8 – e1):"在此之后"($μετὰ\ τοῦτο$),所有"身体性的"($σωματοειδές$)东西开始得到架构,而似乎甚至更重要的是,这种构造发生在灵魂"里面"($ἐντὸς\ αὐτῆς$ [即灵魂])。③ 我们还注意到,

---

① 参 56c5 以下:…$ὅπηπερ\ ἡ\ τῆς\ ἀνάγκης\ ἑκοῦσα\ πεισθεῖσά\ τε\ φύσις\ ὑπεῖκεν$…[就必然的本性自愿地被说服或被迫的程度而言]。

② 参页[95]。

③ 比较 37c3 – 5:$ἐν\ ᾧ$ [在它里面],(间接)指 $ψυχή$ [灵魂]。

在讲述过程中有两次(34b3-4 和 36e2-3),灵魂被描述成"从外面"(ἔξωθεν)包裹着整全之体,尽管该景象看起来会造成某种矛盾。① 似乎并不清楚的是,到底灵魂在身体"里面"(ἐν σώματι - 30b4-5;比较 43a5,44b1,69c5-8)还是身体在灵魂"里面"。②

灵魂的构建牵扯一切存在者与生成者的终极"本原"(ἀρχαί)(35a-b;37a2-3)。灵魂贯穿整全(the Whole)的伸展[196]——相当于宇宙本身作为一个"整体"(a "whole")的构造——的达成过程,靠的是数以及数的比率(35b-36d),即算术和逻辑(以及和声)的技艺的主题。土、水、风、火——即被当作触手可及的体的所谓"元素"——在整全中的分布同样如此。但是,这些体的构建靠的是几何中的平面,更精确地说,靠的是两类三角形(53c-54b)。这种构建大体上等同于身体的构造,因为一切有形、可见的体都是那些极小因而不可感知的(56b7-c3)基本体的形形色色的组合(58c-61c;73b-e;81c2-3;81e-82a)。

身体的构造依照的是几何和立体几何的样本。几何和立体几何的技艺的确知道如何构建"立体",特别是"由等边、等角且彼此相等的图形构成的"正多面体。③ 然而,《蒂迈欧》此处用这一技术性的构造(54d-55c)神话式地引出不同程度的、具有纯然暂存本性的身体上的立体性(bodily solidity)。④

在"说服"(56c3-7)处于不可控的无序运动之中的诸"元素"并使之在整全中恰当、完全地平衡分布之前(30a;31b-32c;34b2;57c1-6;58a-c),不得不清除标志着"载体"初始状态的更为深刻

---

① 参 Taylor,前揭,页 58,93。

② 在 τὸ σῶμα αὐτῇ περιεκάλυψεν [身体包裹着它(即灵魂)](34b4)与 τὸ...σῶμα αὐτῇ περιετόρνευσαν [在它(即灵魂)周围构造身体](69c6)两个口头表达中有某种奇特的对应,尽管它们的意思相当不同(比较 73e6-7)。

③ 欧几里得,《几何原本》,卷十三,命题十八。

④ 参页[65]-[66]。

的某种无序。在这一仅能从神话角度得以理解和描述的阶段,载体"充满"($\dot{\varepsilon}\mu\pi\dot{\iota}\mu\pi\lambda\alpha\sigma\vartheta\alpha\iota$)尚未存在的四"元素"的不同、不平衡的"痕迹"($\ddot{\iota}\chi\nu\eta$)和"动力"($\delta\upsilon\nu\dot{\alpha}\mu\varepsilon\iota\varsigma$)①——而非身体(53b1-4),而且不均衡地前后摇晃;载体加剧那些"痕迹"和"动力"的摇动,使它们大略分布于不同地方(52d-53b)。决定性的"理性对必然的说服"恰在于,"界限"实则由这两类平面、这两类三角形中的任意一类的多样组合提供。这些界限是形状的有规则的边界,大小不同(57d1-2),为"载体"的混乱状况带来某种即使不是恒定性,也是规律性的品质,因为这些界限使诸"元素"——姑且不论其暂存的本性——成为齐全的体(body)[197](参34b2),诸元素原本并非如此。由于其边界的变换本性——它们无时不在结合、分解、再结合——这些体也谈不上稳定(54b-d;57b)。② 蒂迈欧坚持讲(48b-c;49b-50a),所谓诸"元素"不具有任何永久性,我们用来指代它们的名词不应使我们误以为某种元素是"某种东西"($\tau\iota$)。我们不应指着它们说"这个"或"这儿这个"($\tau\dot{o}\delta\varepsilon\;\varkappa\alpha\dot{\iota}\;\tau o\tilde{\upsilon}\tau o\nu$)。到目前为止,最安全的方式是使用"如此这般"($\tau o\iota o\tilde{\upsilon}\tau o\nu$)这种表达,即"土一般""水一般""气一般""火一般"。③ 这些术语带有这样的含义:我们现在感知作"水一般""火一般"的另有他物。这"他物"就是"载体"(51b2-6)。使"载体"的"开化"状态有别于其原初的混乱状态的不是别的东西,正是齐全的——即便暂存的——身体的在场。

因此,"劝说"($\pi\varepsilon\iota\vartheta\dot{\omega}$)使体(body)发生,正如"暴力"($\beta\acute{\iota}\alpha$)使灵魂发生。劝说与暴力引发两种相反相成的"产生"过程,此过程导致可见的整全的浮现。当整体的可见身体($\tau\grave{o}\;\tau o\tilde{\upsilon}\;\pi\alpha\nu\tau\grave{o}\varsigma\;\sigma\tilde{\omega}\mu\alpha$-

---

① 参Cornford,前揭,页199。
② 参Cornford,前揭,页230-239。
③ 另参51b6-e6,以及页[141]以下,注104[译注]本书页162注②。

31b7,32a8;比较32c1,36e5①)同不可见灵魂相融合之际(30b4－5;34b;46d6),此过程便结束。这种融合之所以可能,是因为身体和灵魂相似的构成。身体和灵魂都取决于不变的因素和变化的因素:灵魂最终取决于"同"与"异"(35a－b;37a2－3),身体最终取决于构成它的平面与不断的变化性的等同。② 世界通过这种方式变得既"有身体"($\sigma\omega\mu\alpha\tau\omicron\epsilon\iota\delta\acute{\epsilon}\varsigma$,31b4,36d9)又"活着"($\zeta\tilde{\omega}o\nu$,30b8,d3;32d1)。

在蒂迈欧的说法中,形状规则的(数学的)平面居于载体之不可控的无序与被认为"最好"的有计划的秩序之间,换言之,居于必然($\acute{\alpha}\nu\acute{\alpha}\gamma\kappa\eta$)与理性($\nu o\tilde{\nu}\varsigma$)之间(48a1－2),正如数之于灵魂。这一居间的结果是身体的出现。因此,诸元素、一切有形的身体以及整全的身体,其具备身体的状态端赖于其[198]身体上的"立体性",端赖于平面的规律配置,即二维实体的配置。"深度之维"亦然。

蒂迈欧通过这番话引入关于这一主题的讨论(53c4－7):

依我看,对每个人来说首先很显然的是,火、土、水、气的确是体。任何一种体都有深度。深度反过来是包含着深度的面,而且必然如此($\tau\grave{o}$ $\delta\grave{\epsilon}$ $\beta\acute{\alpha}\theta o\varsigma$ $\alpha\tilde{\upsilon}$ $\pi\tilde{\alpha}\sigma\alpha$ $\acute{\alpha}\nu\acute{\alpha}\gamma\kappa\eta$ $\tau\grave{\eta}\nu$ $\acute{\epsilon}\pi\acute{\iota}\pi\epsilon\delta o\nu$ $\pi\epsilon\rho\iota\epsilon\iota\lambda\eta\varphi\acute{\epsilon}\nu\alpha\iota$ $\varphi\acute{\upsilon}\sigma\iota\nu$ ③)。

其中末句并非没有含混之处。

我们通常将体及其面或各面理解为彼此不可分割。我们倾向于认为"面"是"体"的必然属性,反之则不然。然而,蒂迈欧讲法中独特而关键之处在于将体——进而深度之维——理解为诸平面的

---

① 亦参《斐勒布》,30a6。
② 尤其参看描述灵魂构造时(35a2,a6)对身体($\sigma\acute{\omega}\mu\alpha\tau\alpha$)一词的提及。
③ 尽管 $\acute{\epsilon}\pi\acute{\iota}\pi\epsilon\delta o\varsigma$ $\varphi\acute{\upsilon}\sigma\iota\varsigma$ [面]在这里的用法也许具有类别含义(参 Taylor,前揭,页362;Cornford,前揭,页212;亦参页[59]－[60])从而也适用于球面或其他任何曲面;但构建体的过程中强调的是平面,即正"多面体(立体)"的"表面"。

规则组装的产物(αὔξη)。按照这种观点,可见事物的身体上的立体性并非其首要特性。毋宁说,身体上的立体性来自二维实体的有序结合。这种结合是有理性、有技艺地完成的。它有一个目的。有"第三重维度"的"身体"是一种"容纳"并"携带""灵魂"的装置,①它使"整全的身体"充盈着保持着原本的"算术性"、"逻辑性"构造的灵魂,它使一个人的身体"收留"灵魂的不死不灭、"包含"着理性力量的部分(30b1-4;37c1-5;44d3-6;46d5-6),同时也"收留"灵魂的多少已经朽坏的"有死部分"(41d-42a;43c-e;61c7-8;69c-e;72d4-5;73b-d)。正是从身体的这一"容纳"功能出发,我们才能够接近介词"在……里面"的含义:蒂迈欧的说法中有这样的含混用法。

蒂迈欧"可能性很大的故事"在描述我们周围的可见世界的"产生"时,所面临的主要困难(这种困难以种种形式见于一切神话)在于,它不得不使用同这个已然"产生"的世界合调的言辞。因为体现在言辞中的我们的理智其实在被转向这个我们熟悉的世界,也就是说,大体上讲在被转向可见之体,即我们的理智在[199]运用其理智想象力时仅仅理解作可知对象之"摹本"的东西。② 与此相应,介词"在……里面"不得不首要地指有身体的事物的"里面"。因此,无身体的"载体"的初始角色只能在身体的"容纳"功能这一影像[譬喻]中("虚假地")得到理解。"载体"正是这样被说成可知对象的摹本出现又消失的"场所"。

另一方面,介词"在……里面"不得不首先指有身体的东西的"里面"、指它们的深度之维,然而灵魂的复杂本性所要求的恰是这一深度之维。灵魂的学习"能力",即灵魂的依靠营养而成长的能力,尤其要求这一维度(44b-c;47b-c;87a-b;90d)。③ 因此有可

---

① 是一种"载体"(ὄχημα,69c7,44e2,41e2)。
② 参51b7-c5,以及本书,页[118]-[119],[120],[129],[134],[152]。
③ 亦参页[60]。

能将"深度之维"归属给灵魂本身,有可能使灵魂"包含"理性。所以,当我们使用"看自己内心"这一表达时,我们有意指的是灵魂的"里面",而不是身体的"里面"。我们所做——且不可避免要做①——的是用可见身体的影像谈论不可见的灵魂。② 蒂迈欧的说法为这种言说方式正名。

苏格拉底也许毕竟在为他而办的宴席中获得了某些享受,不仅在克里提阿这位雅典老人所讲的出自"过去的好日子"的故事中,而且在洛克里斯人蒂迈欧的"可能性很大的故事"中。蒂迈欧的讲述是"自然探究"($περὶ\ φύσεως\ ἱστορία$)伪装下的"灵魂探究"($ἱστορία\ περὶ\ ψυχῆς$)。③ 蒂迈欧在这个故事中呈献给苏格拉底的,是一个容纳着能够学到真理的灵魂的、脱离身体的身体。

那么,我们给美诺的灵魂作一幅缺乏深度之维的影像,看来并非不妥。

第三节

《美诺》这篇对话的标题促使我们提出这样一个问题:谁是美诺? 这篇对话现在已经回答这个问题。这篇对话中的美诺是一个完全不能学习的聪明人。这一独特角色[200]与我们(也许还有美诺的同时代人)从其他来源所了解到的美诺——帖撒利人,阿里斯提波的情伴,"波斯大王的世袭嘉宾",爱财者④——有没有某种联系?⑤ 我们刚刚如对话所揭示的那样为美诺的灵魂做出的影像,与

---

① 参页[104]。
② 参色诺芬,《往事录》,III,10,8。
③ 参27a4,47a7(以及Taylor,前揭,页58、294),以及页[149]。
④ 参页[40],[41],[78]。
⑤ 参页[36]–[37]。

"历史上"作为首恶者的美诺的影像之间,有没有某种联系?

不愿、不能学习导致不学、无知。《蒂迈欧》(88b5)称该缺点为灵魂最大的疾病(hê megistê nosos)。① 灵魂的疾病是"坏""败坏"或"恶"(kakia, ponêria)。② 于是几乎不可能不得出这样的结论:帖撒利人美诺的恶名只不过是其现在被揭示出来的不学的外在显现。其实,美诺的不学就是他的恶。美诺在"深度之维"方面的缺乏直接关系到他在德性方面的缺乏。如果可以说美诺的灵魂"充满"着某种东西,那也是"充满着遗忘和恶"(lêthês te kai kakias plêstheisa)。③

在对话较早部分中,美诺曾对苏格拉底在人的德性方面自称无知表示吃惊,美诺看起来至少曾经一度默认"人的德性是知识"这一命题为真,美诺做出该认定这一事实就使他的诽谤者蒙羞。④ 我们现在理解,如果我们可以认定这一苏格拉底论题的确是美诺表示吃惊的潜在基础,那么,美诺并未掌握该论题的含义及其推论,即(正如美诺自己这样)对习惯性茫然无知的分有,而在我们的言辞中该论题往往暗着这种茫然无知。但是,我们现在可以猜想,该问题以一种非常不同的方式同美诺相结合。美诺为无知(知识的反面)⑤是恶⑥(德性的反面)这一断言提供了一个例证或者说典型,⑦我们要亲身通过"对置"(contraposition)将这一断言"转化"为苏格拉底式断言。其实,我们已被引至这一点,我们[201]已经被引导着

---

① 比较《蒂迈欧》,86b2 - 4,《法义》,III,691d1;以及《希琵阿斯后篇》,373a1 - 2。
② 参本书,页46,《王制》,卷四,444e1以下,《高尔吉亚》,477b3 - 8,《智术师》,228b8 - 10,d4 - 11,229c1 - 10。
③ 《斐德若》,248c7。
④ 参页[43]。
⑤ 也是智慧(sophia)以及进行有智慧的判断(phronêsis)的反面——《会饮》202a2 - 10。
⑥ 参《智术师》,228d6 - 11,229b - c。
⑦ 参《治邦者》,277d。

通过认知谁是美诺"认知"了苏格拉底的"人的德性是知识"这一格言。我们的认知是一个双重认知。①

苏格拉底看起来在清醒地暗示,自己将会满足于听到德性被描述为某种一直"伴随着"知识的东西,正如颜色可以说是一直"伴随着"表面那样。② 这一清醒的描述现在配着这样一个"简明"说法:无知必然是恶的"伴随者"。但是,此说法的"简明性"具有欺骗性。美诺这一实例表明,无知并非"真空":为美诺之恶上"色"、"充满"其无知的,是在其记忆的"表面"上堆积的所有意见。③

在之前的对话中,苏格拉底与美诺是彼此对立的形象,苏格拉底将学习的努力置于一切其他事物之上,④美诺在不情愿做出这种努力的程度方面从未减弱,而补偿这种不情愿的是,美诺情愿依赖自己的记忆;苏格拉底通过诉诸神话为自己的立场辩护,美诺则通过提出一个论证。尽管回忆说究竟是别人所讲的关于不死的灵魂神话的一部分、还是苏格拉底对该神话做出的贡献尚有疑问,⑤但是,我们可以有把握地认定,美诺的论证不是他自己的。⑥ 我们记得,在苏格拉底和美诺各自的辩护之前那段独特的相互威胁中,处于危险之中的是各自的德性。⑦ 我们现在看到这场不对等竞争的结果:在所有机会上,在声称要在言辞与行动上为探究和学习会改善我们这一命题⑧而奋战的决心中,苏格拉底的德性发扬光大,而且在整篇对话中苏格拉底都按这一决心行事;我们之前仅得一瞥⑨

---

① 参页[107],[184],以及页[115],[136]。
② 参页[59] – [60]。
③ 参页[71] – [72]。
④ 参页[94],[97],[183]。
⑤ 参页[97]。
⑥ 参页[91]。
⑦ 参页[90]。
⑧ 参页[182] – [184]。
⑨ 参页[62],[66]以下,[78],[88]以下,[91],[97]以下。

的美诺之恶却通过其言辞得以昭彰。

既然我们现在已经对美诺之所是有所感知,我们便能够讲出美诺究竟是"美、富有、出身高还是恰恰相反"。①

[202]美诺的身体可能显得很美,②美诺的灵魂之恶却使他丑。正如蒂迈欧详细解释的那样(87c–88b),灵魂与身体之间的应有关系(symmetria)是最重要的,一个过于堂皇的身体却承载着细小而虚弱的理智(dianoia),就会剥夺"整个生命"(holon to zôion)的全部之美,③使从属于灵魂的东西呆滞(kôphon)、学得慢(dysmathes)、健忘(amnêmon),从而引发最大的疾病,即无知(amathia)。

无论美诺也许已经获得多少财富,无论美诺也许还在渴求多少其他财富,他都没有也不会得到任何智慧,因为他不愿学、没能力学。美诺的确穷困。④

在帖撒利以及安提卡,人们也许认为美诺有很高的出身和心智。因此,这也很可能是美诺关于自己的意见。其实,美诺并不相信一个奴隶有可能既当统治者同时仍然是个奴隶。⑤ 我们现在理解苏格拉底的回应中的讽刺:"[你]看起来不像[会那样认为],我的有德之人啊。"小奴隶学到了几何方面的第一个教诲,尽管还是奴隶,但他已然展示出美诺并不具备的某种德性。那么,二者之间,谁拥有奴隶般的灵魂?⑥

关于人的德性的这篇对话还将继续,美诺仍是参与者。但我们怀疑,美诺此后在对话中扮演的角色较之从前恐怕将有所不同。

---

① 参页[38],亦参《王制》,卷九,577a–b。
② 参页[58],[67],[89]。
③ 参《卡尔米德》,154c8–e1(以及《王制》,卷九,591c1–d5)。
④ 参《斐德若》,279c1–3(以及《王制》,卷七,521a3–4;卷九,578a1–2;579e2–3;591d6–e5)。
⑤ 参页[55]。
⑥ 参《克利托普丰》,408a4–b5。

第二部分　意见

第八章

第一节　86d3–87d1

[86d3–e1]

[205]美诺指出,自己更喜欢回到自己原来的问题,而非跟苏格拉底一起探究什么是人的德性？苏格拉底假装被迫服从美诺的愿望,在这样做时,苏格拉底最后一次责备美诺。苏格拉底将自己的"统治"(archein)能力与美诺的进行对比。苏格拉底能够统治自己,但不能统治美诺；相反,美诺试图统治且成功统治了苏格拉底,①却不肯尝试对自己施加任何统治。苏格拉底指出,美诺采取这种态度以主张自己高贵的"自由(hina dê eleutheros êis)"。② 这正是僭主的方式,它们想象做自己想做的③就会幸福、自由：僭主们并不知道自己其实只不过是奴隶。④ 实际上,美诺并没有看到,苏格拉底统治美诺的程度大概胜过波斯大王统治美诺的程度：难道苏格拉底没有迫使美诺揭示自己真实的所是？

苏格拉底说,只要自己能控制美诺,对德性可教与否的考察就不会优先于对什么是德性的考察。但是,自己在这方面别无选择：

---

① 参页[58],[67]。
② 参《王制》,卷八,562e9：ἵνα δὴ ἐλεύθερον ᾖ[为了自由],亦参《高尔吉亚》,491d4–e1,以及Thompson,前揭,页145以下。
③ 《高尔吉亚》,473c6–7。
④ 《王制》,卷九,579d–e；577d(比较色诺芬,《往事录》,IV,5,5)。

看起来,他们不可避免地要在首先还不知道"什么"是某物的情况下探讨①事物是"怎样"(poion ti estin ho mêpô ismen hoti estin)。如我们所见,②我们有很好的理由认定,苏格拉底并不反对原来的步骤;不喜欢它的却是美诺。

[87b2 – c10]

[206]鉴于美诺不情愿跟随苏格拉底,苏格拉底要求美诺"稍微"放松对缰绳的控制,以便容许他们"从一个假设出发"(ex hypothesevs),来探究德性的获得是靠教还是通过其他方式。美诺看起来精通几何方法,③苏格拉底料定美诺不会反对任何公认的步骤,更不会反对几何技艺的任何术语。的确,美诺并无反对。虽然如此,苏格拉底还是解释了什么是他所讲的"从一个假设出发"进行探究。

几何学家们的确经常采取如下步骤。例如,如果一位几何学家要回答这样一个问题,某特定大小的空地(不论其——线性——界限为何)能否像一个三角形一样④装进一个给定圆形区域(以便三顶点相切于圆形区域的圆周),这位几何学家会说:尽管我并不知道该特定大小的空地能否那样,但我相信我手头的一个假定有利于达成这一目的(hôsper…tina hypothesin),会有利于我们的目的。这个假定就是:若这个特定大小的空地(它往往可以转化成三角形或矩形区域)是这样的三角形,若有人"延长"(parateinanta)其(autou)给定线段后,会"缺少"(elleipein)像(其给定线段)被"延长"的那片空地一样的一片空地,则在我看来,结果会是这样一回事;如果他无法体验这样的经历,结果又会是另一回事。因此,在把你的这片空地

---

① 参页[42]。

② 参页[85]。

③ 参页[64] – [66],[99]。

④ 参 Thompson,页 149(25);A. Heijboer,"Plato, 'Meno' 86E – 87A", *Mnemosyne*,4th series,VIII(1955),页 101,103。

(autou)接入这个圆内方面,我打算通过"假设"(hypothemenos)告诉你会发生什么,告诉你究竟是不可能还是并非不可能。

苏格拉底召唤出的这位几何学家非常谨慎,但其说法的精确性并没有在技术方面达到清晰的程度。苏格拉底让这位几何学家使用苏格拉底在别处①批评的术语。此外,苏格拉底让这位几何学家以一种与其"技术性"关联相悖的方式使用这些术语。尤其要问的是,我们面前真的是类似于几何"假设"的某种东西吗?

晚近注家②看起来并没有注意到[207]苏格拉底在这里搞出来的温和的玩笑,他们试图阐明此处所可能暗示的几何问题。苏格拉底提及的这个问题,也许正如某些注疏者③所认为的那样,④等于这样一个问题:给定一对垂直相交的直线,以给定的一对相交直线为轴的正双曲线,是否其一个分支(或共轭分支)与给定的一个圆的圆周相交,至少是相切(touch);且该圆的直径作为所"采用"的线

---

① 参页[121]以下,以及《王制》卷七,527a6以下,那里明确提到 παρατείνειν [延长]一词(亦参 Heijboer,前揭,页109)。

② Heijboer(前揭,页89以下)对该主题方面的文献有所综述。Bluck在其附录中(页441-461)有所概述、评价。Bluck承认(页75以下,322以下,441,460)这段文本的晦涩性和含混性,也承认这段文本究竟也许暗示着怎么样的答案相对而言其实并不重要,这一说法无异于前人(尤其R. Robinson,前揭,页126,Heijboer,前揭,页121);然而,Bluck特别注意A. S. L. Farquharson所作的解读,"Socrates' Diagram in the Meno of Plato, pp. 86e–87a"(《柏拉图〈美诺〉86e-87a中苏格拉底的图表》), *Classical Quarterly*, XVII(1923),页21以下,以及Heijboer所作的解读,前揭,页89以下。

③ E. F. August, *Zur Kenntnis der geschichtlichen Methode der Alten in besonderer Beziehung auf die platonische Stelle in Meno* [《对古人的历史方法的认识及其与柏拉图〈美诺〉的特别关联》],1844;S. H. Butcher, *Journ. of Philol.*, XVII(1888),页209-225(参Thompson,前揭,页148以下);J. Cook Wilson, *Journ. of Philol.*, XXVIII(1903),页222-240,尤其页235以下;Th. L. Heath, *A History of Greek Manthematics*,1921,I,页298-303。

④ 半横截轴上的正方形是原正方形大小的二倍。

段,即,沿着该线"拉伸"给定区域。① 所提出的其他解读并不更为可信。看起来很清楚的东西仅仅是,所暗示的问题必须通过"分析"解决:②我们必须将这种"内接"——其可能性尚有疑问——视为"已经完成",这样一来,我们便可以将使其可行的充分条件推断为一个推论。结果呢,表述这样一种条件的某种方式正是:两个矩形区域,即被叠加的矩形及其所"缺失"的另一个矩形,必定彼此"相像",必定"相似"。其实,知道"内切"是可行的,意味着承认这两个区域的相似性。

苏格拉底对这个几何问题的陈述缺乏精确,并不在于在柏拉图时代数学术语尚未确定。③ 此题及其"未定"之解④由苏格拉底陈述于此,其意并非在于它们本身。它们旨在提供[208]讨论人的德性问题所依据之样本——正如之前的形状、颜色实例那样。与此相应,此处着重强调的是两片区域的"相似性",其精确形状不得而知。⑤（也

---

① ［译注］这段复杂的说法是克莱因对"某些注疏者"过分数学化以至于脱离文本的解释的调侃。对这段复杂文本的更为晚近而细致的讨论,可参看 Robert Sternfeld and H. Zyskind,"Plato's 'Meno': 86E – 87A: The Geometrical Illustration of the Argument by Hypothesis"(《柏拉图的〈美诺〉:86E – 87A:假设论证的几何说明》),*Phronesis*,Vol. 22,No. 3,1977,页 206 – 211。

② 参 A. S. L. Farquharson,前揭,页 21。

③ 正如 Heath(前揭,页 300 注,页 303 注)所暗示的那样。但是 Heath 还补充道:"而他[柏拉图]允许自己在精确性方面有回旋余地"。

④ 参 Jacob Klein,前揭,页 133 以下。

⑤ 这一点尤其不利于 Heijboer 的解读。他抹煞(前揭,页 120)关键词 οἷον[相似]的含混含义,将其解作"相同"(甚至"相等")——主要是出于对 αὐτὸ τὸ παρατεταμένον[延长它](87a5 – 6)之含义的过度延伸。亦参 R. Catesby Taliaferro 为 Robert S. Brumbaugh *Plato's Mathematical Imagination*(《柏拉图的数学想象》,)(1954)一书所作书评,见 The New Scholasticism, XXXI,2(1957):"……此处呈现的叠加的问题本身反映出《美诺》的问题:如何找出一个矩形,它缺少相似于所求矩形的一个矩形;如何希求、认出我们所不知道的某样东西",及其语境。

许并非不重要的是,hoion 一词在这段文本中非常引人注目;从 86d5 到 87a5,这个词出现了四次,每次都有完全不同的含义,当然,只有最后一个才类似于后来出现在欧几里得那里的 homoion[相似]这一技术性术语。① 另一方面,对"假设"一词的强调——该词在这一实例中指"内切"之可行性的充分条件——不乏含混性,一如分析步骤所教的,一如《王制》卷七和《斐多》所展示的,一如稍后将愈发变得清晰的那样。

[86e1 – 87b2]
苏格拉底紧接着用德性问题作类比。既然我们既不知道什么是德性(outh' hoti estin),又不知道德性是怎样(outh' hopoion ti),② 我们就不得不在这个问题上也使用"假设"(hypothemenoi),探究德性可教与否这个问题。

上句中对"什么"和"怎样"的并举,是否意味着对"什么"的无知之后必然跟随着对"怎样"的无知,正如苏格拉底一直含混地声称的那样?或者,难道这不意味着,此时这一区分根本不重要?所要做出的类比如下:如果与给定空地相等的区域具备(或不具备)与另一区域的"相似"关系,那么给定空地是(或不是)"可以内切于"给定的圆;如果德性具备(或不具备)与灵魂之中别的东西的"相似"或"相像"关系,那么德性是(或不是)"可教的"——宛如可以内切于灵魂。什么是"别的东西"?在下句中,苏格拉底戏谑地将这东西处理为位置的"比例第四项"。[209]这一关于德性的、包含着"假设"的类比式假定陈述可以说成:"如果德性是(或不是)像某种内在于灵魂的东西,那么德性就是(或不是)可教的。"但是,苏

---

① 参欧几里得,《几何原本》,卷六,定义一以及 Heath 的注,*The Thirteen Books of Euclid's Elements*(《欧几里得〈几何原本〉十三卷》),第二版,1926,II,188。

② 参页[42]。

格拉底让这句话的条件子句带有某种疑问性转折。苏格拉底说:"德性是可教的或不可教的,如果德性像属于灵魂的东西(tôn peri tên psychên ontvn)中的什么东西(poion ti)?"苏格拉底紧跟着提出的问题带来一个强调而间接的答案:"首先,如果德性不像(alloion)或像(hoion)知识(epistêmê),那么德性是可教还是不可教? ……"

该疑问性转折(poion ti)强调的是,"从假设出发"探讨的是德性和知识的"相像性"而非"同一性"。上句中的结论子句讲的是德性可能是"怎样",即可教或不可教,条件子句所谈亦然,即德性"像"还是"不像"知识。然而,此处的"怎样"和"什么"恐怕很难区分。

此外,我们注意到,德性被简单地——尽管再次间接地——归于"属于灵魂的东西",这在回忆神话中、或许还在对话其他地方也有所暗示,尽管之前当然并未明言。

这也是我们第一次看到德性与知识之间的联系成为明确主题,而非隐藏在美诺与苏格拉底的一场对话的背景中的主题,①亦非在"有界之面"与"颜色"例证中暗示的主题,②亦非美诺的无知且败坏的灵魂③所戏剧性地反映出的主题,而是由一个双管齐下的"假设"的积极面引入的主题。

另一方面,回忆神话带着与知识和德行相关的意味退回幕后。神话已经发挥自身的功能,不是说神话对美诺产生什么影响,而是说神话帮我们理解美诺的灵魂。苏格拉底仅仅在继续这句话时简要地、顺便地提到"回忆",他在这句话中明确提出德性与知识之间的联系:"……它[德性]是可教还是不可教,或者如我们刚才所讲的那样是不是可回忆——这两个词中[210]我们用哪一个对我们都不会有什么不同——那么,德性可教吗?"

在说话时提到"回忆"或"教"对苏格拉底和美诺而言没什么不

---

① 参页[43]。
② 参页[60]。
③ 参页[200]以下。

同,苏格拉底这句插入语是什么意思？"可教的"是学到的或可以学到的。难道苏格拉底是在暗示,他仍然赞成"学习"和"回忆"的同一性？难道苏格拉底的意思是,既然任何学习对象在某种程度上都要被——以神话方式或以其他方式——理解为某种回忆对象,那么我们用哪个词便无关紧要？或者,难道苏格拉底是在暗示,为了眼下的目的,美诺问题的答案、回忆说其实无关紧要甚至可以完全抛弃？这一撤销行为会在相当大的程度上抵消美诺在对"假设"的使用方面做出的小小让步。除了别的方面以外,这会使苏格拉底愿意探讨教与学——作为迥异于"天"赋之物的好处。① 关于教的公认观点将主宰接下来的讨论。按照该观点,教意味着将知识放进某人的灵魂,②可与使某三角形内切于某圆相提并论。

省略对"属于灵魂的东西"的进一步——显然不必要的——列举之后,苏格拉底自己以一种修辞性疑问方式回答自己的问题:"教给人的东西无非是知识,这一点难道不是无人不晓？"似乎的确如此,美诺回应道。的确如此吗？

苏格拉底以如下说法总结自己的"假设":"如果[我们认定]德性是某种知识(epistêmê tis),那么显然德性可教。"美诺说:"还能怎样呢？"

通往下一步的道路已经扫清。苏格拉底做出如下评论,而且得到美诺的同意:由此他们很快对下述观点做了了断,即,如果德性具备"像"知识"这样"一种本性,那么德性可教;如果德性具备"不像"知识"这样"一种本性,那么德性不可教。我们现在可以将注意力转向该"假定"本身的内容,即德性与知识的关系。

[87c11 – d1]

"所以,在这之后(meta touto),一个人要探究的,"苏格拉底说,

---

① 参页[181]以下。
② 参页[97],[106]。

"看来是德性是知识还是[211]不同(alloion)于知识。"美诺同意,这正是在此之后(touto meta touto)要探讨的东西。

在这段交谈中其实发生了什么?苏格拉底将美诺的问题(至少暂时)抛至一旁,回到自己的问题——苏格拉底曾主张该问题具有优先性。苏格拉底间接地、相当戏谑地——尽管内容是很严肃的——这样做,凭借的是数学手段以及——并不十分明晰的——数学语言,而美诺并不习惯于挑战这些东西的权威。

关键主题——德性的本性——终于在言辞上摆在我们面前。深深嵌在即将展开的这段对话中的言辞(logos)将反映我们一直在见证的戏剧——对话的模仿功能——直接呈现给我们的东西。我们不应忘记,正在进行的这段对话处于美诺的无知(amathia)的阴影中,这意味着它处于包围着美诺记忆的无数公认意见的阴影中。

苏格拉底刚才说的是,"看来"现在应该探究的是"德性是知识还是不同于知识"。就这一选择的肯定方面而言,"知识"一词完全未加限定。例如,之前刚刚用过(87c5)的 tis[某种]一词被省略。也没有提及德性也许"像"(hoion)知识。就这一选择的否定方面而言,这方面含混地设想德性"不像"知识的可能性。之前用过 alloion 一词,相对于 hoion,即"不像"相对于"像"。同样的词现在看起来被用来在德性完全"是知识"的可能性与德性完全"不是知识"的可能性之间进行对比。换言之,该选择的措辞混淆"怎样"与"什么"之间的区分。这一含混将以各种不同的伪装持存于苏格拉底即将呈现的言辞之中。

而美诺喜剧式地没有意识到苏格拉底的引导,他将可靠地充当苏格底言辞的回声板。

第二节　87d2–89a5

[87d2–8]

苏格拉底以奇怪的方式这样开始:"那么我们来看看,我们说

'德性'这东西根本不是好东西呢,还是坚持德性是好东西这一假设?"美诺的回答是"我们当然坚持"。我们的回答也是这样,[212]每个人的答案都不可能不是这样。尽管也许很难确定人的德性的本性,但无论何时我们将德性归给某人时,我们已在称赞他,我们意在称赞他的"善"。苏格拉底该问题的肯定回答等于同意进行同义反复。问题和回答背后都没有假设。之间的交谈中从未提出这种"前提",也不需要提出这种前提。

然而,看起来,在这一同意重复结构中"假设"一词的使用有双重目的:它为这个词之前的含混用法①提供决定性的、带有反讽意味的线索;它让我们准备运用自己的"假设"能力,该能力将意味着hypotithesthai 真正的、口语性的含义,即"猜想"(hypopteuein)意义上的"假设"。② 苏格拉底继续说道:如果还有某种与知识分离(chôrizomenon)的善,德性也许就不是某种知识(epistêmê tis);但是,如果没有不为知识所包含的善,我们对这种东西(auto)——德性——包含在某种知识(epistêmê tis)中的猜想(hypopteuontes)就是一个正确猜想(orthôs hypopteuomen)。

尽管之前与在几何例证类比中,德性是否可教问题被"假设性地"简化为德性与知识的关系问题,但是,该问题的答案现在被迫取决于到底有没有外在于知识领域的"善"这回事。现在要检查的真正的假设(或"猜想")是,知识领域完全包含(periechei)"善"的领域,因而完全包含人的德性领域,否则这两个领域便是完全分离或仅部分重合的正方形、圆形。

[87d8 - 89a5]
该假设或"猜想"的检查和证实过程按六个主要步骤进行,伴

---

① 参页[206](比较页[120]以下)。
② ὑποτίθεσθαι [假设] ὑποπτεύειν [猜想] εἰκάζειν [想象]之间的关系看起来很近。参本书页[114]以下,[120],[129],[156]。

随着美诺连续不断的赞成。

步骤一。有德之人凭其德行是好人(agathoi)。他们是好人这件事情对他们"有益"(ôphelimoi),因为一切好东西(panta [213] t'agatha)都对我们有好处。不愿使自己的记忆力蒙羞的美诺说,从已经达成一致的东西中(ek tôn hômologêmenôn)必然得出,德性也是有益的东西。

步骤二。纵览对我们有好处的各种东西(ha hêmas ôphelei),对其一一掂量之后,我们发现它们是这些东西:健康和力气,①还有美貌,②当然,③还有财富,④诸如此类。⑤但我们还说,正是这些东西有时的确⑥对我们有害(美诺完全同意)。目前为止提到的东西(包括美貌)被理解为与我们的身体性存在相关联。如果我们问自己,这些东西在各种不同的环境下对我们有利或有害取决于什么,我们不得不回答说:取决于我们使用它们的方式。如果我们以正确的方式使用它们,它们就对我们有好处;如果我们没有以正确的方式使用它们,它们就对我们有害处。"正确使用"(orthê chrêsis)提供"正确引导"。

步骤三。如果我们转向属于灵魂的东西(ta kata tên psychên),我们可以列举出为人所知、为人所称赞的有节制或自制、正义、勇气、善学(eumathia)、记忆(mnêmê)、崇高,⑦诸如此类。我们被要求在这些品质中辨别出哪些等同于知识(epistêmê),哪些不同于知识(allo epistêmê)。不同于知识的有时对我们有害,有时对我们有益。就"勇气"而言,"如果勇气不是运用审慎(phronêsis),而是像(hoi-

---

① 参页[51],[78]。
② 参页[67]。
③ 参 Thompson,前揭,页 156(3)。
④ 参页[78]。
⑤ 参《王制》,卷六,491c2-4。
⑥ 参 Thompson,前揭,页 156(7)。
⑦ 参页[41],[56](比较《王制》,卷六,487a4-5,490c5,10-11,491b9以下)。

on)某种盲目的鲁莽(tharros ti)",那么,一个毫无理性、没有见识(aneu nou)的勇敢者会遭到伤害。但是,如果此人是一个有理性的勇敢者,意识到自己所面临的(syn nôi),勇气就会使他获益。自制(sôphrosynê)和善学(eumathia)同样如此:它们是有益还是有害,取决于所学、所控制的①是否有见识(meta nou - aneu nou)。简言之,灵魂在[214]受审慎(phronêsis)引导时所企求或忍受的一切,都会导致幸福(eis eudaimonian);当被不审慎(aphrosynê)误导时,就会导致其反面(eis tounantion),即导致不幸。②

步骤四。如果德性必定是有益的(参步骤一)、属于灵魂的(tôn en têi psychêi ti)东西,③那么,德性之所是必定是审慎(phronêsis)的运用。因为灵魂的其他品质本身都既不有益也不有害,而是伴随着审慎或不审慎时(prosgenomenês…phronêseôs ê aphronysês)才有益或有害。至于那些"无所谓"的灵魂品质,一切都再次取决于我们如何使用它们:因此审慎或不审慎的运用再次起决定性作用。该论证由此表明:既然德性有益,那么德性必定是某种审慎的运用(phronêsis tis)。

步骤五。适用于"审慎"或"不审慎"与灵魂中其他东西之间关系的——即它们对属于灵魂的其他一切的引导使其或有益或有害——同样适用于灵魂与其他东西之间的关系,例如财富之类,据说这些东西时而有益时而有害;它们到底有益还是有害,取决于灵魂是否正确使用它们且主张其正确引导。有理性、聪明(emphrôn)的灵魂以正确方式引导,无理性、愚蠢(aphrôn)的灵魂以错误方式引导。

步骤六。由此可得下列综合(kata pantôn)陈述:就人而言(tôi

---

① 关于其反面,参 Thompson,前揭,页 159,244 以下(Thompson 插入 πάντα 一词,看起来毫无必要)。

② 参页[75]-[77]。

③ 参页[209]。

anthrôpôi），其他一切东西之好都取决于使用它们的灵魂，而灵魂本身的一切品质之好进而都取决于审慎的运用（phronêsis）。

按照该论证，有益的东西最终是"审慎的运用"。既然德性是某种有益的东西，那么，我们最终不得不说，德性是"审慎的运用"，要么全部德性是审慎，要么某一部分德性（êtoi sympasan ê meros ti）是审慎。

苏格拉底这番言辞①止于此处。美诺全心全意地倾向于赞成[215]这番话（Dokei moi kalvs legesthai, ô Sôkrates, ta legomena[这番话在我看来讲得真美啊，苏格拉底]）！我们来从细节方面进行探讨。

第三节

第一，该论证是用"简单的"口语词呈现出来的。有关语词所涵盖的含义范围甚广，本身就能有所变换而不影响论证的主要说服力。这种语词上的变换有两个醒目的例子。

其一，论证步骤一完全在于用"有益"（ôphelimon）替换"好（善）"（agathon）。该替换基于"一切好东西都对我们有益"（panta…t'agatha ôphelima, 87e2）这样一种日常理解：说某样东西"好"时，我们通常指它"对其他某物有好处"，而且通常并最终指对我们、他人或所有人有好处。在日常言辞中，"好"、"对……有好处"（good for…）、"有益"的确是同义词。② 它们分别指什么、它们共同指什么，是我们也许要对其进行"哲学"反思的问题——倘若我们准备追随

---

① 比较亚里士多德《尼各马可伦理学》，卷六，13，尤其 1144b17 - 32，1145a1 - 2。

② 尤其显见于 88d5，$\dot{α}γαϑά$[好] 被用作 $\dot{ω}φέλιμα$[有益]，相对于 $βλαβερά$[有害]。"对某样东西有好处"的东西，也许"对另一样东西"没好处，有益于某人的东西，也许对另一个人没好处，但这并不会改变这些语词大体上的同义性（参《普罗塔戈拉》，333d - 334c，亦参《卡尔米德》，169b4，《会饮》204e - 205a）。

苏格拉底的引导。

其二,论证步骤三做出一个相当具有决定性的变换,从知识到审慎;审慎进一步与理性(nous)相关。审慎尽管并不等同于知识,却显然与"知识"相联系。一个人若能智慧地判断人、形势、物,从而能够慎思、谨行、举止得体,就是一个并非没有"知识"的人。在这个意义上,审慎可以说是"某种智慧"(epistêmê tis)。(不仅仅在日常理解中)审慎的含义范围也并非远远不同于节制。①

[216]第二,该论证表明,每当有益之物生成,最终必归因于审慎。审慎是一切有益之物的来源。因此,首要之益即审慎。② 苏格拉底这番话所致力于检查和证实的假设或猜想是,知识领域完全包含善的领域。该论证坚持的是,审慎领域完全包含有益领域。因此,所达成的最终结论是,德性作为本身就是好且有益的东西,要么是审慎的整体运用,要么至少是"某部分"的运用。

第三,刚刚做出的明智的"整体"(sympasa)与"某部分"(meros tis)的区分有其困难之处。

就潜在的假设而言,我们可以将知识领域勾画为一个圆,它"包含着"代表"善"领域的另一个圆。于是存在两种可能的情况:要么两个圆重合,要么"知识"之圆仅仅将"善"之圆包容在内。在后一

---

① 例如克里提阿试探性地将节制定义为(见《卡尔米德》,163e10) ἡ τῶν ἀγαθῶν πρᾶξις [做好事],苏格拉底评论道:καὶ οὐδέν γέ σε ἴσως κωλύει ἀληθῆ λέγειν [没有理由说你讲的不是真理]。亦参《克拉底鲁》411e4 以下(须考虑到这段文本的挖苦、戏谑):σωφροσύνη δὲ σωτερία...φρονήσεως [节制是审慎的救星],以及亚里士多德,《尼各马可伦理学》,卷四,5,1140b11–12;以及《会饮》209a5–8,《法义》,卷四,712a1:τῷ φρονεῖν τε καὶ σωφρονεῖν...[凭审慎和节制……]。

② 参亚里士多德,《尼各马可伦理学》,卷五,11,1019a2–4。亦参《法义》,卷一,631c5–6,以及《普罗塔戈拉》,352b1–d4,这里有一关键处审慎取代了知识:ἀλλ' ἱκανὴν εἶναι τὴν φρόνησιν βοηθεῖν τῷ ἀνθρώπῳ [审慎足以帮助人](在接下来一句话中,普罗塔戈拉讲的是智慧而非审慎)。关于《斐多》,参本书,页130 以下。

种情况下,存在着与善分离的知识。这两种情况对应于两个宾词,即知识与某种知识,这两个宾词反过来反映着整个论证中含混地维护着如下区分:"什么"与"怎样"。第一种情况规定"善"与"知识"同一,等于一个定义;第二种情况仅仅描述"善"是怎样、有何"性质"。

但有一点尚未澄清,就审慎之圆与有益之圆或德性之圆的关系而言,这两种情况是否都可能。这里怎么可能仅仅涉及审慎的"某部分"?审慎的运用不可"分割"。一个人要么有审慎(这并不排除他有时会犯错的可能性),要么没有审慎(这并不排除他有时做得对的可能性)。审慎的运用不可能脱离对有益的考虑。

看来,从知识到审慎的转换容许苏格拉底规避[217]知识带来的"整体"问题。① 智慧作为审慎之基一直作为"整体"——尽管并不显而易见地——在场。

《斐德若》那段丰富的翻案诗中②称,在各种可知样本中,我们能看见的只有寓于"天上"无何有之乡的美本身(auto to kallos),其光芒——我们必须补充说极罕见地——照射在我们此世中的清晰可见的幻影上(enarges eidôlon)。正义、节制(sôphrosynê)或知识则不然。③ 但是,紧接着用来与美进行生动对比的,不是正义、节制或知识,而是审慎:④审慎和其他东西都没有可以通过我们的感官进行感知的闪耀影像;如果可以看到这样的影像,它们在我们身上诱发的欲望会很可怕。⑤ 但是,为什么单列出审慎作为反角?这仅仅是用词方面的任意选择吗?审慎在这里完全代表着《斐多》中至关重要的节制?(或者,这里避免提到节制,是因为节制的本性看起来会避免诱发可怕的欲望?)莫非,这里用审慎,是因为它像美一样极

---

① 参页[86]。
② 250c8 以下。
③ 250b1 – 5;247d5 – e2。
④ 250d4。
⑤ 250d3 – 6。

难在我们中间发现,正是由于这一困难,当我们看见美时,美已经失去其整全性,尽管美永远不会失去其光芒;而当审慎的智慧影响我们时,它永远不缺乏整全性,却缺乏光芒? 审慎使人卓越,其本身却不引人瞩目。审慎的光彩是一种"内在"美,正如阿尔喀比亚德至少曾经一度清晰地看到的那样①——当时他正处于一个疯狂的洞见时刻,且不区分审慎与节制。

第四,就在从知识转换为审慎之前,论证步骤三列举灵魂的某些品质,要求我们在它们中间区分哪些是"知识"、哪些"不同"(allo②)于知识。关于后者,所给出的例子是勇气、自制、善学,这些也许都不伴随着审慎。(这正是从知识到审慎的转换点。)[218]考虑到美诺所列举的那种"记忆"和"崇高",此二者本应充当另外的例子。(看来,列举它们以及善学,其实是为了强调美诺这位高尔吉亚的善学的学生缺乏审慎。)正义也是没有审慎也可以想象的东西。③ 至于"该类别的其他一切",我们可以当它们是《王制》卷七列举的其他品质。④ 它们看起来毫无疑问是"好"品质,本身以知识为导向,受审慎引导。但是,它们不"是"知识,就此而论也不是智慧。就该论证本身而言,尚有疑问的是,到底有没有哪种灵魂品质不需要接受审慎的引导:论证步骤五将审慎与"灵魂的其他部分"进行对比。

关于"知识"与"善"的关系的最初假设悬而未决。苏格拉底这番言辞不能充分应付这一点。⑤ 这也同样适用于人的德性是知识这一"简单"说法,尽管我们可以放心地讲,人的德性是"某种"知

---

① 参《会饮》,216d1-7(比较《斐德若》279b8-9)。
② 关于"不同",参页[211]。
③ 可参看希罗多德所讲的关于薛西斯的正义的故事——希罗多德并不相信这个故事(《原史》,卷八,118-119);尤其参看苏格拉底的受审。
④ 参页[187]。
⑤ 参页[86],[168]以下。

识,即审慎。这不正是苏格拉底所"猜想"的?① 在任何情况下,审慎的益处都得到主张并言之成理。

我们必须注意到,审慎有一个胜过知识的好处:我们的确会忘记一度获得过的知识,但审慎——只要我们一度能够运用——是一个几乎丢不掉或"忘"不掉的"整体"。②

第五,论证步骤三告诉我们幸福及其"反面"在于什么,或者说,至少告诉我们幸福及其"反面"各自的来源是什么:在过我们的生活时运用审慎,会使我们生活幸福,不运用审慎就会带来不幸。这番话就像审慎本身看起来一样不引人瞩目。

第四节　89a5 – c5

苏格拉底这番话得出的结论是,人的德性是审慎,要么是"整个"审慎、要么是审慎的"某部分"。[219]正是在这一点上,苏格拉底探讨了美诺一开始便提出并一再重复的问题,即德性来到人身上的方式。

苏格拉底让美诺接受一个推论,该推论明显直接得自刚刚达成的结论:如果我们方才所言成立,那么有德之人——我们所理解的能运用审慎之人——不可能生而秉赋德性,"好"人不可能"天生"就"好"。"我并不认为[他们天生就好]",美诺说。为了表明相反观点的荒谬,即好人天生就"好"、生而秉赋运用审慎的能力,苏格拉底接着描述了一番对人来说有可能的奇妙景象。③ 那样一来,各处的邦民们都会——难道不会吗——在年轻人中分辨出谁"天生就好";我们——邦民们——接管那些专家所认定的有德性的年

---

① 参页[212]。
② 参亚里士多德,《尼各马可伦理学》,卷六,5,1140b28 – 30。
③ 关于这段文本的语法,参 Thompson,页 162 – 163。

轻人,将他们藏若珍宝,比照看我们的金子更仔细地照看他们,以免有人败坏他们;这样一来,他们长大后,就会变得对他们各自的城邦有用。"很可能是这样,苏格拉底啊。"美诺说。于是苏格拉底跳跃到接下来唯一可能的选项上,他问道:既然好人并非"天生"就是好人,那么,难道他们不是通过学习(mathêsei)变"好"的吗?弦外之音是,不仅知识还有审慎都可学、可教。(鉴于审慎是某种知识,上述弦外之音无须抵触苏格拉底之前的暗示:①唯一的可教之物是知识。)美诺回应道:"依我看必然得出这一点,根据该假设我们也可以明显看出,苏格拉底啊,如果德性的确是知识,那它就是可教之物(didakton)。"②"凭宙斯,也许是这样。"苏格拉底说。

这段交谈需要详查。

第一,审慎也许是一种天赋这一假设所预想的、戏谑地摆在我们面前以供探讨的美妙状态,带来一类最为严肃的问题。

其一,两个并未明言的假设——一是在既定环境下我们发现有些人能够[220]辨认年轻人身上的德性,即能够辨认禀赋审慎的年轻人;二是其余邦民会愿意出于该目的任命那些人、接受他们的判断——不仅认定这些专家非常具备洞察力,③甚至认定这些邦民本身具备卓越的审慎。这里并未触及这种卓越如何得到保证这一问题。④

其二,将有德性的年轻人限制在一个特定地点、保护他们免于败坏,这一做法另一方面预设审慎本身的整体性可以被剥夺,这一点尤难与有关审慎的主要假设协调。

---

① 参页[210]。
② 同上。
③ 《泰阿泰德》中的泰奥多罗斯(Theodorus)看起来具备这种洞察力。我们可以说《卡尔米德》中的克里提阿也是这样吗?
④ 《王制》相当长的篇幅都被要求谈论这一问题(参 Thompson,前揭,页162)。

第二，苏格拉底从一个荒唐的选项跳跃到一个"确实的"选项，即"好人"（拥有审慎的人）通过"学习"变"好"（获得审慎），这一跳跃行为看起来确证了苏格拉底已经放弃回忆说，正在探讨与"天生"禀赋于我们的东西分离的教与学的益处。① 要使这一跳跃成为必要，只有进一步——未经说明地——假设：被拣选、隔离的年轻人要显现得已经准备好承担自己未来的任务，无须"学习"任何东西。我们认定，美诺惯于使用该假设。我们一定要跟随美诺吗？难道我们不会认为，审慎像知识一样仍然需要通过勤勉的"学习"过程才能获得②——这不仅局限于任何特定学问或各种学问——而且只有当学习者"天生"倾向于这种学习时才能获得？③ 这种倾向性其实容易败坏，学习者越有自然天赋，这种倾向性越容易败坏。④

第三，从美诺对苏格拉底这番话得出的最终推论的积极反应中，我们可以（毫不吃惊地）总结道，美诺并不完全赶得上论证的步子。美诺看起来并未意识到从知识到审慎的变换，或者说，美诺并不习惯于在二者之间进行区分。但是，另一方面，美诺也（同样不令人吃惊地）记得[221]苏格拉底引入的"假设"，而且美诺还以"最简单"的形式重复了这一假设：若德性是知识，则德性可教。⑤ 我们注意到，苏格拉底在对这一表述的赞同中有反讽式的强调和认可。至于美诺，他显然满足于这一条件句——"德性是知识"——中的真理的确立。

---

① 参页[210]。
② 参《王制》，卷六，488b7以下，489e4以下，492a1-3及各自语境。
③ 参页[93]以下，[187]以下。
④ 参《王制》，卷六，491d7-e7。谁不会认为阿尔喀比亚德和卡尔米德的确是最切题的例证呢？
⑤ 参页[210]，[219]。

第五节　89c5 – e9

美诺一开始就提出且一直坚持的问题由此得到满意的回答:人的德性通过教产生,无论它完全是或部分是知识或审慎。然而,苏格拉底还有疑惑:如果他们对这一回答的同意是错误的会怎样? 美诺提到自己刚刚获得的印象:这在他看来(edokei)是一个很美的回答。苏格拉底纠正美诺:即便这一说法有合理之处(hygies),也不能靠一个过去的——也许转瞬即逝的——印象来决定;该印象以及建立在该印象基础上的意见必须在现在和今后一直持存。这一纠正预示着更为广泛的讨论,讨论对象是一项真正的说法得以给出和接受的方式。"合理"一词将我们带回"合理"的含义与"整体"的含义的联系。①

但是,美诺看起来真正迷惑了:是什么使苏格拉底对所讲的感到不安、担心德性不是知识?② 苏格拉底解释说:自己并未食言,并未声称"若德性即知识,则德性可教"这一命题有什么错;但是,令苏格拉底惴惴不安的是德性也许不是知识,他请美诺以及我们一起探讨,他的惴惴不安是不是没有道理。

我们应当看到:

第一,苏格拉底已经从审慎转换回知识。此外,苏格拉底现在利用美诺等同德性与知识的"简单"方式提出自己的疑惑。

第二,苏格拉底的解释多少有些不完整。苏格拉底得出疑惑,靠的是"颠覆""若德性是知识,则德性可教"这一假设命题,他并不否认这一命题的有效性;③苏格拉底[222]将该命题偷换为一个新

---

① 参页[71],[80]。
② 参 Thompson,页 167(14)。
③ 参《普罗塔戈拉》,361a6 – b7

命题:"如果德性可教,那么德性是知识",他准备质疑这一条件子句所讲的条件是否可以实现。若现在的结论子句可以读作"德性是审慎",则条件子句的内容仍然多少有些疑问。苏格拉底担心德性不是知识——或就此而言不是审慎——或者说苏格拉底对新的结论子句的真实性的关切,起因于他对新条件子句的真实性的疑虑。

　　苏格拉底的问题是:如果世界上有某种可教的东西,不仅仅就德性而言,那么,难道会没有这东西方面的教师和学生?美诺同意。相反(tounantion),如果在某主题方面既没有教师也没有学生,那么,我们猜这东西不可教,难道猜得不对?如果该主题是人的德性,那么,这一猜测、这一新猜想,①便具有破坏性的效果。美诺接受苏格拉底的推论,感到被迫要问:"这真的是你的意见吗,没有德性方面的教师?"我们能够避免问同样的问题吗?

　　苏格拉底的回应是,自己经常试着竭尽所能探究到底有没有这样的教师,但他竟不能碰到一位;尽管他不是独自一人,而是和许多人一起——尤其和那些他本以为在这方面最有经验的人——进行这项探究。

　　此刻,探究、假设和猜想结束。对话发生新的转向:一个新角色、有权威的角色登台亮相。

---

① 参页[212]以下。

第九章

第一节 89e9–90b4

[223] 此人乃安虞图斯。此人和美诺一样,在柏拉图同时代人中相当著名,正如我们可以从柏拉图本人的作品①以及色诺芬、②③吕西阿斯、④⑤伊索克拉底、⑥安多基得斯⑦的评论中推断的那样。亚里士多德也是一位见证者。⑧⑨ 据说安虞图斯从事鞣皮业②(这在雅典不大受尊敬),造成其子后来变成醉鬼、缺乏教养,②是一位长袖善舞的政治领袖,②-⑧(通过抽签)被选为监粮官,并被委以军事指挥权,⑧人们将他看作第一位贿赂法庭的雅典公民,⑧尤其是苏格拉底的审判中的控告者之一,①②⑥这似乎败坏了他的其他好名

---

① 参柏拉图,《申辩》,各处,尤其29c1–5,36a7–b2。
② 色诺芬,《苏格拉底的申辩》,29–31。
③ 色诺芬,《希腊志》,II,3,42、44。
④ 吕西阿斯,XIII,78,82。
⑤ 吕西阿斯,XXII,8,9。
⑥ 伊索克拉底,VIII,23(以及 XI,Hypothesis[假设])。
⑦ Andocides,I,150。
⑧ 亚里士多德,《雅典政制》,27,5。
⑨ 亚里士多德,《雅典政制》,34,3。

声。⑨这些资料中的一部分还为后来的作者们保存下来。①-⑫另外，狄奥多卢斯（Diodorus）记述道：安虞图斯和梅雷图斯（Meletus）一起被雅典人处死，而按照普鲁塔克的说法，⑧苏格拉底的[224]控告者们（他并未特别提及安虞图斯之名）被迫悬梁自尽。另一方面，第欧根尼·拉尔修（Diogenes Laertius）⑪告诉我们，在苏格拉底的受审和死亡之后，安虞图斯被流放出雅典，亦被流放出赫拉克里亚（Heraclea）（在本都[Pontus]）——他在那里寻求过庇护。忒米斯修斯（Themistius）⑫讲过一个安虞图斯在赫拉克里亚被乱石砸死的故事。此外，普鲁塔克⑤⑦和雅典娜乌斯（Athenaeus）⑩引撒图卢斯（公元前三世纪）讲，柏拉图《申辩》18b 旁注⑬也讲，安虞图斯——大概——是阿尔喀比亚德的失意的"有情人"。值得注意的是，正如美诺的情况一样，记述者们仅在安虞图斯之死这一点上有不一致——倘若他们的确对安虞图斯之死有所提及。

在柏拉图对话中出场的安虞图斯是谁，这一问题当然无法从上

---

① Diodorus Siculus, XIII, 6, 46。

② Diodorus Siculus, XIII, 37, 7。

③ Harpocration, 见 δεκάζων [贿赂] 词条。

④ Dio Chrysostomus, LV, 22。

⑤ 普鲁塔克, *Life of Alcibiades*（《阿尔喀比亚德生平》），IV, 4。

⑥ 普鲁塔克, *Life of Coriolanus*（《科里奥兰努斯生平》），XIV, 4。

⑦ 普鲁塔克, *Moralia*（《伦语》），*Amatorius*（《谈爱》），17, 762c – d。

⑧ 普鲁塔克, *Moralia*（《伦语》），*De invidia et odio*（《论嫉妒和仇恨》），6, 538a。

⑨ Maximus Tyrius, III, 1 以下；XII, 8a 以下；XVIII, 6d – e（Hobein）。

⑩ Athenaeus, XII, 534e – f（引 Satyrus）。

⑪ 第欧根尼·拉尔修, II, 38 – 39, 43；VI, 9。

⑫ Themistius, *Orationes*（《演说集》），XX, 239c。

⑬ 附加来源：柏拉图《申辩》18b 旁注（Hermann VI）；Aeschines, Κατὰ Τιμάρχου [反蒂马尔库斯]（F. Schultz, 页 270）；贺拉斯, *Satires* [《讽刺诗集》], II, 4, 3。

述信息中得知,那些信息至多能就其性情给我们一个——与柏拉图时代关于安虞图斯的意见和传言相一致的——影像。

首先(prôton),苏格拉底将安虞图斯介绍为一位富有、能干的父亲的儿子,这位父亲通过自己的技能和勤勉得到自己的财富,而不是仅凭机遇或靠别人的馈赠(比如最近变得如此富有的忒拜人伊斯梅尼阿斯[Ismenias]那样①);此外(epeita),他父亲这位邦民——我们本指望苏格拉底为安虞图斯做些描述,但苏格拉底继续谈论安虞图斯的父亲——在其他方面据说(dokôn)也不傲慢或自夸、爱冒犯人,相反,他是一个守秩序、克制的人;此外(epeita),在雅典大多数人看来,他很好地抚育、教养了自己的儿子安虞图斯,因为他们的确选安虞图斯担任很高的官职。

我们看到,这一介绍完全没有就安虞图斯本人讲任何东西。它大谈安虞图斯的父亲,以及安虞图斯在其邦民中享有的名声。除此之外,安虞图斯和他的父亲不可能完全是美诺的陌生人,美诺被描述为安虞图斯的"客人"(ho sautou xenos – 90b5)和"世交"(patrikos hetairos – 92d3②);因此,本来不需要将安虞图介绍给美诺。这一介绍[225]针对的是我们:我们看出,这一错格③暗示着父子之间巨大的不对等,而这一暗示的效果似乎又被流行于雅典人中对儿子的赞赏意见所放大。这一介绍中的反讽之意,堪与苏格拉底稍后(91a1 – 6)那番话中的相匹配——苏格拉底告诉安虞图斯,美诺有多么渴望得到如下智慧:让人们好好照管其家庭和城邦,荣耀其父母,知道如何

---

① 参 Thompson,页 171(40);J. S. Morrison,"Meno of Pharsalus, Polycrates, and Ismenias"(《法尔萨勒斯的美诺,波利克拉底,以及伊斯梅尼阿斯》),Classical Quarterly,XXXVI(1942),尤其 58,76 – 77;Bluck,页 345 – 347。

② 我们禁不住对这些世交关系表示好奇(参 J. S. Morrison,前揭,页 76,注 1—Bluck,页 349)。然而,就这篇对话而言,这些关系很可能具有深刻的"真实性"。

③ 难道像 Thompson(页 172[42])那样说"整句话的结构很松散"而且止步于此就够了么?参 Robin,*Platon*(Pléiade),I,1293,注 63。

以一种配得上一位好人的方式接待、辞别本邦人和异邦人,美诺对苏格拉底就这种渴望谈了好久(palai)。但是,这一反讽之意远非安虞图斯和美诺可以领会。

安虞图斯的出现既突如其来又出乎意料,正如对话一开始时美诺就提出的问题一样。安虞图斯刚刚坐在旁边,①正值恰当的时机:苏格拉底说,他②[安虞图斯]可以一起参与——如苏格拉底方才坦承的那样——正好通盘失败的这场探究。苏格拉底补充评论道,自己和美诺让安虞图斯参与这场探究是非常合适的(eikotôs)。为支持这一评论,苏格拉底为安虞图斯做出上面那番"反讽式的"介绍,其结论是:"和他这样的人探究德性方面的教师问题、[看看]这些教师到底存不存在、[如果存在,那么]他们是谁,是很合适的。"其实,安虞图斯也许能够解开这个结,像悲剧中的神一样在恰当的时机突然出现在观众眼前,然后又突然消失(epi mechanês tragikês theos③)。随着安虞图斯的出现,雅典城邦——在这篇对话最开始的交谈中,苏格拉底就提到过④——也进入对话,带着其所有荣耀、光辉、财富,带着其所有卑贱、堕落、败坏。

第二节　90b4–96d4

现在是苏格拉底(一位雅典人)对安虞图斯(另一位雅典人)说话。美诺及其随从[226]——还有我们——聆听接下来的谈话,试

---

① 参 Thompson,页170(34);Friedländer, *Platon II*,1957,页324,注1;Bluck,页343,89e8–9笺注。
② 参 Liddell–Scott, ὅς B 词条,III,1。
③ 参《克利托普丰》,407a8;比较《克拉底鲁》,425d6。
④ 参页[40]–[41]。

着理解之前的交谈如何与现在的交谈关联。这其实称不上一场交谈,总体而言,苏格拉底主张,安虞图斯以一种简明扼要的方式,看起来略带勉强、屈尊俯就地回应苏格拉底的问题。

现在的论题不像之前一样是探究人的德性,而是探究人的德性的"教师"(didaskaloi)。苏格拉底与安虞图斯之间的整场对话——以及结束这场对话的苏格拉底与美诺之间的交谈——可以分为如下五部分:第一,序幕,探讨作为教师的"匠人";第二,有技艺的人、"有知识的人"("智术师")作为教师;第三,贤人(hoi kaloi k'agathoi)作为教师;第四,伟大的治邦者作为教师;①第五,尾声,总结上面说了什么,简略提到一位诗人在德性可教与否问题上的意见。

[90b4 – e10]

第一部分。苏格拉底邀安虞图斯参与苏格拉底和安虞图斯的客人美诺所从事的探究,探究这样一个问题的答案:谁会是人的德性的教师。在苏格拉底提出一系列急促而冗长的问题、安虞图斯做出简短的回答之后,可以明确,如果他们想让美诺变成一个好医生、鞋匠或吹笛手,他们就应该把美诺送到医生、鞋匠、吹笛手那里去分别受教。这也适用于诸如此类的其他情况。经过这么一讲,他们便暗示着,所讨论的教师声称、断言自己胜任各自的技艺、准备好收费教任何想跟他们学习的人。拒不将一个想要学习特定技艺的人送到许诺能收费教授这项技艺的人那里去,却麻烦其他人教(那些人既未假装是该技艺的教师、实际上又根本没有任何渴望学习这项技艺的学生),是愚蠢(anoia)而荒谬(alogia)的做法。此时,安虞图斯表示强烈同意,甚至自己做出"有分量"的贡献:而且这是愚蠢的无知(kai amathia ge pros)。"你讲得漂亮"(kalôs legeis),苏格拉底

---

① 参《申辩》23e5 以下:...Ἄνυτος δὲ [ἀχθόμενος] ὑπὲρ τῶν δημιουργῶν καὶ τῶν πολιτικῶν...[安虞图斯为匠人和治邦者(出气)]。

[227]（在我们看来略带讽刺地①）说道。在如何使一个人获得各种涉及某种知识和经验的技艺（technai）方面，就此达成一致：公认的"教师"一直找得到，人们可以为这一目的求助于他们。

[90e10 - 92c7]
第二部分。苏格拉底现在将安虞图斯的注意力引向所谓美诺的情况。苏格拉底说："现在你有机会和我一起仔细探讨这儿这位异乡人美诺了。"苏格拉底接下来将美诺描述为某个渴望变成"好人……"②的人。美诺本该渴求的"智慧和德行"（sophia kai aretê）被理解为对于自己的家庭和城邦、父母、邦民、异乡人举止恰当的方式。这样一来，智慧和德行的获得看来便意味着获得某种技艺，拥有这种技艺会使人成为一个"好人"。那么，我们应该把美诺送到谁那里去学习这种德性呢？从我们刚才所讲、所同意的东西出发，难道不是显然应该把美诺送到那些以德性教师为业、宣称自己一视同仁地③乐于为任何想要学习的雅典人服务（只要他支付固定学费）的人那里？④ 安虞图斯问："但你指谁，苏格拉底？"苏格拉底回应说："你和我一样清楚，他们就是人们所谓的['有技艺的人''有知识的人''智术师']那些'教师'。"安虞图斯暴怒："噢不，苏格拉底，不是那回事！住嘴！接近我的人⑤——包括同族或友人、本邦人或异乡人——都不会得这种疯病以至于经常跑到这种人那里去自寻其辱；因为这种人公然为和他们来往的人带来羞辱和败坏。"

苏格拉底对安虞图斯的暴怒略表惊异。为什么这种人例外呢？

---

① Buttmann 和 Thompson 看来以一种极为普罗狄科式的方式忽视了这一点：参 Thompson, 页178（34）。
② 参页[225]。
③ κοινούς[一视同仁地],91b4。
④ 参 Thompson, 页179（15）。
⑤ Burnet: γ' ἐμῶν。

在所有主张能为我们提供良好服务的人当中,为什么只有这种人配不上自己的主张,甚至恰恰相反,会损害我们?尤其严重的是,这种人如何胆敢公开要求为他们给我们做的事情得到报酬?比如,苏格拉底就不完全相信[228]这些。苏格拉底唤起对老前辈普罗塔戈拉这位有智慧的人的记忆,普罗塔戈拉凭其"智术"(apo tautês tês sophias)赚的钱,比著名的做出("模仿")杰作的菲迪阿斯(Phidias)加上其他十位雕塑家赚的还多。普罗塔戈拉操持此业、运用他这门技艺(en têi technêi ôn)①长达四十年之久,我们如何相信雅典人没有看到普罗塔戈拉是在败坏听他话的人,我们如何相信普罗塔戈拉的学生离开他时比当初接近他时更糟糕,因为,一个修补旧衣旧鞋的人要是把本该修好的东西也弄得比原来更坏,不出一个月准丢掉饭碗、难免饿死!普罗塔戈拉毕生享有的名声甚至直到今天还完好无损,许许多多像他这样的人也同样如此,这些人有的早于普罗塔戈拉,有的现在还活着。

如果安虞图斯正确,那么难道我们不该总结说,这种人要么故意欺骗、败坏年轻人,要么在这样做时完全没有意识到自己在干什么?在后一种情况下,难道我们不应该说,我们所称的这些最智慧的人,显然疯了?

安虞图斯非常固执:不是他们疯了,远远不是;更正确的说法是,付钱给他们的年轻人疯了;甚至更正确的说法是,把自己儿子托付给这种人照料的家庭疯了;最正确的说法是,允许这些家伙进入而不驱逐企图从事这一行的本邦人或异乡人的城邦疯了。

苏格拉底问:"好了,安虞图斯,这些智术师中有人冒犯过你吗?什么使你对他们如此刻薄?"安虞图斯发誓,自己从未跟这种人中的任何一个打过交道,也不会允许自己身边任何人跟这种人打交道。苏格拉底问:"所以你完全不认识这种人?"安虞图斯说:"愿我永远不认识!"苏格拉底追问:"但是,安虞图斯怎么可能知道某个方面

---

① 参《普罗塔戈拉》,317c1 – 2。

的某样东西是好是坏,却在这方面毫无经验?""这有什么困难(rhaidiôs),"安虞图斯回应道,"我就知道这些人是什么人,不论我认不认识他们。"苏格拉底总结道:"也许你是位先知(mantis),安虞图斯啊,我很好奇,根据你自己所说的话,你何以了解他们呢。"

[92c8 – 93a6]

[229] 第三部分。即使如此,苏格拉底还是愿意承认,智术师不是美诺需要的德性教师。苏格拉底愿意和安虞图斯一样认为,智术师们会把美诺变成无赖。(高尔吉亚也许已经把美诺变成无赖了,不是吗?)但是,重点不在于找到无赖的教师。安虞图斯要求提供给美诺这位世交的服务是,告诉美诺,在这座伟大的城邦中,美诺应该向谁学习,以便出人头地、获得德性——获得苏格拉底刚刚描述的那种德性。苏格拉底请安虞图斯给美诺讲讲。然而安虞图斯非常粗鲁地说道:"为什么你自己不告诉他?"①

苏格拉底回应道,他已经提到他认为是恰当教师的那些人,即智术师。可是按照安虞图斯的看法,这个说法毫无道理。苏格拉底补充道:"也许你说的有些道理(kai isôs ti legeis)。"现在轮到安虞图斯:他应该讲讲,美诺应该去找雅典人中的谁。"说出他的名字吧,你满意的任何人。"安虞图斯反驳,不需要说出任何人的名字。美诺可能碰到的、会把自己托付给对方照料的任何一位雅典贤人(Athenaiôn tôn kalôn k'agathôn)都比智术师更能使美诺成为一个更好的人。

苏格拉底想知道,这些贤人(houtoi hoi kaloi k'agathoi)是不是自己无缘无故地变成贤人的,是不是在不从别人那里学到德性的情况下,却能够把自己并不学的东西教给别人。

安虞图斯答道:"我是这么想象的,难道你不是吗,他们也从年长的贤人那里学。"接下的话有挑战性:"或者,难道你不认为我们

---

① 参 Thompson,前揭,页 189(31)。

城邦中有好人,而且有不少好人吗?"

"我认为有啊,安虞图斯,"苏格拉底回应,"我的确认为存在善于处理众人关注之事(ta politika)的人,此外,这样的人过去和现在一样存在。"但是,迎接安虞图斯挑战的,是苏格拉底更为严峻的挑战。

[93a6–b6]

第四部分。这些贤人拥有德性,他们也是自己德性方面的教师吗?[230]这是个问题。探讨许久(palai)的问题不是在雅典有没有好人存在,也不是好人过去是否存在,而是德性是否可教。苏格拉底一再故意反复说,所以我们要检查,好人除自己是好人之外,在过去和现在知不知道如何将德性传递给另一个人,如何传递自己过去(或现在)好(即被奉为好人)的方面的特定德性,这种东西在人与人中间是否无法传递、无法接受。苏格拉底和美诺试图探究许久(palai)的正是这一问题。

[93b6–95a6]

苏格拉底使这一问题极端尖锐化,其线索得自安虞图斯刚刚说的话(ek tou sautou logou)。苏格拉底将雅典贤人中某些最著名的人引入讨论,这些著名治邦者的名字曾有助于塑造雅典的荣耀,直至当日尚未被人遗忘:忒米斯托克勒斯(Themistocles)和阿里斯泰德(Aristides),伯里克勒斯(Pericles)和修昔底德(Thucydides)。苏格拉底提出的问题尤其针对这些人。

他们各自都是有德之人。就忒米斯托克勒斯和阿里斯泰德而言,安虞图斯全心全意地表示同意。至于伯里克勒斯和修昔底德,苏格拉底显然没有预料到安虞图斯有可能质疑他们的优点。无论如何,安虞图斯没有得到机会表示异议。

如果的确有有德之人,他们同时还是自己德性方面的好教师,那么,上面提到的这些伟大人物肯定是这样的人。这种情况仅在与忒米斯托克勒斯相关的情况下有所论及,但该论述的结果显然意在适用于他们所有人。

苏格拉底问安虞图斯,忒米斯托克勒斯是不是自己德性方面的好教师,安虞图斯答道:"我认为他是,只要他想成为一位这样的人。"苏格拉底答道,他怎么会不想让其他人——可以想见——尤其自己的儿子成为贤人(kaloi k'agathoi)。我们是否可以理解,忒米斯托克勒斯会嫉妒自己的儿子、故意决定不将自己的德性——使忒米斯托克勒斯成为好人的德性——传给自己的儿子?安虞图斯看起来并不理解这种可能性,苏格拉底继续从细节上过度讽刺地描述了这些伟大人物提供给自己儿子的那种教育。

[231]忒米斯托克勒斯务必使自己的儿子在马术方面得到好教师,使他令人惊奇地精通马术。我们怀疑苏格拉底在别有用心地暗示,因此,没人会说这孩子在禀赋的条件、在"本性"方面有问题。安虞图斯并未注意到这一反讽,他倾向于同意。苏格拉底继续说道,但是,安虞图斯有没有听任何年轻人或老人说过忒米斯托克勒斯的儿子拥有他父亲拥有的德性和技艺?不,安虞图斯没听说过。

阿里斯泰德为自己的儿子提供的是在雅典可能接受的最好教育,把任何能教的东西都教给他,但是,这位年轻人——正如同他有私交的安虞图斯亲见的那样——最后并没变成比别人更好的人。

伯里克勒斯这位"如此崇高而智慧"之人,不但让他的两个儿子在马术方面得到教育,而且让他们在音乐、体育等各个从属于技艺的方面(t'alla...hosa technês echetai)接受教育。在这些技艺的运用上,正如安虞图斯所知,他们的确不比其他雅典人差。但是,难道伯里克勒斯不想让自己的儿子成为好人?苏格拉底暗示,实际上他并未成功,[1]安虞图斯并未表示反对。

最后是修昔底德!他也养育了两个儿子,除在其他事情上给他

---

[1] 参 Thompson,前揭,页 184 以下。

们良好教育以外,还使他们成为雅典最好的摔跤手,①据说雇了摔跤技艺方面最好的从业者和教师。是的,安虞图斯的确听过这些。但是,修昔底德的儿子们显然也没变成"好人"。

在对父亲方面的成就和失败的这番纵览中,苏格拉底尤其注意四人中最后一位。苏格拉底提到修昔底德及其子以让安虞图斯思考,"以便你[安虞图斯]不去认为只有少数出身低微的(kai tous phaulotatous)雅典人在这方面无能为力"。②稍后他又说:"但也许修昔底德出身低微(phaulos)!也许他并非在雅典人[232]及其盟友中拥有为数最多的朋友!他实则系出名门,对雅典城邦以及希腊其他各个地方都有很强大的影响力……"③

从这些非凡的历史情况中,我们可以作何推断?

很难相信,在德性是某种可教之物的情况下,忒米斯托克勒斯以他所采取的那种方式教育自己的儿子时,会不指望儿子在他父亲本人——忒米斯托克勒斯——擅长的智慧方面比邻人做得更好。安虞图斯被迫承认这一点,甚至主动有所强调。有关作为德性教师的忒米斯托克勒斯——一位杰出的前人——的说法就到此为止。

阿里斯泰德在这方面并没有做得更好,但德性也许并非可教之物这一结论并未在谈论阿里斯泰德时得以明言。

伯里克勒斯并未成功使两个儿子成为好人。显然他想得到这

---

① 参 H. T. Wade-Gery, "Thucydides, the Son of Melesias: A Study of Periklean Policy"(《梅雷西阿斯之子修昔底德:伯里克勒斯政策研究》), The Journal of Hellenic Studies, LII(1932),页 205-227(Bluck,页 378)。

② 考虑到苏格拉底在《高尔吉亚》中谈论阿里斯泰德的方式(526a-b),这番话至少既(不太令人吃惊地)指涉忒米斯托克勒斯、又(看起来"令人震惊地")指涉伯里克勒斯。Stallbaum, Madvig, Vermehren, Ast、Schanz 以及 T 抄本(Burnet)将其校订为 δυνατούς[能够],这样的做法几乎毫无价值(参 Thompson,页 247)。难道苏格拉底不是故意使用这一"令人震惊"的说法(亦参拉尔修,III,63)?

③ 参亚里士多德,《雅典政制》,XXVIII,5。

样的结果,但他得不到,这一失败再次让苏格拉底有机会忧虑地衡量德性也许不是可教之物的可能性。

苏格拉底论道,就修昔底德而言,如果德性的确可教,那么他怎么可能一边让儿子去学那些需要花大价钱才肯教的东西,一边却不让他们学如何成为好人——这本该不费一个钱。因为,如果德性可教,鉴于其地位,修昔底德会亲自教育;即便因为忙于城邦事务而无暇从事这样的教育,他也应该能在同胞中或在外邦人中找到看起来能使自己的儿子成为好人的人(这里似乎在暗示,修昔底德足够幸运地无须给此人支付报酬)。

在总结上述证据时,苏格拉底得出结论:我的朋友安虞图斯啊,我真的忍不住严肃地面对这样一种可能性,人的德性可能不是可教之物。

安虞图斯被激怒。他发出一个警告。"说人坏话——看来对你来说很容易(rhaidiôs)[233]啊,苏格拉底。现在,如果你听我的话,我奉劝你——小心点儿。在别的地方也很容易(thaidion)①对人做坏事或[在这方面]对人做好事,但是在我们城邦中尤其如此,我认为你自己清楚。"

安虞图斯似乎说完这番话之后就消失了,和他的到来一样突然。

我们听苏格拉底对美诺讲:"安虞图斯好像生气了,美诺啊。我完全不吃惊。因为,他首先认为,我在说那些人坏话,此外,他自己就是那些人的一员。好吧,总有一天安虞图斯会知道'说坏话'的意思,当那一天到来时,他会不再生气——但是现在他并不知道。"②

---

① Burnet 的文本有 ῥᾴδιον [有两种可能的含义:"破碎"或"容易"],依据的是 Buttmann 的推测(参 Thompson 的判断,前揭,页 247 以下)。Bluck,页 385 - 388 为保留 ῥᾴδιον ["容易"]辩护。

② 参拉尔修,II 35,Thompson,页 203 以下,Bluck,页 388。

[95a6 – 96d4]

第五部分。在美诺替换显然已经离开的安虞图斯之后,苏格拉底继续进行关于德性可教与否的讨论。

苏格拉底得到美诺的保证,在帖撒利也有贤人(kaloi k'agathoi)。但是,当被问及这些人是否愿意充当年轻人的教师、他们是否一致同意德性有教师因而事实上是可教之物时,美诺表示反对:有时听他们说是,有时听他们说不是。苏格拉底得出推论:如果他们在这样一个问题上自己都无法达成一致,那我们很难承认他们是所讨论的东西方面的教师。美诺接受这一推论。

那么接下来,美诺如何看待智术师——以人的德性方面的教师为业的人?美诺认为他们是这样的教师吗?美诺向苏格拉底吐露,自己现在——无疑——非常惊讶于自己从未听高尔吉亚做出过此类承诺,高尔吉亚会笑话他们。(显然,他从未向美诺做出这样的承诺。)高尔吉亚认为,自己的任务是使人们成为演说专家。苏格拉底坚持认为,难道这不意味着在美诺看来智术师不是德性教师?美诺坦白自己没办法讲:有时他认为他们是,有时他认为他们不是;美诺说自己和其他任何人一样在二者之间犹豫不决。

[234] 苏格拉底暗中将这种犹豫不决解读为主要问题——德性可教与否——的不确定性。苏格拉底想让美诺意识到,不仅公共生活中的其他人拥有这种不确定性,诗人也有这种不确定性——诗人泰奥格尼斯(Theognis)。这位诗人也有时认为人的德性可教,有时认为人的德性不可教。苏格拉底提及数行泰奥格尼斯的诗。看上去,泰奥格尼斯在某处说过:"从好人那里你将获得关于善的教诲。"①("好人"等于有"伟大权力"之人)另一方面他又说过,"如果能够塑造思想(noêma),把它放进人心里",那些能够获得思想的人"将收到很高的回报"。他还说过:"一个坏儿子绝不可能出身于一个好父亲,因为他本该聆听过有智慧的言辞;但你靠教育不会使坏

---

① 参 Thompson,页 248。

人变好。"美诺可以看到,在这些段落中,这位诗人在同一个主题上自相矛盾。

这是一个值得注意的情景。一方面,那些自称德性教师的人("聪明人"、智术师)并没有被普遍承认(homologountai)为他们所自称的那种人,像其他任何主题上的教师那样。不如说共识在于,这些人自己甚至并不具备他们宣称自己拥有的那种知识(oude autoi epistasthai),因此他们恰恰在自命为师的方面——德性方面——容易败坏(ponêroi)。(此话出自安虞图斯,而非美诺。至于高尔吉亚,他并未声称能教人的德性。)另一方面,有些人经过一致同意被认为(homologoumenoi)本身就是杰出的有德之人(kaloi k'agathoi,即"贤人"),他们有时说德性可教,有时却说德性不可教(此话出自美诺,而非安虞图斯。我们还可引用本身就是贤人的诗人泰奥格尼斯为证)。苏格拉底指出、美诺也着重同意,在某个主题方面如此困惑的人,不可能是该主题方面的教师。按照我们的理解,上述情况在主题为"人的德性"的情况下尤其适用。

我们推断,所描述的这番情景通行于不论安提卡还是帖撒利,甚至大概通行于任何时间任何地方。苏格拉底和美诺准备得出一个极为令人困惑的结论。

[235]如果智术师和有德之人本身(kaloi k'agathoi ontes)都不是"德性"这一主题方面的教师,据我们看来,那就没人是这方面的教师。如果没有教师,也就没有学生。已经获得一致同意的是①——当时是一个合理猜测——如果在一个主题上不论出于任何理由既没有教师也没有学生,这个主题便不可教。

这个程式得到重复:哪里都看不到德性教师;如果没有教师,也就没有学生;因此,人的德性很难说是可教之物。

美诺结束了讨论:"看起来的确不是,如果我们的确恰当地检查了这个问题。现在我禁不住好奇,苏格拉底啊,到底有没有好人?

---

① 参页[222]。

如果有,他们是以何种可能的方式产生的呢?"

第三节

我们没法不想起那个"颠倒"的假设命题,后来与安虞图斯和美诺的讨论都建立在该命题基础之上:"若德性可教,则德性是知识。"① 苏格拉底对这句话中的条件子句有些疑问,但他的疑问是出于对结论子句内容——德性是知识(无论是在 epistêmê[知识]还是 phronêsis[审慎]的意义上)——的关切。② 既然这些疑虑看上去的确有道理,既然人的德性显然并不——完全或部分——等同于"知识"(尽管苏格拉底和美诺均未明言该结论),看来我们要再次面对人的德性的本性这一问题——这个问题其实之前得到过回答。③

美诺如何面对这一问题?既然人的德性看上去不可教——其充分理由是找不到这方面的教师——美诺接下来便好奇,有德之人究竟如何产生。这一好奇心有两个附带而关键的前提。这两个前提无需讲出,因为一个前提是之前达成一致的,④ 另一个前提一直含蓄地作为前提存在。⑤ 一个前提是:有德之人并不拥有像"天赋"一样的德性;[236]另一个前提是:教与学的好处脱离于"天赋"给我们的东西。美诺的问题(aporia)因此基于一种关于教与学的公认观点,苏格拉底看起来也采用这一观点。⑥ 一方面,如果人不能通过跟教师学习获得德性,而且,另一方面,如果我们并非"一出生"

---

① 参页[221]以下。
② 同上。
③ 参页[214],[218]。
④ 参页[219]。
⑤ 参页[220]。
⑥ 参页[209]以下,[220]。

就拥有德性,那么,一个人便无从成为有德之人。

但是,对共同而熟悉的观点的依靠不仅仅局限于美诺的结论。美诺的无知如阴影一般为整个安虞图斯片段提供背景。① 我们必须从这一观点出发仔细观察安虞图斯片段。

第一,这个插曲的第一部分结束于安虞图斯的评论:让未被公认为胜任某既定主题方面教师的人在该主题方面给人进行指导,这标志着愚不可及的无知,而且像苏格拉底所讲的那样,是愚蠢(anoia)而荒谬(alogia)的做法。② 这段评论的谐剧特性,在安虞图斯接下来——与智术师相关,或者更确切地讲,与人们通常贴上"智术师"标签的那些人相关——的表现(第二部分末尾)中暴露出来。安虞图斯从未遇见这类人中的任何一个;然而他凶恶地宣称自己知道他们是什么人、他在了解这些人方面没有困难。③ 苏格拉底将这种知识联系于先知的洞察力,这是一个有戏谑意味的客套话,却远非有恭维意味的类比。因为预言的能力是因人类的没头脑(aphrosynêi anthrôpinêi)而来的神圣礼物,在这个意义上(ennous)没人有份。④ 如果安虞图斯是一位"先知",那他就不可能是一个有头脑的人,不可能做有智慧的判断,不可能拥有审慎(phronêsis)。此外,安虞图斯在争辩——他知道智术师却从未有机会对他们进行任何了解——中所表明的缺乏判断表现出他自己的无知,表明他自己看待事物时的"无知"方式。不过,他何以如此确定地宣称自己知道智术师?

第二,尽管安虞图斯不得不认可苏格拉底关于雅典贤人之子所

---

① 参页[211]。

② 参页[226]。

③ 比较92c4处的ῥᾳδίως [容易]与71e以下的ῥᾴδιον [容易],οὐ χαλεπόν [没有困难]与οὐκ ἀπορία [没有问题](页[46];比较页[88]),以及与84b11的ῥᾳδίως(页[174])。

④ 《蒂迈欧》,71e2-4(另一方面,比较页[13]以及注32[译注]本书页13注②)。

讲的一切(第四部分),但他对苏格拉底很愤怒,指控他谩骂[237]这些无用之子的著名父亲。苏格拉底这样解读安虞图斯的指控。但是,为什么安虞图斯对苏格拉底的言辞会有如此强烈的感受?苏格拉底为安虞图斯的感受至少给出一条理由:安虞图斯自命那类人中的一员(hêgeitai kai autos einai heis toutôn)。也就是说,按照苏格拉底的理解,安虞图斯不仅认为自己是雅典贤人(kaloi k'agathoi)中的一员(第三部分),还认为自己是其中的佼佼者。若这是实情,安虞图斯便有充分理由认为自己是苏格拉底辱骂式言辞的攻击对象。如果我们相信色诺芬的说法,①安虞图斯对自己儿子的教养难道不应列入苏格拉底的教育失败清单?

  安虞图斯的愤怒——由于建立在他对自己的高度评价这一意见的基础上——再次指向他自己的无知。据第俄提玛之言,②无知、荒唐的无知,正是这种令人讨厌的东西,一个不贤又不能运用审慎的人却自命自足,着实令我们震惊。这一描述符合安虞图斯吗?按照苏格拉底的"介绍",安虞图斯之父是一个守秩序、克制的人,不傲慢,不自大、不爱冒犯人。③ 我们难道不应通过对比的方式④推断出,其子安虞图斯具有所有这些令人不快的品质,完全不具备他父亲的好品质?难道安虞图斯针对"智术师"的不节制的暴怒不是一个恰当的例证?难道这篇对话——甚至在提出那些伟大榜样之前——没有让我们看到,一位好父亲给予自己的儿子良好的抚养和教育,⑤却不能把自己的节制传给后代?安虞图斯当然不会从这个角度看自己。按照苏格拉底的判断,⑥安虞图斯认为自己是一位堪

---

 ① 参页[223]。

 ② 《会饮》,204a4-6: αὐτὸ γὰρ τοῦτό ἐστι χαλεπὸν ἀμαθία, τὸ μὴ ὄντα καλὸν κἀγαθὸν μηδὲ φρόνιμον δοκεῖν αὑτῷ εἶναι ἱκανόν[对于无知者来说,麻烦在于,尽管自己不美、不好、不审慎,在他看来自己却是自足的]。

 ③ 参页[224]。

 ④ 参页[225]。

 ⑤ 参页[224]。

 ⑥ 参页[233]。

与雅典伟人平起平坐的可敬之人。安虞图斯的缺乏节制和审慎及其无知恰在于此。① 但是,安虞图斯有很重要的东西可以依靠,以支持其自我欣赏:同胞们非常尊敬他。②

第三,苏格拉底的言辞使安虞图斯有理由如此暴怒吗?

[238]苏格拉底指出,有德之人看来并不能将自己的德性传给儿子。这句话本身很难讲是侮辱性的话。这会冒犯安虞图斯,因为安虞图斯认为这句话针对他自己和儿子的关系。苏格拉底将——安虞图斯视为同类的——那些著名雅典人描述为出身低微之人(phaulotatoi)。③ 苏格拉底提醒安虞图斯说修昔底德系出名门,从而暗示安虞图斯出身低微,这也许也会使安虞图斯感到受辱。但是,安虞图斯的愤怒的首要来源,难道不是他自己和我们都难免产生的这样一个印象:苏格拉底几乎毫不掩饰地藐视一切著名政治人物——而正是这些人物使雅典在世人眼中成为一座伟大的城邦?

在《高尔吉亚》中,对米太亚德(Miltiades)及其子西门(Cimon)、忒米斯托克勒斯,尤其对修昔底德的非难非常明确,④而阿里斯泰德和其他一些没有提到名字的人例外。⑤ 卡里克勒斯诉诸某些雅典治邦者的名声,⑥苏格拉底却对其加以非难,因为他们无法达成一位好邦民所必需的唯一任务(monon ergon agathou politou):⑦他们并未改善同胞,而是促使同胞败坏。在苏格拉底和安虞图斯关于这一主题的交谈中,焦点不仅仅在于对雅典治邦者和雅典政治实践的扫荡式非难,而恰恰在于安虞图斯的愤怒。我们必须将这种愤怒的含义理解为由苏格拉底对雅典著名治邦者的轻慢之语所诱发。

---

① 参《斐勒布》,48c – 49c。
② 参页[224]。
③ 参页[231]。
④ 参《高尔吉亚》,515c 以下。
⑤ 参《高尔吉亚》,526a – b。
⑥ 参《高尔吉亚》,513c1 – 3。
⑦ 参《高尔吉亚》,517c1 以下。

人类共同体,尤其政治共同体,必须以这种方式或那种方式保护其成员;它至少必须提供最低限度的条件,在这些条件下其成员的迫切需求得以满足。但是,该共同体还必须提供允许其自身得以保存的条件。共同体免不了制度、习俗、传统。无论它也许会经历何种变化,无论它发动或接受何种"创新",共同体都靠记忆为生。城邦及其圣地、公共建筑、纪念碑、纪念堂和墓地,庇护着各种记忆。我们中那些无论在何种程度上分享共同体记忆的人,都"熟[239]悉"这些记忆;那些不熟悉这些记忆的人,无论他们具备何种法定地位,都是"陌生人[异乡人]"。一个人生活在一座城邦中,却意识不到该城邦的现在与过去之间的无形联系,那他就仅仅是一个客人。另一方面,对共同体记忆的分享也可能很"肤浅",仅仅依赖幽暗不明的过去。事实上,情况多半如此。

那些记忆包括某些人的名字,人们认为,这些人以种种方式所负责的正是所讨论的政治共同体的生活和公认地位的决定性条件。这些人的名声是该共同体最为珍视的记忆之一。无论如何,这正是安虞图斯看待这些名声的方式。① 质疑这些纪念碑般的记忆的有效性,意味着攻击城邦的存在本身。蔑视这些人,意味着否认城邦的终极权威。

可以发现,从一个城邦游至另一个城邦、无以为家的"智术师们"对此有罪——安虞图斯(不仅安虞图斯)的确"知道"这一点。欲知这一点,一个人无须认识智术师中的任何一位:智术师的名声已经很稳固。难道苏格拉底——尽管是一位雅典邦民而且几乎从未离开雅典——没有给出充分证据表明自己享有智术师的不敬态度?

安虞图斯的愤怒的根源,在于他牢牢依靠关于人们是可敬(the kalokagathia)还是卑劣的流行意见(doxa),也就是说,在于他牢牢依靠那些人的或好或坏的名声(doxa)。城邦的记忆填补他的无知。安虞图斯是美诺的副本。但是,扮演这一角色的安虞图斯尤其代表

---

① 比较《王制》,卷四,426d1–6。

雅典城邦本身,在这座城邦中,你很容易对人作恶,也同样容易对人行善,正如安虞图斯本人所讲的那样。①

安虞图斯的愤怒和威胁性警告,对应于美诺的愤怒和遮遮掩掩的威胁。② 但是安虞图斯与美诺不同,他可以倚仗雅典民众的强大支持。揭露安虞图斯的无知,等于指控整个城邦。雅典城邦在经受审判。雅典城邦的灵魂是安虞图斯的——因而也是美诺的——大写的灵魂。

第四,这样一来,我们便理解了之前的转换的全部含义——苏格拉底将假设句"若德性是知识,则德性可教"转换为[240]所讨论的假设句"若德性可教,则德性是知识"。新条件子句引发一个政治问题。按照苏格拉底的理解,新条件子句引发的是最为根本的政治问题。同样会遭到否认的是,德性"教师"的存在或缺失决定德性是否可教。但是,一旦德性方面没有真正的教授——和学习,城邦必将萎缩:③城邦混杂而残损的记忆将变成城邦幽灵般的英雄。④

"教师"问题不仅仅局限于雅典,正如无知现象不仅仅局限于美诺和安虞图斯,尽管在这篇对话中,美诺、安虞图斯以及雅典扮演着范例式的角色。在与安虞图斯的交谈中,苏格拉底三次提及显然是想象出来的某种情况:美诺已经谈了"许久",⑤自己渴望学到德性、到底有没有可以师从以便从他那里学习德性的教师。不,美诺并没有谈这些,但这个问题的确历久弥新,是一个适用于一切政治共同体的问题,是一个美诺无法忽视的问题——只要他的审慎还没有堕落为无赖。⑥

第五,安虞图斯对"智术师"的愤怒中所体现的盲目,及其所持

---

① 参页[232]以下。
② 参页[89]。
③ 参页[192]。
④ 比较《高尔吉亚》,518e–519a。
⑤ 91a2,93b1,b6(参页[225],[230])。
⑥ 参页[188]。

的这种人不配当德性教师这一观点,激发了苏格拉底下面这番评论:"也许你说的话里面有些道理。"① 按照美诺的见证,高尔吉亚就将有人声称自己能教德性这件事情视为笑柄。② 安虞图斯在何种意义上说得对? 人的德性不是医术、制鞋术、吹笛术那样可教可学的技艺。即便人的德性是一种技艺,德性教师也必须是德性方面的"专家",正如医术、制鞋术、吹笛术方面的教师必须是医生、制鞋匠、吹笛手。也就是说,人的德性方面的教师本身必须是有德之人。安虞图斯和苏格拉底看起来一致认为,德性方面的专门教师并不具备任何真正的贤德(kalok'agathia)。但是,安虞图斯认为这一点不言而喻:如果能够教授德性的唯一条件成立——[241]即教师本身拥有德性——那么教授过程便得以完成而且成功完成,正如过去的经验所表明的那样。因此,安虞图斯将任何具备贤人之名的人都看作潜在的德性教师。③ 因此安虞图斯固守着这样一个观点:教授德性可以与教授某种技艺相提并论。安虞图斯并未意识到,这一观点将名声好的贤人与"智术师"归于同一层次。④ 处于无知状态之中的安虞图斯也没有注意到,苏格拉底关于有德行的父亲不能将自身德性传给儿子的论述是一个伪论述,顶多意在挑起安虞图斯的愤怒:在德性或者其他方面的学习能力决定性地取决于学习者的灵魂品质,⑤正如苏格拉底多少有些别有用心地⑥在忒米斯托克勒斯后代问题上暗示的那样。

值得注意,苏格拉底在与美诺最后的交谈中,完全没有使用关于"父"的论证。

---

① 参页[229]。
② 参页[233]。
③ 参页[229]。
④ 参《高尔吉亚》,519c2-3 及其语境,亦参《王制》,卷七,492a5 以下。
⑤ 参页[106],[187]以下,[220]。
⑥ 93c9-10(参页[231])。

第十章

第一节　96d5–97c11

[242]美诺这次看上去已经处于困惑状态:美诺疑惑(thaumazô-96d2),好人究竟是否存在,如果好人存在,他们可能是怎样产生的。因为,德性原来是不可教的东西,而且之前他们曾达成"一致",没人"一出生"就拥有德性。美诺对这一结果感到如此困惑,以至于他甚至无法确定问题是否得到恰当的检查。美诺终于在"学"了吗?

[96d5–e6]

在所有疑惑中,美诺看来已经忘记所探讨的假设命题的结论子句。如果德性不可教,那么德性就不可能是任何一种知识。引导美诺回到这一结论的正是苏格拉底。

然而,与安虞图斯的交谈已经使 doxa(意见和名声)论题以及随之而来的治邦之才问题处于显要地位。苏格拉底在同时处理这一论题和美诺的新问题。

人的德性不可能是任何一种知识,因为找不到德性方面的教师。这种教师的缺失及其导致的好人缺失,似乎在苏格拉底声称——虽然颇具谐剧性——自己意识到的东西中得到证实。苏格拉底发觉,他和美诺都发现自己也属于无德之人(phauloi),这肯定是他们各自的老师——普罗狄科和高尔吉亚——的错。因为这两位老师的教育没有达到应有的效果(ouch hikanôs pepaideukenai);否则,苏格拉底和美诺就不会在之前的探究中可笑地没有注意到,人们既正确又好地(orthôs te kai eu)做事时不仅仅受知识引导(ou monon epistêmê hêgoumenês);很可能正是出于这一原因,[243]本身"不好"的苏格拉底和美诺无法辨明好人可能如何产生。最重要的是,他们现在必须自己照顾自己,寻找能够发现使人变得更好的某种途径的教师。美诺不理解苏格拉底在讲什么,不理解他们原来疏忽了什么。苏格拉底继续解释。

[96e7 – 97c5]

苏格拉底提醒美诺之前就什么达成过而且是"正确地"(orthôs – 97a1)达成过一致,当时他们正在讨论苏格拉底关于德性和审慎的那番话:①好人肯定会对我们好,不可能出现其他情况。② 苏格拉底和美诺还出于很美(kalôs)的理由一致认为——难道不是吗——如果这些好人以正确(orthôs)方式引导我们做事,那么他们就是对我们行善。③ 但是,苏格拉底和美诺所达成的一致——若一个人不具备审慎(ean mê phronimos),④那他就不可能正确地(orthôs)引导——看起来像是一个不正确的(ouk orthôs)论证。美诺问:"你所说的'正确'究竟是什么意思?"⑤苏格拉底继续解释。

如果一个人知道(eidôs)通往拉里萨或者其他任何他想去的地

---

① 参页[211]–[214]。
② 参页[212]以下(步骤一),以及页[215](第一,其一)。
③ ὡμολογήκαμεν[一致认为](97a1), ὡμολογοῦμεν[一致认为](97a4),参Thompson,前揭,页215以下(7),以及Bluck,前揭,页403。
④ 参页[213]–[214](步骤三、四、五),以及页[215](1b)。
⑤ 看上去并没有令人信服的理由把ὀρθῶς[正确]框起来,像Schanz所做的那样。Burnet考订本、Thompson(页250[12])、Bluck(页404)支持Schanz。另一方面,可比较Robin, *Platon* (Pléiade), I, 1294, 85:"是否这样的情况,大多数校勘者都怀疑'正确地'一词?"
促使美诺作此一问,正是这段文本中该词出现的"频率"(参Thompson,页250[12])。

方的道路,不但自己会走而且会给别人带路,那么,这个人当然可以既正确又好地(orthôs kai eu)带路。但是,会不会另有这样一个人,他既没走过、也不认识(mêd' epistamenos)这条路,却对这条路是哪条拥有正确意见(orthôs doxazôn)？难道他不会正确地(orthôs)引导别人走上这条路？美诺无法否认这种可能。

看来,上面提到的第二个人作为一个引导者不会比第一个人差,"无论如何,我们会这样认为,只要他"在第一个人拥有知识(epistêmên)的方面"持有正确意见"(heôs g'an pou orthên doxan echêi)。第一个人在这方面知道真理而且清楚自己知道(phronountos),第二个人[244]则不然:他仅仅对碰巧为真的某样事物持有信念,并不知其为真(oiomenos men alêthê phronôn de mê)。因此,在正确做事方面(pros orthotêta praxeôs),"真实"意见(doxa alêthês)作为引导者并不比审慎(phronêsis)差。苏格拉底认为,在自己和美诺一起探讨人的德性是怎么一回事(hopoion ti)、①提出只有审慎才能引导人正确行动(tou orthôs prattein)时,他们忽视的正是这一点:他们没有注意到"真实意见"(doxa alêthês)。"看起来是这样。"美诺说。苏格拉底总结道:正确意见(orthê doxa)对我们的好处不少于知识(epistêmê)。

我们看到:

第一,在道路例证中,拥有关于道路的正确意见的人没有走过那条路,却想必因为别人在这方面给予过他可靠的指引而拥有正确意见。(这也适用于此人通过画卷或地图获得信息的情况。)无论他本人亲自走过那条路还是有人告诉他那条路,他都必须将自己学到的东西托付给记忆。但是,这种"学习过程"不同于下述两种情况:如果他之前走过那条路,那么他"直接"知道这条路;如果他依靠自己听到的可靠之言,那么他"从传闻"获得正确意见。②

---

① 参页[208]–[211]。
② 参页[45]。

第二,在对正确意见(orthê doxa)的解释过程中,苏格拉底大量使用正确(orthôs)一词。与此同时,"正确意见"和"真实意见"(alêthês doxa)作为同义词并举。① 正确(orthôs)一词看上去非常适用于人事世界(tôn pragmatôn,97a4),适用于指导人事的正确方式(pros orthotêta praxeôs,b9),适用于行动的正确方式(orthôs prattein-c1)。正确意见首先是作为正确行动——有益于我们、他人或整个共同体的行为——之因的正确方式。正确意见的"正确性"就是它的"真实性"。由于同样的原因,审慎(phronêsis 或 phronein,97b7,b10,c1)被不加任何限定地理解为有知状态(eidenai、epistasthai 或 epistêmê,96e2,97a9,b2,b6,c4 以下):审慎之人(phronimos esti,97a6 以下)是[245]在此世之事方面的"有知"(epistamenos,b2)之人。

在苏格拉底将人的德性等同于审慎的这番话中,我们已经看到从知识到审慎的转换的发生。② 此处达成的这一综合性结论③是一个以人为中心的结论(tôi anthrôpôi,88e5)。但是,这番话主要讲的是审慎在人的灵魂中提供正确"引导"。至于"好人"在城邦中扮演的角色,其实并无明确论证;④没有关于良好治邦之才的角色的明确论证。在安虞图斯介入之后,重点正在于此,在于"正确"的那种领导之才在人们中间发挥作用的方式。这一目的要求的——只不过——是"正确意见"。

第三,这里出现一个问题,苏格拉底关于审慎的这番论述是不是真的疏忽了对"正确意见"进行解释?难道在各种情况下都能做到审慎——这要求他为自己做出某些决断——之人就不能正确地

---

① 初次提及 ἀληϑής δόξα[真实意见]是在85c7:参页[174]–[179](亦参本书,第五章,第六节)。
② 参页[215]。
③ 参页[214](步骤六)。
④ 参页[243],注3[译注]本书页275注③。

赞成或反对种种"命题？"①难道审慎之人不是能够大体上②正确地形成意见(orthôs doxazei)的人？

[97c6 – 11]
美诺对苏格拉底刚刚得出的结论——正确意见对我们的好处不亚于知识——有所保留。美诺承认，拥有知识的人在一直能够达到目的方面有优势，而仅仅拥有正确意见的人有时能够达到目的、有时不能。苏格拉底不同意：一个一直(aei)拥有正确意见的人怎么可能一直(aei)达不到目的，"只要他得出的意见的确是正确的东西"(heôsper ortha doxazoi)？美诺多少有些仓促地勉强承认这一点。

美诺错在哪里？他没有看到，"正确意见"并不等于"意见"，意见毫无疑问有正确有虚假。③ 我们顺便注意到，整个论述完全没有提到"虚假意见"(pseudês doxa)。④ [246]相当有趣的是，我们看到美诺——与其性情一致地——将"正确""虚假"意见混为一谈。然而，美诺看起来也有观点，尽管他本人并不知道如何表明自己的观点。

既然正确意见在大多数情况下依赖传闻，那么，一个人所听闻的是不是正确的东西，全凭偶然。我们从而可以想见，一个人也许会在完全没有听闻正确的东西的情况下达到目的：他可能单凭"直觉"或"侥幸猜中"的力量碰巧走上正确道路。难道我们不应将这种正确——即便偶然——的猜测也称作正确意见？针对这种在某

---

① 参页[105]。
② 参页[216]。
③ 参页[159]以下。
④ 整段文本中的"$\alpha\lambda\eta\vartheta\eta\varsigma$ [真、真实]"也不再带有"未被遗忘"(参页[176])的涵义。在这个节骨眼上，回忆神话不再帮助维持这一含义(参页[208]以下)。

方面拥有正确意见之人的这种无谬性(infallibility),苏格拉底用如下短语加以限定:"只要他得出的意见的确是正确的东西"。这个短语重复的是之前提到过的条件(97b5):"无论如何,我们会认为,只要他持有正确意见……"这个条件现在以一种更为确定的方式被提出。难道这一条件短语没有顾及正确地形成意见的所有可能的情况?难道这一条件短语没有通过暗示表明美诺试图表明的观点?

第二节　97c11 – 98b6

[97c11 – 98a9]

美诺的确没有留意这一条件短语。他再次陷入疑惑。美诺疑惑,为什么——假定苏格拉底所言为真——知识受到比正确意见更高的尊重,为什么非要区分二者。按照美诺的理解,苏格拉底已经表明,正确意见必然不可能(anankê moi phainetai)有别于知识。苏格拉底为美诺的困惑煽风点火,问美诺知不知道自己为什么陷入困惑。美诺是否宁愿被苏格拉底告知自己陷入困惑的原因(ê egô soi eipô)?当然。正如我们即将看到的,美诺宁愿在自己的困惑上仅仅形成意见。

苏格拉底说,原因在于美诺没有仔细留意过戴达罗斯的雕像![1]"但是也许你们城邦没有他的雕像。"苏格拉底补充道,仿佛这种雕像真的存在于雅典。美诺的困惑必须结束。苏格拉底接着解释自己的意思。

[247]苏格拉底将"正确意见"比作传说中的能工巧匠所造的雕像,因为人们必须用锁链捆住这些雕像,以便使他们留下来,否则它们将逃脱、跑掉。美诺并不理解。苏格拉底继续打这个比方。

---

[1] 参《游叙弗伦》,11b – c,15b(亦参《希琵阿斯前篇》,282a;《法义》,卷三,677d)。

拥有一个没有捆住的戴达罗斯作品，并没有多少价值；这就好比拥有一个总想逃跑的奴隶，因为，戴达罗斯制作的雕像不会原地不动。但是，捆住的雕像价值就大了，因为戴达罗斯出产的是极为杰出的作品。

这一切也适用于"真实意见"。因为，只要真实意见原地不动，它们也是非常为人珍视的财富：真实意见导致一切好而有益的东西（panta t'agatha ergazontai）。不幸的是，真实意见本身并不想停留片刻，总想溜出人的灵魂。因此，真实意见没有多大价值，除非有人"缚住"它们。这种束缚在于运用自己的理性找出它们的原因（aitias logismôi）。"而这，美诺啊，我的朋友，正是'回忆'，正如我们之间曾经就之前说过的话所达成的一致。"

一旦真实或正确意见被这样"缚住"，它们首先会变成知识，然后变得稳定而持久（monimoi）。因此，知识比正确意见更受尊重：知识凭牢固的束缚（desmôi）不同于正确意见。

美诺提出的问题看上去已经得到回答。美诺不需要再疑惑。美诺的确已被打动。美诺以为，事情的确差不多是这个样子。然而，尚有疑问的是，美诺是否理解苏格拉底呈现的图景的复杂性。

让我们来探讨苏格拉底的话。

第一，苏格拉底所讲的正确意见首先决定着人们值得赞许的行为。苏格拉底所持的新论点起因于他与安虞图斯的交谈——一场关于人的德性教育、伟大的雅典治邦者们在这种教育中扮演或并不扮演的角色的交谈。我们还相信，在很大程度上负责指导人类事务的那些人持有正确意见。这些人的好名声不过是我们的意见，如果我们关于他们的意见是正确的，那么他们的好名声（their doxa）①便名副其实。[248]此外，只有我们对他们的意见保持稳定，他们的好名声才会持存。

---

① 值得注意，这正是《王制》卷二格劳孔和阿德曼图斯的所有言辞中 δόξα 一词的含义。

第二,在"正确意见"与"知识"的对比中,苏格拉底将不稳定性归于"正确意见",将持久性归于"知识"。在何种意义上可以说正确意见不稳定?人们的意见的确会改变;意见就其本性而言看上去变幻无常、容易反复。在某事物方面拥有正确意见之人,也许会改变想法。但是那样一来,他还拥有正确意见吗?这难道不是"只要他的确形成正确意见……"这一条件从句所强调的?这样一来,知识便为"正确意见"提供恰当的平衡。因为,知道某事物意味着知道什么是该事物、为什么它不变地是其所是,因此这种知识本身不受变化影响。但是知识像正确意见一样会丢失,会遗忘,会"溜出灵魂"。① 在这个意义上,知识和正确意见一样不稳定。只有审慎这种知识似乎会免遭遗忘。审慎几乎不会被遗忘。② 若一个人依靠别人讲给他的可靠的东西持续正确地形成意见,难道他不是仅凭善辨他人之智的智慧便足以凭审慎著称?难道此人并不拥有人的德性、并不能真正地在行动方面引导我们?

第三,回忆主题重现时,剥离了一切神话内涵。回忆此时等同于"缚住"我们"根据传闻"而赞同的正确意见。"缚住"这些正确意见,意味着在我们自身的思想中为它们找出理由。该过程在《斐多》中有所描述,当时苏格拉底和克贝正在进行一场关键性的辩论;该描述"围绕着"这样一种不太成功的尝试,即找出灵魂不死的理由。③ 在某人自身的思想中为某种事物找出理由,正是我们所讲的理解和学习(understanding and learning)。其目标是知识(epistêmê)。倘若这一目标得以达成,之前对其形成意见(doxaston)、仅仅记住的东西就会牢固而稳定地站住脚:这东西会变成"已知"(epistêton)的东西。④ 已

---

① 参页[157]。
② 参页[218]。
③ 参页[136]-[137],[147]。
④ 参《泰阿泰德》,201c9-d4。

知之物本身已经摆脱时间的荣枯。① [249]"回忆"一词此时直指理解和学习的努力,这种努力展望着知识的最终——也许无法企及的——阶段。② 再者,难道这种努力不正体现着人能企及的一切德性?③

戴达罗斯雕塑技艺这一比喻并未消解审慎与知识之间的差异——或者说张力。戴达罗斯的雕塑一旦屹立不动,就可以充当"知识"以及审慎的比喻;相较于缺乏牢固性和稳定性的"正确意见"而言,知识和审慎恒定而持续——尽管是在与雕塑的情况有所不同的意义上。但是,该比喻的决定性特征在于,它在我们眼前呈现雕像,而且是会动的雕像。

雕像(agalma,97d6)是竖立起来对神或人表示敬意的纪念物。雕像是持续的记忆(mnêmeion),是我们在自己的意见和记忆中尊崇、珍爱的某人光荣或"名声"的可见明证。这样一座雕像是人可见可触的意见和记忆。戴达罗斯雕像会"溜掉"的传说,按照苏格拉底的理解,似乎反映出人的意见和人的名声的易变性。学习的任务在于,剔除我们的错误意见,为我们的"正确"意见找出稳固、充分的基础。难道人的名声不应该不仅以关于构成人的德性的东西的意见——即便是"正确"意见——来衡量?

[98b1-6]

美诺并没有按字面意思理解苏格拉底的话。我们推测,美诺并未留意这些话的含义,但他当然理解戴达罗斯的雕塑技艺并不仅仅是一个比喻。在苏格拉底这方面,他再次向美诺保证,自己并不是作为知识的拥有者在讲话:苏格拉底称,自己和美诺一样不知道什么是"正确意见"与"知识"之间的区别(kai egô hôs ouk eidôs legô);

---

① 参页[150],[157]。
② 参页[86]以下,[124],[149],[168],[171]以下。
③ 参页[183]以下,[201]。

自己只不过在用比喻(eikazôn)探索这一区别。但是,"正确意见"是某种不同(ti alloion)于知识的东西,这一点对于苏格拉底而言可完全不是比喻方面的问题:"如果还有其他什么东西是我可以自称知道的(eidenai),这种东西并没有多少,那么,一样东西,就是这样东西,我当然会归入我的确知道的东西里面。""你说得对(orthôs),苏格拉底。"美诺以其令人同情的无知说道。

在这篇对话中,这是苏格拉底第二次如此强烈地[250]采取明确立场。就在美诺表达自己更愿意回到自己在对话伊始提出的问题而非探讨"什么是人的德性"之前,苏格拉底已经表明自己并不准备坚持自己关于"回忆"所讲的任何东西,除了一样:信赖他的回忆神话好过相信美诺关于学习不可能的主张从而变怠惰。就这一论点而言,苏格拉底愿意在言辞和行动上尽己所能为之而战。[1] 此处苏格拉底所断言的,正是上一个强烈主张所根据的根本而"充分"的假定。学习的努力要有意义,除非可能存在一种不同于正确意见状态的知识状态。因为,任何意见的"正确性"都预先假定真理存在,而真理仅为知识——或审慎——所能企及。

第三节　98b7–100c2

接下来是一段急促而涉及甚广的总结,不仅总结安虞图斯登场之前所谈论的几乎一切。甚至总结了之后谈论的几乎一切。这段总结由苏格拉底给出,旨在获得对人的德性的一种崭新、更好的理解。但是,苏格拉底所说的话完全笼罩在美诺和安虞图斯的 amathia[不学、无知]的阴影之下。与此相应,这里并未给予人的德性这一主题以新的启发。知识、审慎、智慧可以互换地使用。意见——主要是虚假意见——居于绝对的支配地位。苏格拉底仅仅偶然地

---

[1] 参页[183]。

刺破这块幕布。在这段仓促甚至多少有些缺乏条理的概括之后,为"正确意见"所做的论证在总结处似乎得到了奇异的修改。

[98b7 – e13]

让我们看看(ti de?),苏格拉底说,这仍然是正确的(orthôs),不是吗,"正确意见"在指导任何行动实施的有效性方面,完全不比知识逊色? 在美诺看来,苏格拉底仍在讲述某种真实的东西。"正确意见"因而无论如何都不比知识更坏,就其对我们的行动的好处而言也不会不如知识那么好;拥有某种"正确意见"的人不会比拥有知识的人更坏。美诺同意。此外,之前曾一致认定,好人对我们有益。"而且,既然[251]人们会因此成为好人、利其城邦——如果这种人碰巧存在的话——不是凭借自己的知识而是凭借拥有正确意见"——苏格拉底并没有把话讲完;苏格拉底并未提供结论,而是补充了另一个条件从句——"既然知识和真实意见二者都不是凭天性而属于人的,既然此二者也不是习得的……"①——苏格拉底仍未讲出结论;苏格拉底中止并一直未完成整句话,意在确定美诺是否同意第二个从句的第一部分。"或者,你认为二者之一[知识或真实意见]靠天性[赋予我们]?"美诺并不这样认为。苏格拉底对论点进行进一步强化:如果二者都不靠天性,那么好人不可能生下来就好。美诺完全同意。

就知识或审慎而言,这正是美诺一直以来采取的前提。② 值得

---

① 98d1: οὔτ' ἐπίκτητα。Thompson(页252[23])和Bluck(页416–417)探讨就这些词而言发展出来的各种观点。Bluck提到,Verdenius援引Kühner-Gerth, *Ausf. Gramm. d. griech. Sprache*(《希腊语语法大全》) II,页228–229,和Denniston, *The Greek Particles*(《希腊语小品词》),页509–510,倾向于οὔτε(针对Bekker所修订的οὐδέ)。那么,正如Robin, *Platon*(《柏拉图全集》)(Pléiade),I,1294–1295,注90指出的那样,为什么要替换或者去掉该短语?它预示着苏格拉底和美诺之间直至——但不超出——99b10的对话。

② 参页[219],[235]。

注意而且新鲜的是,在苏格拉底的帮助下,该前提如今得以扩展,包容"真实意见"。为什么其实不应作此扩展呢?难道美诺没有坚持这样一个相关假定:一个人获得知识和真实意见,靠的是*被告知真理*?① 苏格拉底的通往拉里萨之路这个例子支持该假定。这里并未提及正确的猜测②的情况。

如果苏格拉底在第一个条件句之后就完成这句话,那么究竟会有什么结论? 大概是:没有什么会阻止那些好人凭借其正确意见变好。然而,第二个从句并不容许这一结论。苏格拉底必须以一种不同的风格继续"总结"。

"那么,既然[知识以及正确意见]不靠天性[赋予]"——我们看到,苏格拉底不愿明言二者之一也许是人的德性的原因——"那么,我们接下来(meta touto)就要探讨它是不是可教之物"(我们必须理解,这里的"它"[252]指人的德性)。如果现在人的德性在于审慎(知识被抛开),那么德性在我们看来就成了可教之物,不是吗? 美诺同意。③ 这一假设句的"颠倒"重复了不久之前的颠倒。④ 不过这次更明显,用审慎替代知识。这种颠倒的合理性或者说不合理性并未使美诺不安。苏格拉底继续"总结"。

"而且,如果的确有[人的德性的]教师,那么德性可教,如果没有,就不可教,在我们看来就是这样,不是吗?""但是,我们的确一致认为,没有德性教师?""我们由此一致认为,德性既不可教,也[因此]不是[等同于]审慎?"美诺继续肯定苏格拉底所讲的话。"我们的确一致认为,人的德性这东西是好东西?"美诺:"是。"⑤ "以正确途径(to orthôs hêgoumenon)引导我们的东西,是好东西,对

---

① 参页[40],[58],[65],[67],[93]以下,[97],[184]。
② 参页[246]。
③ 参页[209]–[210],[219]。
④ 参页[221]以下。
⑤ 参页[211]以下。

我们有好处?"美诺同意。一个新"结论"映入眼帘。

[99a1 – b10]

截至目前,所达成的一致大致如下:只有真实意见和知识这两样东西可以领导我们走上正确道路,二者得其一便可提供正确的领导。靠偶然(apo tychês)而来的东西不是人的领导(anthrôpinê hêgemonia)的结果。(这看上去肯定排除了随意——即便正确——的猜测,而随意的猜测正是正确意见的一个实例。①)苏格拉底重复道:一个人成为朝向正确事物的领导者,凭借的是这两样东西,即正确意见和知识。这在美诺看来是正确的。既然人的德性(正如已经发现的那样)其实是不可教的东西,那么,人的德性就不能再被当作知识。那看上去不可能,美诺说。(该结论之前并未明言。②)这样一来,好且有益的两样东西之一便遭到抛弃,那就是知识,知识不会成为城邦事务的领导。在美诺看来也不会。因此,像忒米斯托克勒斯以及其他那些[253]"安虞图斯在这里刚刚提到的人"(hous arti Anytos hode elege),他们作为其城邦的领导者,凭靠的不是任何智慧,并非因为他们智慧。所以,这些人之所以成为治邦者,不是通过知识,他们无法使别人像他们一样。美诺说:"看上去的确如此,苏格拉底啊,正如你所说的那样。"

我们注意到:

第一,首次提到并大谈这些人的,不是安虞图斯,而是苏格拉底。

第二,安虞图斯再次出场! 他也许一直在听这场对话,担心自己的嘉宾美诺被苏格拉底败坏。安虞图斯此刻的在场有如幻象。然而,我们还想知道安虞图斯第一次有如神明般的出场,是否并非有如幻象。

---

① 参页[246],[251]。
② 参页[234] – [235]。

第三，这里不再提及这些著名领导人的儿子。这些声名卓著的治邦者据说不能使"别人"变得像他们自己一样。但是，难道他们没有成为别人——例如安虞图斯——的榜样？

第四，既然知识已被抛弃、不再是领导力的源泉，那么，我们便指望"真实意见"取代其位置。

[99b11 – c6]

然而，苏格拉底接下来这样说道：既然那些领导人不是通过知识成为治邦者，那么，其余仅有的可能性便在于，他们通过"好意见"(eudoxa)成为治邦者。

莫非苏格拉底的意思是，治邦者在思虑和行动方面受合理、良好意见的引导？或者苏格拉底的意思是，治邦者在其邦民心目中以受这样的引导而闻名？eudoxa 一词用得很妙。令人吃惊的是，它不是"真实意见"或"正确意见"的同义词，尽管与二者密切相关。① Eudoxa 的意思是"好名声"。它其实指的是一种通常被人认为"真实"或"正确"的意见，因为持有或讲出这种意见的人本身为人敬重，据称"既真又好"。这个词指向[254]我们不可能不活在其中的弥漫着信托和信念的媒介，指向习惯上为人所接受、承认的意见和名声——我们所有人或多或少都在很高程度上受其影响，而美诺和安虞图斯受其影响则是以一种惹人注目的、决定性的方式。

苏格拉底继续阐明他所讲的 eudoxa 是什么意思。以公众事务为业之人(politikoi andres)、以正确方式(orthousin)领导城邦之人与审慎相联系的方式(pros to phronein)恰如预言家和占卜者的方式：这些人也"讲真理"，而且讲得足够频繁，但是，他们不知道自己讲

---

① 很难理解为什么 Thompson(页 225[15])写道："我不认为柏拉图意在利用'好名声'一词的日常含义。"令人吃惊的还有 Liddell-Scott 的 eudoxia 词条无视其语境。(参 Bluck，页 424。)对勘《申辩》22a3,《王制》卷二 363a，卷四 426b – d。

的是什么。情况也许的确如此,美诺说。

我们看到,预言这件事情可以从很多途径解释:如果预言家或先知碰巧说出或预告了真理,那么也许是神本身通过他们之口在说;或者神告诉他们所说的话;或者另有聪明人吩咐或贿赂预言家让他们说所说的话;或者他们只是猜对了。最后一种情况涉及机运(tychê)。苏格拉底刚刚排除了这种情况:"人的领导"不可能等同于"机运"的干预。① 但是,"神的领导"可能等同。无论预言家和占卜者的方式是什么,使别人听从、接受他们所讲的话的,是他们——或名副其实、或其实难副——的"名声"。我们记得,苏格拉底曾经相当别有用心地将安虞图斯比作先知。② 当时的情景是安虞图斯本人提供的,他对智术师们怀有严厉的意见,而他的意见却仅仅基于那些人在有声望的雅典邦民中享有的名声。③ 苏格拉底暗示,就这一个别情况而言,安虞图斯也许正中目标。④

[99c7 – e4]

苏格拉底提出、美诺也认可,在言辞和行动方面不自知地(noun mê echontes)成就诸多伟业之人,配得上称作"神圣"。称刚刚提到的预言家和占卜者以及整个这群"有创造力的"(tous piêtikous hapantas⑤)人神圣、正确。为什么我们要说,治邦者不如那些人神圣、不如那些人般神灵附体呢?当治邦者凭借制作言辞——却不知道自己在讲什么——为城邦办成诸多大事之时,他们为神所鼓动(ek tou theou),[255] 充满神的气息。的确是这样,美诺平静地说。苏格拉底还有最后一张王牌要打。苏格拉底可以援引无与伦比的

---

① 参页[252]。
② 参页[228],[236]。
③ 参页[239]。
④ 参页[229]。
⑤ 对勘《会饮》,205b8 – c3;《法义》,卷三,682a3。

权威佐证用来形容这些人的"神圣"一词:美诺肯定知道,女人当然也会说好男子汉"神圣";当斯巴达人称赞有些好男子汉时,他们也习惯讲(以其发"丝"音辅音的方式①):"这是一个神圣的男子汉。"美诺认可这种说话方式。"显然,苏格拉底,他们是对的。"美诺说。美诺看起来完全没有意识到苏格拉底这番话的讽刺意味。但是,安虞图斯还在旁边,很可能还在听,于是苏格拉底②趁机评论道:"不过你这番话也许正在冒犯这位安虞图斯(Anytos hode)。""这对我没什么。"这是美诺③相当轻蔑的回应。苏格拉底说:"美诺啊,将来某个时候我们还会和此人再谈一次。"

[99e4 – 100c]

苏格拉底简要重述刚刚达成的结论,使之呈现为我们一直在见证的整篇对话的结论。我们不要忘记,苏格拉底这番话是说给美诺听的。

苏格拉底对美诺说,如果他们的探究、言谈方式④在整个对话过程中没有问题,那么,看来人的德性就是某种既不靠"天性"赋予、也没办法教的东西;人的德性来到人身上,只要这回事发生,看上去都像"神赐"(theiai moirai),⑤良好的感知能力(good sense)在这些情况下似乎完全缺席。苏格拉底补充道,除非在治邦者中,在关心公共事务的人中,有这样一个人,他能够使另一个人成为治邦者。万一有这样一个人——在苏格拉底与安虞图斯、美诺就这一问题展开的对话过程中并未找出这样一个人——万一有这样一个人,

---

① σεῖος 替代 θεῖος,参 Bluck,页 142 – 143,430 – 431,尤其亚里士多德,《尼各马可伦理学》,卷七,第一章,1145a28 – 29。
② 参 Friedländer,*Platon II*,1957,页 324,注 2,以及 Bluck,页 431 以下。
③ 同上。
④ 关于此处语法,参 Thompson,页 77 以下(22)。
⑤ 对勘亚里士多德,《尼各马可伦理学》,卷一,第九章,1099b10 及其语境。

可以说,我们活人中的他正如荷马所讲的死人中的忒瑞西阿斯(Teiresias)。荷马说:①在冥府那些人中,唯独忒瑞西阿斯有心智,其他人仅仅是飘忽的魂[256]影。在德性方面,这样一个人处于此世的我们当中,的确如一位真实的在者被魂影[影像]围绕。② 苏格拉底的话让美诺显得很高兴。

苏格拉底再次重复,这次相当绝对:从这番推论中显然可以得出,人的德性来到人身上,只要这回事发生,就是靠"神赐"。在提及忒瑞西阿斯之后的这一次,"神赐"这一说法也许完全不再带有任何讽刺意味。③ 我们会知道关于上面所讲的一切的明白无误的真理(to saphes),然而,苏格拉底继续说道,那是当——且仅当——我们在探究德性如何为人所有之前已然尝试探究什么是德性本身之时。美诺是否理解面前的简单而艰巨的任务,这很成问题。苏格拉底敦促美诺——还有我们——从事学习这项事业。

苏格拉底现在不得不离开。临别之际,他有个建议:美诺应该劝自己的东道主安虞图斯(ton xenon tonde Anyton)信服美诺自己在之前的对话过程中已经被劝说而信服的东西。苏格拉底暗示,该劝服的目的是让安虞图斯别那么生气、通情达理一些(hina praioteros êi)。

我们注意到:安虞图斯显然还在那里,魂影一般。我们想知道:难道美诺被劝说而信服什么东西了吗?

---

① 《奥德赛》,卷十,494 – 495: τῷ καὶ τεϑνηῶτι νόον πόρε Περσεφόνεια, οἴῳ πεπνῦσϑαι, τοὶ δὲ σκιαὶ ἀίσσουσιν[佩尔塞普丰让他死后仍保有心智,有生气,其他人仅仅是飘忽的魂影](对勘《王制》,卷三,386d7)。

② 参《高尔吉亚》,521d6 – 8。

③ 参《王制》,卷六,493a1 – 2;499c1;卷九,592a8 – 9;以及《亚里士多德》,《尼各马可伦理学》,卷十,第九章,1179b21 – 23 及其语境。看来我们可以公允地认定,"神赐"这一说法的含义范围与"君子/即美且善者"(καλοκ'αγαϑία) 外延相同(亦参 Leo Strauss, *On Tyranny, An Interpretation of Xenophon's Hiero*(《论僭政:色诺芬〈希耶罗〉义疏》),1948,页 22,90)。

苏格拉底方面还有最后的"补充":一旦美诺成功劝服安虞图斯,雅典人的城邦也许会从中受益。

对话结束。美诺与安虞图斯之间展开对话,这番景象自有其魅力。但是我们,这篇对话的读者和见证者,必须自己去探究人的德性。

图书在版编目（CIP）数据

柏拉图《美诺》疏证／（美）雅各布·克莱因（Jacob Klein）著；郭振华译. — 2版. — 北京：华夏出版社有限公司, 2025. —（西方传统：经典与解释）. — ISBN 978-7-5222-0821-3

Ⅰ．B502.232

中国国家版本馆CIP数据核字第20247M25R6号

柏拉图《美诺》疏证

作　　者	［美］雅各布·克莱因
译　　者	郭振华
责任编辑	马涛红
美术编辑	熊　延
责任印制	刘　洋

出版发行	华夏出版社有限公司
经　　销	新华书店
印　　装	三河市万龙印装有限公司
版　　次	2025年3月北京第2版 2025年3月北京第1次印刷
开　　本	880×1230　1/32
印　　张	9.875
字　　数	270千字
定　　价	88.00元

华夏出版社有限公司　地址：北京市东直门外香河园北里4号　邮编：100028
网址：www.hxph.com.cn　电话：(010)64663331(转)

若发现本版图书有印装质量问题，请与我社营销中心联系调换。

西方传统：经典与解释
Classici et Commentarii
HERMES
刘小枫◎主编

古今丛编

迷宫的线团　[英]弗朗西斯·培根 著
伊菲革涅亚　吴雅凌 编译
欧洲中世纪诗学选译　宋旭红 编译
克尔凯郭尔　[美]江思图 著
货币哲学　[德]西美尔 著
孟德斯鸠的自由主义哲学　[美]潘戈 著
莫尔及其乌托邦　[德]考茨基 著
试论古今革命　[法]夏多布里昂 著
但丁：皈依的诗学　[美]弗里切罗 著
在西方的目光下　[英]康拉德 著
大学与博雅教育　董成龙 编
探究哲学与信仰　[美]郝岚 著
民主的本性　[法]马南 著
梅尔维尔的政治哲学　李小均 编/译
席勒美学的哲学背景　[美]维塞尔 著
果戈里与鬼　[俄]梅列日科夫斯基 著
自传性反思　[美]沃格林 著
黑格尔与普世秩序　[美]希克斯 等著
新的方式与制度　[美]曼斯菲尔德 著
科耶夫的新拉丁帝国　[法]科耶夫 等著
《利维坦》附录　[英]霍布斯 著
或此或彼（上、下）　[丹麦]基尔克果 著
海德格尔式的现代神学　刘小枫 选编
双重束缚　[法]基拉尔 著
古今之争中的核心问题　[德]迈尔 著
论永恒的智慧　[德]苏索 著
宗教经验种种　[美]詹姆斯 著
尼采反卢梭　[美]凯斯·安塞尔—皮尔逊 著
舍勒思想评述　[美]弗林斯 著

诗与哲学之争　[美]罗森 著
神圣与世俗　[罗]伊利亚德 著
但丁的圣约书　[美]霍金斯 著

古典学丛编

伊壁鸠鲁主义的政治哲学
　[意]詹姆斯·尼古拉斯 著
述狂与真实之间　[英]哈利威尔 著
品达《皮托凯歌》通释　[英]伯顿 著
俄耳甫斯祷歌　吴雅凌 译注
荷马笔下的诸神与人类德行　[美]阿伦斯多夫 著
赫西俄德的宇宙　[美]珍妮·施特劳斯·克莱 著
论王政　[古罗马]金嘴狄翁 著
论希罗多德　[苏]卢里叶 著
探究希腊人的灵魂　[美]戴维斯 著
尤利安文选　马勇 编/译
论月面　[古罗马]普鲁塔克 著
雅典谐剧与逻各斯　[美]奥里根 著
菜园哲人伊壁鸠鲁　罗晓颖 选编
劳作与时日（笺注本）　[古希腊]赫西俄德 著
神谱（笺注本）　[古希腊]赫西俄德 著
赫西俄德：神话之艺　[法]居代·德拉孔波 编
希腊古风时期的真理大师　[法]德蒂安 著
古罗马的教育　[英]葛怀恩 著
古典学与现代性　刘小枫 编
表演文化与雅典民主政制
　[英]戈尔德希尔、奥斯本 编
西方古典文献学发凡　刘小枫 编
古典语文学常谈　[德]克拉夫特 著
古希腊文学常谈　[英]多佛 等著
撒路斯特与政治史学　刘小枫 编
希罗多德的王霸之辨　吴小锋 编/译
第二代智术师　[英]安德森 著
英雄诗系笺释　[古希腊]荷马 著
统治的热望　[美]福特 著
论埃及神学与哲学　[古希腊]普鲁塔克 著
凯撒的剑与笔　李世祥 编/译

修昔底德笔下的人性 [美]欧文 著
修昔底德笔下的演说 [美]斯塔特 著
古希腊政治理论 [美]格雷纳 著
赫拉克勒斯之盾笺释 罗逍然 译笺
《埃涅阿斯纪》章义 王承教 选编
维吉尔的帝国 [美]阿德勒 著
塔西佗的政治史学 曾维术 编
幽暗的诱惑 [美]汉密尔顿 著

古希腊诗歌丛编

古希腊早期诉歌诗人 [英]鲍勒 著
诗歌与城邦 [美]费拉格、纳吉 主编
阿尔戈英雄纪（上、下）
[古希腊]阿波罗尼俄斯 著
俄耳甫斯教辑语 吴雅凌 编译

古希腊肃剧注疏

欧里庇得斯及其对雅典人的教诲
[美]格里高利 著
欧里庇得斯与智术师 [加]科纳彻 著
欧里庇得斯的现代性 [法]德·罗米伊 著
自由与僭越 罗峰 编译
希腊肃剧与政治哲学 [美]阿伦斯多夫 著

古希腊礼法研究

宙斯的正义 [英]劳埃德-琼斯 著
希腊人的正义观 [英]哈夫洛克 著

廊下派集

剑桥廊下派指南 [加]英伍德 编
廊下派的苏格拉底 程志敏 徐健 选编
廊下派的神和宇宙 [墨]里卡多·萨勒斯 编
廊下派的城邦观 [英]斯科菲尔德 著

希伯莱圣经历代注疏

希腊化世界中的犹太人 [英]威廉逊 著
第一亚当和第二亚当 [德]朋霍费尔 著

新约历代经解

属灵的寓意 [古罗马]俄里根 著

基督教与古典传统

保罗与马克安 [德]文森 著
加尔文与现代政治的基础 [美]汉考克 著
无执之道 [德]文森 著
恐惧与战栗 [丹麦]基尔克果 著
托尔斯泰与陀思妥耶夫斯基
[俄]梅列日科夫斯基 著
论宗教大法官的传说 [俄]罗赞诺夫 著
海德格尔与有限性思想（重订版）
刘小枫 选编
上帝国的信息 [德]拉加茨 著
基督教理论与现代 [德]特洛尔奇 著
亚历山大的克雷芒 [意]塞尔瓦托·利拉 著
中世纪的心灵之旅 [意]圣·波纳文图拉 著

德意志古典传统丛编

论德意志文学及其他 [德]弗里德里希二世 著
卢琴德 [德]弗里德里希·施勒格尔 著
黑格尔论自我意识 [美]皮平 著
克劳塞维茨论现代战争 [澳]休·史密斯 著
《浮士德》发微 谷裕 选编
尼伯龙人 [德]黑贝尔 著
论荷尔德林 [德]沃尔夫冈·宾德尔 著
彭忒西勒亚 [德]克莱斯特 著
穆佐书简 [奥]里尔克 著
纪念苏格拉底——哈曼文选 刘新利 选编
夜颂中的革命和宗教 [德]诺瓦利斯 著
大革命与诗化小说 [德]诺瓦利斯 著
黑格尔的观念论 [美]皮平 著
浪漫派风格——施勒格尔批评文集 [德]施勒格尔 著

巴洛克戏剧丛编

克里奥帕特拉 [德]罗恩施坦 著
君士坦丁大帝 [德]阿旺西尼 著
被弑的国王 [德]格吕菲乌斯 著

美国宪政与古典传统

美国1787年宪法讲疏 [美]阿纳斯塔普罗 著

启蒙研究丛编
动物哲学　[法]拉马克 著
赫尔德的社会政治思想　[加]巴纳德 著
论古今学问　[英]坦普尔 著
历史主义与民族精神　冯庆 编
浪漫的律令　[美]拜泽尔 著
现实与理性　[法]科维纲 著
论古人的智慧　[英]培根 著
托兰德与激进启蒙　刘小枫 编
图书馆里的古今之战　[英]斯威夫特 著

政治史学丛编
布克哈特书信选　[瑞士]雅各布·布克哈特 著
启蒙叙事　[英]欧布里恩 著
历史分期与主权　[美]凯瑟琳·戴维斯 著
驳马基雅维利　[普鲁士]弗里德里希二世 著
现代欧洲的基础　[英]赖希 著
克服历史主义　[德]特洛尔奇 等著
胡克与英国保守主义　姚啸宇 编
古希腊传记的嬗变　[意]莫米利亚诺 著
伊丽莎白时代的世界图景　[英]蒂利亚德 著
西方古代的天下观　刘小枫 编
从普遍历史到历史主义　刘小枫 编
自然科学史与玫瑰　[法]雷比瑟 著

地缘政治学丛编
地缘政治学的黄昏　[美]汉斯·魏格特 著
大地法的地理学　[英]斯蒂芬·莱格 编
地缘政治学的起源与拉采尔　[希腊]斯托杨诺斯 著
施米特的国际政治思想　[英]欧迪瑟乌斯/佩蒂托 编
克劳塞维茨之谜　[英]赫伯格-罗特 著
太平洋地缘政治学　[德]卡尔·豪斯霍弗 著

荷马注疏集
不为人知的奥德修斯　[美]诺特维克 著
模仿荷马　[美]丹尼斯·麦克唐纳 著

阿里斯托芬集
《阿卡奈人》笺释　[古希腊]阿里斯托芬 著

色诺芬注疏集
居鲁士的教育　[古希腊]色诺芬 著
色诺芬的《会饮》　[古希腊]色诺芬 著

柏拉图注疏集
《苏格拉底的申辩》集注　程志敏 辑译
挑战戈尔戈　李致远 选编
论柏拉图《高尔吉亚》的统一性　[美]斯托弗 著
立法与德性——柏拉图《法义》发微　林志猛 编
柏拉图的灵魂学　[加]罗宾逊 著
柏拉图书简　彭磊 译注
克力同章句　程志敏 郑兴凤 撰
哲学的奥德赛——《王制》引论　[美]郝兰 著
爱欲与启蒙的迷醉　[美]贝尔格 著
为哲学的写作技艺一辩　[美]伯格 著
柏拉图式的迷宫——《斐多》义疏　[美]伯格 著
苏格拉底与希琵阿斯　王江涛 编译
理想国　[古希腊]柏拉图 著
谁来教育老师　刘小枫 编
立法者的神学　林志猛 编
柏拉图对话中的神　[法]薇依 著
厄庇诺米斯　[古希腊]柏拉图 著
智慧与幸福　程志敏 选编
论柏拉图对话　[德]施莱尔马赫 著
柏拉图《美诺》疏证　[美]克莱因 著
政治哲学的悖论　[美]郝岚 著
神话诗人柏拉图　张文涛 选编
阿尔喀比亚德　[古希腊]柏拉图 著
叙拉古的雅典异乡人　彭磊 选编
阿威罗伊论《王制》　[阿拉伯]阿威罗伊 著
《王制》要义　刘小枫 选编
柏拉图的《会饮》　[古希腊]柏拉图 等著
苏格拉底的申辩（修订版）　[古希腊]柏拉图 著
苏格拉底与政治共同体　[美]尼柯尔斯 著

政制与美德——柏拉图《法义》疏解 [美]潘戈 著
《法义》导读 [法]卡斯代尔·布舒奇 著
论真理的本质 [德]海德格尔 著
哲人的无知 [德]费勃 著
米诺斯 [古希腊]柏拉图 著
情敌 [古希腊]柏拉图 著

亚里士多德注疏集

亚里士多德论政体 崔嵬、程志敏 编
《诗术》译笺与通绎 陈明珠 撰
亚里士多德《政治学》中的教诲 [美]潘戈 著
品格的技艺 [美]加佛 著
亚里士多德哲学的基本概念 [德]海德格尔 著
《政治学》疏证 [意]托马斯·阿奎那 著
尼各马可伦理学义疏 [美]罗娜·伯格 著
哲学之诗 [美]戴维斯 著
对亚里士多德的现象学解释 [德]海德格尔 著
城邦与自然——亚里士多德与现代性 刘小枫 编
论诗术中篇义疏 [阿拉伯]阿威罗伊 著
哲学的政治 [美]戴维斯 著

普鲁塔克集

普鲁塔克的《对比列传》 [英]达夫 著
普鲁塔克的实践伦理学 [比利时]胡芙 著

阿尔法拉比集

政治制度与政治箴言 阿尔法拉比 著

马基雅维利集

解读马基雅维利 [美]麦考米克 著
君主及其战争技艺 娄林 选编

莎士比亚绎读

哲人与王者 [加]克雷格 著
莎士比亚的罗马 [美]坎托 著
莎士比亚的政治智慧 [美]伯恩斯 著
脱节的时代 [匈]阿格尼斯·赫勒 著
莎士比亚的历史剧 [英]蒂利亚德 著
莎士比亚戏剧与政治哲学 彭磊 选编

莎士比亚的政治盛典 [美]阿鲁里斯/苏利文 编
丹麦王子与马基雅维利 罗峰 选编

洛克集

洛克现代性政治学之根 [加]金·I.帕克 著
上帝、洛克与平等 [美]沃尔德伦 著

卢梭集

致博蒙书 [法]卢梭 著
政治制度论 [法]卢梭 著
哲学的自传 [美]戴维斯 著
文学与道德杂篇 [法]卢梭 著
设计论证 [美]吉尔丁 著
卢梭的自然状态 [美]普拉特纳 等著
卢梭的榜样人生 [美]凯利 著

莱辛注疏集

汉堡剧评 [德]莱辛 著
关于悲剧的通信 [德]莱辛 著
智者纳坦（研究版）[德]莱辛 等著
启蒙运动的内在问题 [美]维塞尔 著
莱辛剧作七种 [德]莱辛 著
历史与启示——莱辛神学文选 [德]莱辛 著
论人类的教育 [德]莱辛 著

尼采注疏集

尼采引论 [德]施特格迈尔 著
尼采与基督教 刘小枫 编
尼采眼中的苏格拉底 [美]丹豪瑟 著
动物与超人之间的绳索 [德]A.彼珀 著

施特劳斯集

论法拉比与迈蒙尼德
苏格拉底与阿里斯托芬
论僭政（重订本）[美]施特劳斯 [法]科耶夫 著
苏格拉底问题与现代性（第三版）
犹太哲人与启蒙（增订本）
霍布斯的宗教批判
斯宾诺莎的宗教批判

门德尔松与莱辛
哲学与律法——论迈蒙尼德及其先驱
迫害与写作艺术
柏拉图式政治哲学研究
论柏拉图的《会饮》
柏拉图《法义》的论辩与情节
什么是政治哲学
古典政治理性主义的重生（重订本）
回归古典政治哲学——施特劳斯通信集
　　　＊＊＊
哲学、历史与僭政　[美]伯恩斯、弗罗斯特 编
追忆施特劳斯　张培均 编
施特劳斯学述　[德]考夫曼 著
论源初遗忘　[美]维克利 著
阅读施特劳斯　[美]斯密什 著
施特劳斯与流亡政治学　[美]谢帕德 著
驯服欲望　[法]科耶夫 等著

施特劳斯讲学录
维柯讲疏
苏格拉底与居鲁士
追求高贵的修辞术
　　——柏拉图《高尔吉亚》讲疏（1957）
斯宾诺莎的政治哲学

施米特集
施米特与国际战略　[德]埃里希·瓦德 著
宪法专政　[美]罗斯托 著
施米特对自由主义的批判　[美]约翰·麦考米克 著

伯纳德特集
古典诗学之路（第二版）　[美]伯格 编
弓与琴（第三版）　[美]伯纳德特 著
神圣的罪业　[美]伯纳德特 著

布鲁姆集
伊索克拉底的政治哲学
巨人与侏儒（1960-1990）

人应该如何生活——柏拉图《王制》释义
爱的设计——卢梭与浪漫派
爱的戏剧——莎士比亚与自然
爱的阶梯——柏拉图的《会饮》

沃格林集
自传体反思录

朗佩特集
哲学与哲学之诗
尼采与现时代
尼采的使命
哲学如何成为苏格拉底式的
施特劳斯的持久重要性

迈尔集
施米特的教训
何为尼采的扎拉图斯特拉
政治哲学与启示宗教的挑战
隐匿的对话
论哲学生活的幸福

大学素质教育读本
古典诗文绎读 西学卷·古代编（上、下）
古典诗文绎读 西学卷·现代编（上、下）